**Joanna Bolouri** a travaillé dans le secteur de la vente avant de choisir la carrière d'écrivain à l'âge de trente ans. Lauréate d'un concours d'écriture de comédie organisé par le BBC, elle travaille et écrit avec des humoristes, des scénaristes et des acteurs de comédie dans tout le Royaume-Uni. Elle vit actuellement à Glasgow avec sa fille.

Du même auteur, aux éditions Milady, en grand format :

*La Liste : comment prendre en main sa vie sexuelle*
*Comment le faire craquer en dix leçons*

Chez Milady, en poche :

*La Liste : comment prendre en main sa vie sexuelle*

Joanna Bolouri

# La Liste

## Comment prendre en main sa vie sexuelle

Traduit de l'anglais (Grande-Bretagne) par Marianne Richard

Milady

Milady est un label des éditions Bragelonne

Titre original : *The List*

Originellement publié en Grande-Bretagne par Quercus.



ISBN : 978-2-8112-1617-7

Bragelonne – Milady
60-62, rue d'Hauteville – 75010 Paris

E-mail : info@milady.fr
Site Internet : www.milady.fr

*Pour Nicola, qui m'a fait rire pendant vingt-cinq ans.*

# Remerciements

Un immense merci à :

Kerry Glencorse, mon incroyable agent chez Susanna Lea Associates, ainsi que Kathryn Taussig, ma fabuleuse éditrice, chez Quercus, qui a cru en mon roman dès le début et m'a prodigué soutien et conseils tout au long de son écriture. Tous ceux également qui ont lu mon roman et m'ont fait part de leurs précieuses remarques.

Yvonne et Hassan, mes merveilleux parents, et ma sœur Claudia, pour leur amour, leur compréhension et leur présence, ainsi que pour leur confiance infaillible – contrairement à la mienne qui flanche à la première occasion. Merci aussi à mes amis, pour leurs encouragements et leur soutien à toute épreuve. Je vous dois une fière chandelle.

Olivia, enfin, ma chère et adorable fille, dont la présence est un rayon de soleil. J'espère que ce livre ne lui tombera jamais entre les mains. Jamais.

# Janvier

*Samedi 1er janvier*

Tel Nosferatu, j'ai émergé de mon lit il y a une heure au moins, avec une haleine de chacal et un cendrier dans la bouche. Vu que le minibar avait été nettoyé, impossible de trouver un seul verre dans la chambre, il a fallu que j'aille boire directement au robinet de la salle de bains. Putain, j'ai une de ces gueules de bois, je ne reconnais même plus mon visage dans le miroir. Lucy dort encore dans le lit à côté, et je n'ai vraiment pas le courage de m'habiller et de me risquer hors de la chambre pour affronter les regards désapprobateurs.

Cela dit, pour une fois, ça valait le coup. Quelle nuit incroyable ! Tous les ans, pour fêter en beauté la fin de l'année, on se retrouve tous à l'hôtel *Sapphire* (hors de prix, hyper tendance, et hyper centre-ville), dont l'accès ne nous a bizarrement toujours pas été interdit. Les autres avaient déjà récupéré leur chambre lorsque, Lucy et moi, on a débarqué vers 15 h 30, pris l'ascenseur et traîné nos valises démesurées en quête de la chambre 413. Ça fait deux ans que je bosse avec Lucy, et la ponctualité, je sais que ce n'est pas son truc.

— Je suis sûre que les autres sont déjà bien imbibés, en train de s'envoyer en l'air, et dégoulinant de champagne – la fête du slip, quoi !

On avait fini par trouver notre chambre, et je bataillais comme une débile avec la clé magnétique.

— Bon sang, t'es vraiment obsédée ! Et puis, on n'a qu'une demi-heure de retard. Je suis sûre que Hazel a déjà fait le tour du minibar, que Kevin commande une pinte, et qu'Oliver est…

— En train de se faire sucer par sa petite Espagnole, a interrompu Lucy. Comment elle s'appelle déjà, cette meuf ?

— Pedra. On ne s'est croisées qu'une seule fois, et, bien sûr, il a fallu que je l'appelle Pedro.

Lucy a balancé son manteau sur le lit près de la fenêtre et allumé la télé pendant que j'essayais de défaire ma valise en me demandant pour quelle obscure raison j'avais embarqué quatre paires de chaussures.

— Tu vas porter ta robe verte ? ai-je demandé en regardant la robe noire toute simple que j'avais apportée.

— Yep. Même si, avec mes cheveux roux, je vais ressembler à un cliché irlandais sur pattes.

Elle a esquissé un pas de gigue pendant que je rejoignais la salle de bains, tout excitée à l'idée de la soirée à venir et en me remémorant celle de l'an dernier. Lucy était tellement bourrée qu'elle s'était endormie dans l'ascenseur, et moi, je m'étais littéralement pissé dessus tellement j'avais eu peur lorsque Oliver avait surgi brusquement de derrière la porte de ma chambre.

Un coup à la porte et un accent irlandais familier sont venus interrompre mes pensées.

— Phoebe, je vais entrer. Range ton matos !

J'ai tout juste eu le temps de me jeter sur une serviette et de m'y enrouler avant de voir apparaître Oliver. J'ai hurlé en me retournant aussitôt.

— Putain de merde, Oliver ! Et l'intimité ? T'as oublié ce que ça voulait dire ? Les seins de Pedro ne te suffisent plus ?

— Pedra, elle s'appelle Pedra. Et sache que je ne suis pas venu pour te mater les seins, aussi impressionnants soient-ils, mais simplement pour vous prévenir que le dîner sera servi à 19 heures. Y avait un autre truc, mais le numéro de claquettes irlandaises de Lucy m'a fait perdre le fil de mes pensées et a éveillé en moi une nostalgie pour ce pays de barges aux crinières de feu.

Une heure et deux verres de vin plus tard, Lucy et moi, on était toujours en train de se préparer. Le plan, tous les ans, c'était de réussir à rester à peu près sobres jusqu'à minuit, mais, en général, on est déjà tous bourrés aux premiers carillons de la nouvelle année, et on se finit lamentablement à coup de *shooters*. Aucune raison pour que ça change.

— Au moins, cette année, tu n'as pas à te coltiner Alex.

Lucy tiraillait ses collants.

— Il nous a tellement plombés l'an dernier avec son boulot à la con. Il est juste kiné, faut qu'il arrête de se la jouer grand sorcier, putain.

— À qui le dis-tu !

— Enfin, tu vois, le mec, il se tape sa patronne, et ça ne le gêne pas du tout de la glisser dans la conversation…

J'ai hurlé.

— Stop ! Ne viens pas casser mon délire avec cette peau de zob. C'est de l'histoire ancienne, faut juste que j'apprenne à repérer les mecs dignes de ce nom.

Lucy a éclaté de rire.

— Alors là, tu rêves, ma petite. Et puis, un nouveau mec, Phoebe, ce n'est pas ce qu'il te faut en ce moment. T'as juste besoin de tirer un bon coup ! Le sexe, ça guérit tout.

— Ma vie sexuelle se porte très bien, je te remercie. En fait, là, tu vois, j'ai surtout besoin d'un verre.

On a retrouvé Hazel et Kevin au bar pour l'apéro. Ils s'étaient déjà enfilé la moitié d'une bouteille de champagne, et Hazel a remarqué que je lorgnais leur bouteille.

— Une soirée entière sans enfant, j'ai bien l'intention de me retourner le cerveau.

— Eh, aucun problème pour moi, tu sais… Tous les soirs, je fais la fête en l'honneur des marmots que j'ai la chance de ne pas avoir.

Hazel était incroyable dans sa robe de soirée rose pastel. Elle avait relevé ses cheveux blonds en queue-de-cheval haute et décorée de strass. Son mari, Kevin, était très séduisant dans son kilt. Leur look impeccable était tellement naturel que je me sentais limite négligée dans ma robe portefeuille noire, mes talons rouges et la même coiffure depuis quinze ans.

— Oliver et Pedra ne sont toujours pas descendus ?

— Vu la manière dont ces deux-là se bavaient dessus dans le hall, ça m'étonnerait qu'ils quittent leur chambre.

Kevin a éclaté de rire, avant de s'interrompre, imaginant déjà la scène.

Un serveur un peu fébrile nous a conduits dans la grande salle, où nous avons pris place autour de tables magnifiquement décorées, dressées de blanc et aux centres ornés de rouge et de vert. Une centaine d'hôtes étaient présents, et l'atmosphère était électrique. Aux tables branchouilles, on attendait avec impatience l'arrivée du festin pour le balancer au plus vite sur Instagram ; à l'inévitable table de potes en bordée, on était déjà plein comme des outres ; et chez les quelques couples de quadras, on se demandait ce qu'on foutait là. Quant au repas, cuisine traditionnelle écossaise pur jus : tourte à la viande, haggis, et un truc improbable et hallucinant à base de tofu pour les végétariens.

Lucy observait une cuiller en argent qu'elle tenait devant elle.

— Trop la classe ! Je veux les mêmes.

— T'as qu'à les chourer, ai-je suggéré, le regrettant aussitôt lorsque j'ai vu son visage.

— Dis donc, Miss Klepto ! Interdit de faucher quoi que ce soit cette année. Je te rappelle que l'an dernier, le peignoir, ils n'ont pas oublié de te le facturer.

— Je sais, mais, avec les couverts, c'est différent. Personne ne pourra retracer le numéro de notre chambre. C'était une erreur de débutante.

Dix minutes plus tard, Oliver débarquait en se pavanant, sourire canaille aux lèvres, suivi de Pedra, d'une beauté à tomber par terre. Et à baffer.

— On n'y croyait plus ! Vous vous êtes perdus ? ai-je demandé, ironique.

— Non, a répondu Pedra, très premier degré.

— J'ai les crocs, nous a fait savoir Oliver.

Il s'est jeté sur le petit pain que Lucy était en train de beurrer.

— Quand est-ce qu'on mange ?

— Si tu me trouves pas un autre féculent dans les cinq secondes, Webb, je ne réponds plus de rien, a-t-elle grogné.

— Quoi de neuf ? a rétorqué Oliver, sourire niais au visage, en posant un autre petit pain dans l'assiette de Lucy. Et si on trinquait ? a-t-il proposé, verre déjà levé.

Nous l'avons tous imité.

— À mes potes, Hazel et Kevin, preuve vivante que mon cynisme envers l'institution du mariage ne tient pas la route. À Lucy, bien sûr, le genre de fille que ma mère m'interdisait de fréquenter. À Phoebe, ma plus vieille amie, et la plus drôle aussi. Et enfin, à ma douce et exquise Pedra. Je m'excuse d'avance… ça ne va pas tarder à dégénérer… oh, et j'allais oublier, je lève aussi mon verre à tous les potes qu'on va se faire ce soir, et qui vont certainement regretter de nous avoir rencontrés. Ça va le faire, nom de Dieu !

On a mangé, on s'est marrés et on a dansé. Bien avant minuit, j'avais déjà abandonné mes chaussures sous la table et j'étais sortie fumer une clope au moins dix mille fois, aussi, lorsque la série slows a débuté, j'entonnais déjà le blues de la future vieille fille. Heureusement, Hazel a senti mon humeur et a réussi à m'empêcher de sombrer.

— Tu penses encore à Alex ?

— Ouais. Je crois qu'il me manque.

— Mais non, c'est juste une vue de l'esprit. Ce qui te manque, c'est l'idée que tu te faisais de lui.

— L'image que j'avais rêvée.

— Exactement !

— Mais, tu sais, au début, il était génial, un vrai prince charmant.

— Comme tous les psychopathes, a-t-elle répliqué, fine mouche.

— Psycho, le nom rêvé pour un chien.

— Arrête de planer, Phoebe.

— Ben, tu vois, peut-être que je n'étais pas assez à fond. Il savait aussi se montrer tendre et délicat. Peut-être que je…

— Et alors ? Qu'est-ce que ça change ? En tout cas, toi, tu n'es pas allée voir ailleurs. Il te trompait depuis quatre mois, t'imagines ? Quatre mois qu'il vous menait en bateau, toi et sa greluche. Comme mec sensible, tu m'excuseras, mais j'ai vu mieux.

J'ai vidé mon verre de tequila.

— Mais qu'est-ce que je leur trouve, à ces trous du cul ? J'ai juste envie de rencontrer un mec potable.

— Change de registre. Tu pourrais envisager d'élargir ton horizon.

— Tu veux que je devienne lesbienne ?

— Mais non. Je voulais dire être plus ouverte, tu vois, arrêter un peu de te sous-estimer.

— T'as raison ! ai-je hurlé.

Un mec en kilt qui ne ressemblait à rien a sursauté.

— Cette année, je vais trouver la perle rare. Un mec intéressant et intelligent.

— Tu peux faire tout ce que tu veux. C'est ton année, ma vieille. Et, si j'étais toi, je commencerais tout de suite. Allez, viens t'éclater sur la piste avant qu'on se transforme tous en citrouilles.

Et me voilà, en ce tout premier jour de cette toute nouvelle année, avec pour seul bilan une gueule de bois, un spot énorme sur le menton et un sac à main plein à craquer des couverts chourés par Lucy. Vaut mieux que je retourne sous la couette.

*Dimanche 2 janvier*

Aujourd'hui, j'ai décidé de m'atteler à mes résolutions de nouvelle année et de me transformer d'un coup de baguette magique en quelqu'un de responsable. Mais, à la place de la liste habituelle – perdre du poids, devenir riche, arrêter de suivre les connards qui acronyment comme des tarés sur Twitter –, je ne me poserai qu'une seule et unique question : si je pouvais revivre l'année qui vient de se terminer, qu'est-ce que je changerais ? Tous les ans, je me retrouve à faire les mêmes résolutions foireuses, et pourtant ça ne m'a pas beaucoup avancée, et, en général, je finis par me demander pourquoi je persiste à vouloir changer. Du coup, cette année, l'idée, c'est de me concentrer sur une seule chose et de vraiment me bouger les fesses. Le hic, c'est que je ne sais pas quoi choisir. Ça fait des mois que je me prends la tête pour comprendre ce qui a bien pu foirer avec Alex, mais plus j'y pense et plus je me dis que c'était mort depuis le début, avant même qu'il me lâche pour Miss Nibards. Je sais, je devrais l'appeler pas son prénom, Susan, ça serait une preuve de maturité, mais, en même temps, ça ne serait pas compatible avec le mépris qu'elle m'inspire. Le soir où j'ai rencontré Alex, j'étais tellement éblouie qu'un homme tel que lui, grand et séduisant, puisse s'intéresser à moi, que j'ai payé toutes les tournées et que je lui ai glissé de force mon numéro de téléphone dans la main avant qu'on se quitte. Ensuite, il m'a fait mariner pendant deux insupportables semaines. J'aurais dû me douter de quelque chose. Quand j'y repense, je me rends compte qu'il m'a toujours tenue à distance, et, quand il daignait se laisser approcher, c'était pour me montrer à quel point il était drôle et sensible ; en fait, c'est toujours lui qui menait le jeu. Moi qui rêvais du prince charmant, je suis tombée sur Machiavel. Un vrai pro de la manipulation, ce connard. Je suis sûre que, dans le dictionnaire, en face de la définition du terme « enfoiré », il y a une photo de lui, tenant mon cœur saignant entre les mains et ma tête décapitée, l'air triomphant et esquissant une petite gigue. Je ne devais pas être assez bien pour lui... Question d'éducation, de formatage, d'envergure. Je n'étais pas assez, point barre. J'ai foutu en l'air quatre années de ma vie pour un type que je décevais en permanence. Et c'est ça qui me troue le derche, tout ce temps perdu.

J'ai claqué plus de 500 livres en analyse chez Pam Potter, une psy américaine d'une quarantaine d'années, dont le nom me fait invariablement penser à un nain de jardin, mais qui prend son pied à m'écouter chouiner sur mon ex contre 50 livres de l'heure (à peine moins cher que les psys aux noms moins improbables) et me rassure par un : « J'entends ce que vous dites, Phoebe. » Ça ne m'aide pas beaucoup, mais au moins je suis sûre qu'elle n'a aucun problème d'audition. En tout cas, ça m'a aidée à comprendre que :

a) j'ai toujours la haine à propos de cette histoire avec Alex,

b) je méritais mieux, même si je ne suis pas irréprochable.

Rectification, je mérite mieux. Cette année, il faut que je me sorte ce type de la tête une bonne fois pour toutes.

*Lundi 3 janvier*

L'idée du journal, c'est Pam Potter. D'après elle, écrire ce que l'on ressent, c'est un truc thérapeutique, même si ça me fait tout drôle.

Mon dernier journal remonte à l'époque de mon adolescence solitaire, sourcil broussailleux et oreille piercée. À cette époque, je camouflais mon journal sous mon matelas et remplissais des pages entières d'insultes adressées à mes parents ou de poèmes existentiels dédiés à un mec de ma classe complètement mutique qui se maquillait à l'eye-liner. J'avoue que si j'ai toujours un faible pour les garçons au regard ténébreux, je n'en veux plus du tout à mes parents, sauf quand ils persistent à m'offrir des chocolats bio dégueulasses pour Noël.

Malgré les vacances, ce soir, j'ai eu ma première séance mensuelle de l'année avec Pam. Elle avait profité des fêtes pour se teindre les cheveux en châtain et ressemblait à s'y méprendre à la comédienne Tina Fey.

— Alors, cette nouvelle année, comment ça se passe ? Lors de notre dernière séance, vous disiez encore souffrir de votre rupture. Il y a du nouveau ?

— Mon Dieu, non. J'ai l'impression de tout le temps penser à lui… de pleurer à tout bout de champ… et d'être incapable de vivre sans lui. Cela dit, depuis peu, il me semble que j'y vois un peu plus clair.

— C'est-à-dire ?

— Je pense que je me suis jetée dans cette relation sans réfléchir. C'est vrai que je me sentais un peu seule à l'époque, alors, comme il avait l'air de s'intéresser à moi, je me suis accrochée à lui. J'étais sûrement en manque affectif, mais lui, c'était pire : une grosse feignasse. Du genre bien trop flemmard pour mettre fin à notre histoire. Comme ça devait trop lui prendre la tête de me quitter, il m'a gardée sous la main en attendant qu'une meilleure occase se présente. Il n'a même pas pris la peine de me tromper discrètement. Il a fallu que je les surprenne dans notre lit. Notre lit, bordel !

Pam m'a répondu d'un simple hochement de tête. Je suis sûre que si je ne la payais pas pour m'écouter raconter la même histoire pour la énième fois, elle se ferait un plaisir de m'envoyer valdinguer par la fenêtre. Je tremblais en repensant à l'instant fatidique où j'avais pris Alex en flagrant délit. J'étais rentrée plus tôt que prévu d'un concert annulé à la dernière minute. En arrivant, j'avais balancé ma veste sur le canapé et l'avais vue atterrir sur un soutien-gorge que je ne connaissais pas. Un truc rose vif aux bonnets démesurés. Les gémissements provenant de la chambre étaient venus répondre à mes questions avant même que je n'aie eu le temps de me les poser.

— Je suis entrée dans la chambre et je suis restée plantée là, comme une gourde, incapable de réagir. Ou de dire un mot. Et lui, il s'est contenté d'un haussement d'épaules et d'un : « Ça devait arriver. Tu savais que ça ramait un peu entre nous. » J'ai emménagé chez Hazel en attendant de trouver un appart. Je ne sais pas ce que j'aurais fait sans mes potes.

— Bien, bien. Je comprends la gravité de ce qui s'est passé, mais cela fait presque un an, Phoebe. Comment pensez-vous pouvoir débloquer la situation ? Vous en avez exprimé le désir à plusieurs reprises.

— J'ai réfléchi aux résolutions de nouvelle année. Il faut absolument que je change ma façon de voir les choses si je ne veux pas bloquer éternellement sur ce type. Je vais y arriver, j'en suis sûre. C'est juste que je ne sais pas encore par où commencer.

Après ma séance avec Pam, j'ai appelé Oliver pour lui exposer mes plans. J'ai bien senti qu'il ne me prenait pas au sérieux.

— Les listes de résolutions débiles, ça ne sert à rien, Phoebe. Si je me souviens bien, tu devais te mettre au jogging l'an dernier, non ?

— C'est ce que j'ai fait. J'étais super motivée. Mais, tu sais, cette année, ça n'a rien à voir, j'ai décidé de me contenter d'une seule résolution, mais une résolution qui compte.

— Tu parles de la fois où tu as fait le tour du parc en courant avant de vomir tes tripes dans une haie ? Phoebe, sois sérieuse, ça ne compte pas. Faut vraiment que tu te décoinces, ma petite, et que tu arrêtes de tout vouloir contrôler. Tu n'étais pas comme ça avant. Où est passée la Phoebe insouciante et drôle que je connaissais ? Tu te rappelles ? On se mettait minables et tu me faisais des confidences jusqu'à 5 heures du mat, et ensuite on dansait sur des tubes ringards. Tu es devenue complètement anti-Phoebe.

Et moi qui disais que mes amis étaient là pour m'aider… J'ai répondu en gardant mon calme.

— Je me sens un peu paumée, en ce moment. Tu sais, cette rupture avec Alex, il m'a fallu du temps pour m'en remettre.

— Je le sais bien, mais laisse-moi te dire qu'il est grand temps que tu te retrouves. Et que tu te remettes à baiser. Que tu t'éclates, quoi.

— Bon sang, on dirait Lucy. Vous êtes vraiment obsédés, vous deux.

— Et toi complètement frustrée.

— Faut que j'y aille. Tes conseils de cul, tu peux les réserver à Pedro. Je n'ai pas de temps à perdre. À plus.

Faut toujours qu'il me gâche mon plaisir, celui-là. De toute façon, il raconte n'importe quoi.

*Mardi 4 janvier*

Après ces vacances, j'aurais préféré m'immoler plutôt que de retourner au boulot. Je bosse pour ce journal depuis trois ans, et je peux compter sur les doigts d'une main les semaines où je me suis fait plaisir. Après avoir quitté le lycée en hurlant, l'année de mes dix-sept ans, la vente d'espaces publicitaires était bien le seul boulot dans lequel mon supposé esprit combatif serait plus important que mes qualifications. Difficile d'être trop exigeante avec pour seul bagage une pauvre moyenne en anglais et une maîtrise en contrefaçon à force d'imiter la signature de ma mère sur tous les bulletins minables de mon année de terminale. Je suis d'ailleurs étonnée que personne n'ait pensé à organiser un Phoebethon tellement j'ai été souffrante cette année-là. Le souci, avec ce boulot, c'est que je suis censée être de bonne humeur en permanence. Pour ne pas dire user de séduction. M'intéresser à ce que les clients me racontent, et tout faire pour gagner leur confiance – que dis-je, leur amour –, au point qu'ils choisissent de donner mon prénom à leur futur rejeton et de le déshériter en ma faveur. Évidemment, je suis carrément nulle quand il s'agit de faire la conversation, j'ai horreur de ça, et, si on ne veut pas de mon espace publicitaire, ça ne me dérange pas plus que ça ; pour tout avouer, ça m'est complètement égal. Ce qui résume d'ailleurs parfaitement mon attitude envers mon boulot : je m'en fiche éperdument. Cela dit, je fais de mon mieux pour avoir suffisamment de bagout et accepte de vendre mon âme au quotidien parce qu'il faut bien payer le loyer. Nous partageons nos bureaux avec dix autres entreprises, appartenant pour la plupart au secteur de la finance. Du coup, dans l'ascenseur, je dois me coltiner des gros nazes en cravates ridicules qui ne parlent que de chiffres ou de golf. Sinon, le lieu est génial, à seulement deux minutes de la gare, et au-dessus d'un pub et d'une sandwicherie que je fréquente tous les matins pour acheter du café et des toasts. L'étage de la régie pub est en *open space*, et j'ai la malchance d'avoir mon bureau juste en face de celui de mon patron, Frank, ce qui lui permet d'avoir une vue directe sur ce que je fais toute la journée, c'est-à-dire pas grand-chose. La plupart des autres employés ont des photos de leur famille sur leur bureau, mais, comme le dit Frank, « ce foutoir bordélique que tu appelles ton espace de travail » est décoré de la photo d'un chat avec un melon sur la tête, et surtout couvert de cadavres de tasses à café et de boîtes d'aspirine. Ce matin, la réunion quotidienne n'était pas trop prise de tête, nous avons eu droit à des encouragements sans fin de la part du patron susdit – qui au passage est le pire mytho de la planète – et auxquels personne n'a prêté attention. Ensuite, je me suis tapé les quatre cents mails accumulés durant mon absence, que le personnel réduit à peau de chagrin pendant la trêve des confiseurs s'était fait un plaisir d'ignorer. Comme d'habitude, Lucy s'est pointée en retard, s'empiffrant d'un bagel matinal et sifflant un café à même sa gourde un peu clinquante. Elle m'a apostrophée en criant.

— Tu vas bien, ma chérie ? Bien remise ?

— Ouais, ça va. Ça te dirait un restau, ce soir ? Un japonais ?

— Impossible. Je suis prise.

— Un nouveau mec ?

— Un ex. Le type que je voyais l'an dernier, celui avec le petit roquet insupportable.

— Je croyais que tu ne voulais plus jamais sortir avec un mec qui avait des chiens. J'ai raté un épisode ?

— Son clebs a rendu l'âme.

Je suis à 43 % certaine que Lucy n'a rien à voir avec le trépas du chien. Tout comme Oliver, Lucy est une serial-séductrice. Lorsque j'ai commencé au *Post*, elle sortait avec deux mecs en même temps, et, pour elle, c'était tout à fait normal. C'est la petite cousine du joueur de flûte de Hamelin ; les hommes la suivraient n'importe où, et, à mon avis, ce n'est pas demain la veille qu'elle va se poser.

— Ce qui m'éclate, c'est de pécho. La vie commune, c'est n'importe quoi, ça devient vite chiant. Je préfère en rester aux choses simples. Ce que je kiffe, ce sont les travaux d'approche, apprendre à se connaître.

Tout l'inverse de moi. Les rencards, ce n'est pas du tout mon truc. Quant à la phase « travaux d'approche », ça me fait carrément flipper. Les seuls rencards que j'ai eus dans ma vie, cinq en tout et pour tout, ont tous plus ou moins abouti à une forme de relation. D'abord, il y a eu Chris, mon premier mec au lycée. Ça a duré six mois, jusqu'à ce qu'il décide d'aller faire ses études à Manchester. Ensuite, Adam, monté comme un éléphant. Notre histoire a duré cinq mois avant qu'il décide de foutre le camp et de s'engager dans l'armée de l'air plutôt que de se retrouver coincé à Glasgow avec moi. Avec Joseph, on n'a pas dépassé les trois mois. L'intimité le faisait psychoter grave et il était nul à chier au lit. Quant à James, avec qui je suis sortie un an, il était ennuyeux à mourir et sa phobie des *baked beans* lui pourrissait la vie. Et pour finir, Alex, qui s'est révélé être la plus grosse erreur de ma vie. Et même si ça fait presque un an qu'on n'est plus ensemble, l'idée de devoir trouver quelqu'un d'autre est toujours aussi angoissante, et ce n'est pas de sitôt qu'on me verra me jeter sur un inconnu.

*Jeudi 6 janvier*

Aujourd'hui, je n'ai pas arrêté de penser à Alex. Et à l'autre roulure, aussi, avec ses boucles virevoltantes et ses seins rebondis, retenus par son impressionnant soutif rose. J'imagine que ça n'est jamais facile de découvrir que votre mec vous trompe, mais quand vous le surprenez en train de baiser avec sa patronne dans votre propre lit, le cerveau a du mal à effacer cette image. Je ne comprenais pas ce qu'il lui trouvait. Mais, comme d'hab, Lucy est toujours là pour m'aider à y voir clair.

— Je vais te le dire, moi, ce qu'il lui a trouvé ! beuglait-elle au téléphone. Une putain d'image maternelle. Il n'a pas réglé son Œdipe, ce type. Son père est mort, non ? Pas la peine de chercher plus loin.

— Son père va très bien, merci pour lui, mais c'est une excellente théorie. Et sinon, ton rendez-vous sans chien, c'était comment ?

— Pathétique. Il m'a parlé de son clébard toute la soirée, j'ai même eu droit à des photos. Sa vie est tellement vide qu'il envisage de prendre des hamsters. On dirait une gamine de huit ans ! Faut être vraiment à la rue pour sortir avec un adulte qui kiffe les rongeurs. Bon, je suis à la bourre, mais promets-moi de ne pas trop bloquer sur Alex. Ça va te rendre tarée.

Trois heures ont passé, et je suis encore en train de bloquer. Trop de questions sont restées sans réponses, et je crois que je n'en aurai jamais. Je pourrais avoir une conversation avec lui, mais je ne suis pas sûre d'avoir envie d'entendre ce qu'il a à me dire, et puis, je n'ai plus du tout confiance en ses beaux discours. Je sais juste que j'éprouve encore un truc pour lui, ça s'arrête là, que ce soit encore de l'amour ou le besoin de tourner la page. À mon avis, Oliver a tort quand il dit que je devrais « retrouver l'ancienne Phoebe ». L'ancienne Phoebe, je ne sais même plus à quoi elle ressemble. Sans doute me voit-il toujours comme l'ado de dix-sept ans avec qui il fumait de l'herbe dans sa chambre et qui le faisait entrer en douce en boîte de nuit tous les week-ends. Cette fille-là, ça fait bien longtemps que je ne l'ai pas croisée. Je pense au contraire que je devrais accueillir à bras ouverts la naissance d'une « toute nouvelle Phoebe ». Une Phoebe triomphante et libérée, une Phoebe intrépide, qui n'aurait plus peur de dire « je ». Oliver m'a envoyé un texto en rentrant du boulot.

Demain soir : toi et moi en tête à tête + Jack Daniels et les Human League.

On dirait qu'il cherche à me remonter le moral, ou alors c'est qu'il a largué sa greluche.

*Vendredi 7 janvier*

Kelly, la nana qui bosse pour la rubrique Beauté & Santé, est une bien étrange créature. Personne, à part Frank, j'imagine, n'a la moindre idée de l'âge qu'elle peut bien avoir. Elle s'habille comme une ado attardée, mais son visage tanné laisse à penser qu'elle a la quarantaine bien tassée et qu'elle a passé la moitié de sa vie à s'envoyer des UV dans la tronche. Bosser avec elle n'est pas une sinécure. Elle affiche avec ostentation le mépris que nous lui inspirons tous en faisant la gueule ou en piquant des colères, et autres réjouissances de la salope passive-agressive qui se respecte. Aucune raison que ça change.

— Brian, si tu tiens vraiment à emprunter mon stylo, j'apprécierais que tu le remettes à l'endroit où tu l'as pris. Explique-moi comment je peux faire mon boulot sans ce putain de stylo !

Kelly déteste Brian, et c'est réciproque. Il bosse pour la rubrique Offres d'emploi, et, même s'il assure dans son boulot, c'est un petit morveux arrogant, incapable de fermer sa gueule, le macho de service, adepte des glandes mammaires surdimensionnées. Et, si on ne s'entend pas trop mal, je me dis que c'est parce que j'ai le sein généreux. Brian a observé le pauvre stylo à bille qu'il tenait à la main.

— Pourquoi tu n'en achètes pas un autre, comme ça t'en aurais toujours un de rechange ? Ce genre de joujou, ça s'achète en gros.

— T'es bouché, ma parole. Tout ce que je veux, c'est que tu arrêtes de poser tes sales pattes sur mes affaires, et si tu veux un Bic, tu n'as qu'à t'en acheter un. T'as intérêt à me le rendre tout de suite.

— Et en plus je parie que t'es sérieuse, pas vrai ? a-t-il dit en ricanant.

— On ne peut plus sérieuse. J'attends !

Brian s'est redressé sur sa chaise, secouant la tête de droite à gauche, avant de se lever, de s'enfiler le stylo dans la narine gauche et de s'approcher du bureau de Kelly.

— Je m'excuse d'avoir emprunté ton si précieux outil de travail, Kelly. Tiens, fais-toi plaisir.

— Tu n'es qu'un sale gosse ! s'est-elle exclamée.

Et elle a aussitôt fait tomber le Bic d'un geste de la main. J'étais encore morte de rire lorsqu'elle a rejoint le bureau de Frank en mode tornade. Brian a ramassé le stylo en haussant les épaules et l'a reposé sur le bureau de Kelly. Faut être taré pour bosser ici.

Ce soir, Oliver s'est pointé un peu après 19 heures avec un énorme cabas et une bouteille de bourbon.

— Tu déménages ? lui ai-je demandé en refermant la porte derrière lui.

— Non, je dois être à Édimbourg demain matin après-midi pour le boulot et je ne voulais pas laisser tout ça dans la voiture. J'ai bien l'intention de me mettre la tête à l'envers.

Il m'a fait passer la bouteille et a sorti de son sac un CD *Best of années 80*.

— Tu fais le service, je m'occupe de la musique. Si tu ne danses toujours pas à la sixième chanson, je te fais la gueule.

Au cinquième morceau, *Kids in America*, j'en étais à mon deuxième verre et je me trémoussais sur le carrelage de la cuisine dans mes chaussettes de lit roses. À la fin de la compil, on était tous les deux bien éméchés et on discutait à cœur ouvert.

— T'es un vrai frère pour moi.

— Tu débloques ! Tais-toi ! C'est complètement tordu.

— Mais non, je veux juste dire que tu fais partie de la famille. T'es plus qu'un pote.

— Ouais, mais pas ton frère quand même ! Un frère ne peut pas plaire à sa sœur.

— Quoi ? Mais non. Je n'ai jamais dit que tu me plaisais ! T'es persuadé que tout le monde est à tes pieds.

— Parce que c'est vrai. Je suis à tomber.

— Rectification, c'est moi qui suis à tomber. Toi, je dirais juste que t'es pas mal gaulé.

— Et toi, tu es à la fois bien gaulée et à tomber.

— Tu trouves ? Je te plais ?

— Pas du tout.

— C'est ça, ouais. Va te faire foutre.

À 5 heures du mat, j'étais couchée, abandonnant Oliver le-bien-gaulé en train de pioncer sur le canapé. Bon, c'est vrai, peut-être qu'il me plaît un peu, mais pas question qu'il le sache.

*Samedi 8 janvier*

Il était 16 heures quand j'ai réussi à émerger, et Oliver était déjà parti pour Édimbourg. J'ai envisagé un instant une activité productive, mais j'ai fini par regarder *Dexter* en m'empiffrant de biscuits. De toute façon, je n'avais rien de mieux à faire. À présent, il est 23 heures, je n'arrive pas à dormir et j'ai envie de baiser. C'est trop con, j'aurais dû me méfier, le manque post-gueule de bois, y a rien de plus brutal. Et puis, je pense à cet enfoiré d'Alex, et je me demande comment je vais bien pouvoir me le sortir de la tête. Finalement, peut-être qu'Oliver et Lucy ont raison. Je n'ai pas baisé depuis notre rupture, résultat, je ressemble à une grosse glande hormonale enragée qui se répand sur Twitter parce qu'elle n'a personne sur qui balancer ses sécrétions. En y repensant, je me dis que ma vie sexuelle a toujours été erratique. Tout le monde n'arrête pas de parler de cul en disant que c'est génial, mais moi, même si en général je trouve ça assez cool, c'est un peu comme *Matrix Reloaded*, plutôt réussi par moments, mais loin d'être transcendant. Cela dit, je n'ai jamais fait l'amour en pensant à moi, j'ai toujours considéré que l'autre était prioritaire. Peut-être qu'il est temps que je commence à m'occuper de moi. Si je me concentre exclusivement sur mon désir, il y a une chance pour que j'oublie l'autre peau de zob. Et, pour ça, il va falloir que je réussisse à dépasser mes complexes. La vieille Phoebe, celle qui est amoureuse d'Alex, n'est qu'une pauvre fille timide et coincée du cul. Si je réussis à me débarrasser d'elle, je n'aurai plus besoin de lui. C'est ça ! J'ai trouvé ce que j'allais changer, ce que je vais faire différemment cette année, ma seule et unique résolution : je vais pimenter ma vie sexuelle.

Y a des tas de trucs que j'ai toujours voulu essayer. C'est le moment de prendre les choses en main et de découvrir pourquoi tout le monde s'excite comme ça.

*Mercredi 12 janvier*

Si j'avais les moyens et la motivation, j'apporterais bien quelques changements à cet appart. C'est une boîte à chaussures, un F1 minuscule qui doit bien être dix fois plus petit que celui que je partageais avec Alex. Avec sa cuisine américaine, j'ai des odeurs de bouffe pendant une semaine chaque fois que je cuisine, et, en plus, les murs sont en papier à cigarette. J'entends la vieille dame du dessus toutes les fois qu'elle tousse au milieu de la nuit, et je me demande bien ce qu'elle entend, elle aussi. Il y a un petit jardin devant la maison, un vrai cimetière à fleurs. Si un jour je réussis à me casser d'ici, je mettrai le feu en partant.

Ce soir, Lucy est passée après manger et s'est affalée tête la première sur le canapé dès qu'elle est entrée.

— Bonsoir, Lucy. Euh… tu m'expliques pourquoi tu portes un pantacourt en plein mois de janvier ? L'hiver n'existe pas sur ta planète ?

Elle m'a répondu d'une voix étouffée par le coussin.

— Le style se moque des limites saisonnières. Je suis venue récupérer ce qui m'appartient. Rends-moi mon fer à lisser.

— Dans ma chambre. T'es en mode oursin ?

Pour seule réponse, j'ai eu droit à un grognement, suivi d'un borborygme ressemblant à un pet.

— Ouais. Tes voisins étaient tous dehors à picoler en survêt. Pourquoi tu persistes à rester dans ce taudis ?

— Je ne peux pas m'offrir mieux. Et puis, je bosse toute la journée, je ne les vois jamais.

— Ils doivent se demander où tu passes tes journées. Et, puisqu'on en parle, je n'ai pas du tout envie de retourner bosser lundi. Tu crois que tu peux me casser les jambes sans que ça me fasse trop mal ?

— Pas question, je m'ennuierais trop sans toi, ai-je répondu sans lever les yeux de mon magazine.

— Ça n'a rien à voir avec toi. Bon, tu m'expliques pourquoi je suis là ?

— J'ai besoin d'aide. Sexuellement parlant, je veux dire.

Elle s'est mise à se frotter lascivement contre le canapé.

— C'est sérieux, Lucy ! Depuis Alex, je n'ai pas baisé une seule fois.

— Quoi ? Ce n'est pas toi qui disais que ta vie sexuelle allait bien ? Un an ? Je n'y crois pas ! C'est quoi, ton problème ?

— Rien ! J'ai envie de baiser, mais j'en ai ras le cul des coups foireux, de faire semblant de jouir et d'applaudir ces messieurs. Ce que je veux, c'est prendre mon pied ! Et si quelqu'un peut m'aider, c'est bien toi. Comment je dois m'y prendre ?

Lucy était scotchée. Elle n'avait plus du tout envie de se frotter. Elle s'est retournée pour me regarder en face, repoussant de son visage sa chevelure flamboyante.

— Je n'y crois pas. T'as trente balais et tu simules encore ! Tu ne vas pas me dire que tu fais partie de la secte de celles qui préfèrent s'envoyer un œuf de Pâques au chocolat plutôt qu'un mec.

— Très drôle ! Mais pas du tout ! J'adore baiser, c'est juste que je me suis jamais éclatée. Enfin, tu vois, je ne suis pas sûre que les mecs avec qui j'ai couché aient été à la…

— Même Joseph ?

— Bon sang, ouais… c'était nul.

— Mais, bordel, pourquoi tu fais semblant ? a-t-elle demandé, l'air franchement paumée.

— Je me dis que si je rassure le mec sur ses performances au pieu, il ne va pas me larguer, et que peut-être qu'avec le temps ça finira par s'arranger. Enfin, tu vois, je ne suis pas une vierge victorienne, il y a des tas de trucs que j'ai toujours voulu essayer sans avoir le cran de le faire ou la chance de tomber sur un partenaire assez audacieux. Avec Alex, question audace, ce n'était pas gagné. Le champion du monde du missionnaire, ce mec. Mon Dieu, je ne sais même pas comment m'y prendre. Mais j'ai bien réfléchi à ce que je voulais changer cette année. Ma vie sexuelle. Je veux laisser libre cours à chaque fantasme sordide qui me passe par la tête.

Je lui aurais bien parlé de la deuxième raison qui motivait ma décision, mais j'imagine déjà ses soupirs de frustration si elle apprenait qu'Alex était à l'origine de tout ça.

La réaction de Lucy ne s'est pas fait attendre.

— Tu devrais faire une liste !

— Une liste de quoi ? De ce que je vais bien pouvoir fabriquer en attendant que mon hymen ait fini de repousser ?

— Mais non, tu sais, ces listes qu'on trouve sur le Net : « Les vingt trucs à faire avant de mourir », « Les dix lieux à voir avant d'avoir des enfants pour ruiner votre plaisir ». Tu vois, tu devrais établir ta version personnelle. Une liste de défis sexuels. Je vais t'aider. Je sens qu'on va bien se marrer.

Du coup, on a fait péter les décibels, et on a passé le reste de la soirée à picoler et à faire ma liste, en s'interrompant de temps à autre pour chanter en braillant à tue-tête. On a assuré d'enfer avec notre duo Eminem-Dido. Certaines choses n'ont pas eu droit de figurer sur la liste, surtout parce que c'était n'importe quoi – comme baiser avec une star de ciné des années 1990, par exemple. Et même si je me taperais bien Christian Slater ou Johnny Depp, je n'ai pas envie qu'on me colle une injonction d'éloignement juste pour le plaisir de voir ce qu'ils en pensent. Au bout du compte, ça a donné ça :

1 - Balancer des obscénités. J'ai toujours été nulle à ce jeu-là.

2 - En solitaire. Je suis déjà la reine. Mais, comme on dit, c'est en forgeant qu'on… En plus, j'ai toujours été intriguée par l'éjaculation féminine.
3 - Se taper des mecs plus jeunes. Un seul fera l'affaire.
4 - Par-derrière. Ça craint. Ça craint vraiment.
5 - Les jeux de rôles. Vive les déguisements !
6 - Baiser dehors. Oui. J'ai envie de baiser au grand air. Au pire un jardinet.
7 - Une petite partouze. Trois ou quatre maximum, ou avec un autre couple. Pas de grosse partouze, ça me dégoûte.
8 - Faire l'amour avec un inconnu. Un peu comme un plan cul, mais sans bla-bla.
9 - Le bondage. Mais sans l'option menottes-fourrure, ce n'est pas mon truc.
10 - Une séance de voyeurisme. Entre adultes consentants, cela va de soi. Je n'ai aucune envie de mater mes voisins.

Une seule règle, pas de *bareback*. Du coup, par la même occase, j'ai établi une courte liste des trucs que je ne pourrais jamais faire. Je suis assez ouverte, mais tout le monde a ses limites. Voici les miennes :

1 - Tout ce qui pourrait avoir un lien avec les pieds. Je déteste les pieds. Je ne supporte pas de voir ces monstruosités approcher mon visage. Enfoncer mes orteils dans la bouche d'un type, ça ne m'a jamais fait rêver, mais peut-être que c'est parce que mes orteils sont des petits boudins hideux.
2 - Pisser et chier. Inconcevable. Si quelqu'un veut bien m'expliquer, je suis preneuse. Les excréments, ça n'a rien de sexy ; en tout cas pas les miens, et encore moins ceux des autres. Je peux affirmer sans me tromper que jamais je ne pisserai sur quelqu'un, même en cas d'immolation

ou de piqûres de méduse infernale. Je n'ose même pas pisser sous la douche, alors, à mon avis, c'est mort.

3 - Le *fist-fucking*. Un peu comme un accouchement, mais dans l'autre sens, non ? Cette pratique présente sûrement certains attraits, mais je n'ai aucune envie de les découvrir. Déjà, avec un mec monté comme un âne, j'ai l'impression de me faire déchirer, alors un poing, c'est le coma assuré.
4 - La zoophilie. Quand j'étais ado, j'ai vu la vidéo d'une femme qui taillait une pipe à un étalon. Je n'avais qu'une envie, c'est que le canasson lui balance ses sabots dans la gueule. En vain.
5 - L'éjaculation faciale. Je trouve cette idée complètement dégradante, même si, bien sûr, c'est avant tout une pratique masculine. Je n'ai pas envie qu'un mec garde à jamais l'image de mon visage dégoulinant de foutre. La seule fois où ça a failli m'arriver, j'avais dix-sept ans et j'étais en train de masturber mon petit ami de l'époque sur son canapé. Disons qu'il a mal visé. Et j'ai littéralement et momentanément perdu l'usage de mes yeux. L'humiliation absolue. Surtout qu'il se marrait comme un bossu.

Lucy est beaucoup plus tolérante en la matière.

— Je préfère qu'un type marque son territoire comme ça plutôt qu'en pissant dans un coin de ma chambre.

Admettons. Je veux bien croire qu'il y ait encore des tonnes d'autres trucs que je refuse ou suis incapable de faire, mais, en attendant, mes limites sont claires et nettes.

Lucy a pris son manteau.

— Bon, je dois y aller, mais, avant de partir, il nous reste encore un détail à régler. Un truc crucial que nous avons négligé.

— Quoi ? Qu'est-ce qu'on a oublié ?

— Un partenaire pour réaliser tes défis. Oh, et mon fer à lisser aussi.

*Jeudi 13 janvier*

Malheureusement, le bureau d'une régie publicitaire en pleine effervescence n'est pas l'idéal pour quelqu'un obsédé par le sexe, ou, pour être plus précise, qui se demande qui va bien pouvoir l'aider dans sa quête. Lucy est arrivée à 9 h 30 et m'a appelée aussitôt.

— Salut, beauté ! Alors, t'as réfléchi à un partenaire de baise potentiel ?

— Pas encore. Vas-y mollo. Je flippe grave. Je sais bien que, pour toi, c'est de la gnognote, mais pour moi c'est tout nouveau. Je n'ai jamais couché avec un mec sans être d'abord sortie avec lui. Je risque de paniquer et de tout laisser tomber. Ça ne m'étonnerait pas, tu sais.

Lucy a toujours été plus audacieuse que moi. À une époque, elle tenait même un blog dans lequel elle décrivait avec moult détails croustillants chacun de ses coups, sans oublier de leur attribuer une note. Peut-être qu'elle a raison après tout, autant ne pas dépasser le stade des grognements. Le problème, c'est que j'ai du mal à me contenter d'une relation purement physique. Pour moi, le sexe, c'est bien plus que deux corps qui s'attirent, et en plus je n'ai jamais tenté de baiser avec un type que je n'aime pas. Je ne vois pas où est le plaisir. Déjà que j'ai du mal à parler de la pluie et du beau temps avec quelqu'un qui ne compte pas pour moi, alors s'il faut en plus que j'autorise l'accès à mon vagin ! J'ai aussi besoin de me connecter mentalement. Pas forcément émotionnellement, mais au moins m'assurer d'être à peu près sur la même longueur d'onde. C'est important. Alors, plutôt que de bosser, j'ai réfléchi à une liste de partenaires potentiels.

**De:** Phoebe Henderson
**Pour:** Lucy Jacobs
**Sujet:** Les mecs

OK, j'ai réussi à établir une liste de mecs qui pourraient être partants. J'attends tes critiques et tes commentaires.
Brian – Oui, je sais que c'est un connard, mais il est célibataire et plutôt pas mal.
Paul – Il vient de rentrer de New York.
Oliver – En dernier recours, évidemment, même si je doute qu'il accepte. Mais il est canon, et, d'après ce qu'on dit, il sait s'y prendre. Est-ce que par hasard tu saurais s'il voit toujours cette nana, Pedra ? Je ne m'en souviens plus.

XX

**De:** Lucy Jacobs
**Pour:** Phoebe Henderson
**Sujet:** Re : Les mecs

cf. commentaires.

Brian – Oui, je sais que c'est un connard, mais il est célibataire et plutôt pas mal.
*Je suis d'accord, mais il est trop jeune. C'est un vrai gamin. Tu peux être sûre que tout le monde au bureau va être au courant.*

Paul - Il vient de rentrer de New York.
*Pourquoi pas ? Il est pas mal, mais je ne le trouve absolument pas sexy. En même temps, ce n'est pas moi qui suis concernée, pas vrai ?*

Oliver – En dernier recours, évidemment, même si je doute qu'il accepte. Mais il est canon, et d'après ce qu'on dit, il sait s'y prendre. Est-ce que par hasard tu saurais s'il voit toujours cette nana, Pedra ? Je ne m'en souviens plus. *Aucune idée, mais vous êtes potes depuis au moins quinze ans. Le seul fait de le lui demander pourrait foutre en l'air votre amitié. Il va falloir faire preuve de doigté. Mais, attends, si vous n'êtes plus amis, ça veut dire que je peux coucher avec lui, alors je retire ce que je viens de dire. N'hésite plus, c'est lui qu'il te faut !*

**De :** Phoebe Henderson
**Pour :** Lucy Jacobs
**Sujet :** Re : Les mecs

Je t'interdis de coucher avec Oliver, y a pas moyen. C'est mon meilleur ami, et je connais ta propension à briser les cœurs. Le plus simple, ça serait de commencer avec Brian, puisque je l'ai sous la main. Faut juste que je trouve un moyen d'être subtile. Je n'ai pas envie de prendre un râteau ou de le voir mourir de rire sous mes yeux. Tu n'aurais pas une idée ? En tout cas, ta coiffure assure vraiment aujourd'hui !

**De :** Lucy Jacobs
**Pour :** Phoebe Henderson
**Sujet :** Re : Les mecs

Ah ouais ? Merci. Mais si par « assurer », tu veux dire « friser », alors va te faire voir. Cela dit, t'as raison. Il n'y a rien de pire que de ramer en public. Fais-le picoler, comme ça tu pourras nier en bloc si ça foire.

Du coup, j'ai prévu un repas bien arrosé avec Brian lundi prochain. J'espère que ça ne va pas partir en couille.

*Samedi 15 janvier*

Cette nuit, j'ai rêvé que j'étais au pub avec Hazel, et que Miss Nibards se pointait. Sans hésiter, je l'ai foutue dehors en l'attrapant par les bretelles de son soutif, et je l'ai défoncée avec mes prises fulgurantes de kung-fu. Dans mes rêves, je suis championne de kung-fu.

Je me suis levée tôt pour faire un peu de ménage, mais, au bout de cinq minutes, je me suis aperçue que c'était toujours aussi chiant. J'ai dû arrêter. Cet interlude s'est poursuivi par une douche, un petit déj et un coup de fil à Oliver.

— Ça te dit un ciné, ce soir ?

— Ça dépend. Si c'est pour voir un navet avec des super-héros, c'est mort.

— Y a *Breakfast Club* qui passe au *Glasgow Film Theatre.*

— Génial ! J'adore ce film ! « Et toi, papa, qu'est-ce que t'es ? »

— Si c'est pour t'entendre hurler des citations du film pendant toute la séance, pas question, Phoebe.

— « Est-ce que l'établissement peut nous fournir un verre de lait ? »

— Laisse tomber. J'irai avec quelqu'un d'autre.

— Ha ha ha, nooon, excuse-moi. J'arrête. Je suis partante.

— OK, la séance est à 20 heures. On se retrouve là-bas.

Il fumait une clope devant le ciné lorsque je suis arrivée. Derrière lui, un groupe de filles le matait en gloussant, limite bave aux lèvres. Les regards lascifs ont vite cédé le pas à la haine lorsque je l'ai salué en le serrant dans mes bras. En le voyant fumer sa clope, j'ai eu envie de dire : « Tiens, fume ça à ma santé ! », une réplique du film, mais je me suis retenue. Bien sûr, il s'en est aperçu.

— Tu meurs d'envie de le dire, pas vrai ? a-t-il lancé en se marrant.

J'ai menti, même s'il a fallu que je prenne sur moi.

— Hein ? Quoi ? Non, je n'allais rien dire du tout…

Il tirait lentement sur sa cigarette avec un sourire en coin. Une vraie torture, mais je n'ai pas lâché. Je ne craquerai jamais devant lui. Faut que je pense à autre chose, ça m'aidera…

— « Tiens, fume ça à ma santé ! », lui ai-je hurlé au visage alors qu'il tirait sa dernière bouffée.

Ensuite, il s'est dirigé vers l'entrée, abandonnant derrière lui son troupeau de gloussantes groupies, et moi, fulminant de n'avoir pas su contrôler mon comportement de *geek*.

Après le film, Oliver m'a déposée chez moi, et je me retrouve sans personne avec qui refaire le film. Fait chier. Heureusement que sur Twitter, les *geeks*, ce n'est pas ce qui manque.

*Lundi 17 janvier*

Après la réunion de travail du matin, Marion nous a annoncé qu'elle partait en congé maternité une semaine avant la date prévue.

— Je suis trop grosse et trop crevée pour continuer.

Frank a accepté qu'elle s'arrête en fin de journée, et ensuite il s'est mis à paniquer ; visiblement, il n'avait même pas pensé à recruter une remplaçante. J'ai rappelé à Brian notre rendez-vous du déjeuner et suis allée me refaire une beauté dans les toilettes, histoire de ne pas donner à mon futur et potentiel assistant sexuel une raison supplémentaire de refuser ma proposition.

On s'est traînés jusqu'en bas, et, après avoir passé commande, on s'est mis à papoter. Au bout d'un quart d'heure, j'ai senti mon estomac se nouer. Ça ne pourrait jamais marcher, je le savais. C'était une erreur de casting monumentale. J'ai tâté le terrain en lui posant des questions sur le sexe – ce qui a semblé le réjouir – et je l'ai écouté, bouche bée, se vanter de sa dernière « conquête », pathétique au lit et aussi plate qu'une planche à pain, puis raconter une histoire sur une nana dont il avait fait circuler le test de grossesse à tous ses potes histoire de se marrer.

— C'était à se pisser dessus ; t'aurais vu sa tronche !...

Lucy avait raison. Ce type est une vraie pipelette. Tout le monde aurait été au jus, ses collègues, ses potes, les potes de ses collègues et même le sans-abri qui vend son journal devant chez *Boots*. Même sa mère y aurait eu droit. Dans le genre mec discret et responsable, je peux trouver mieux. Du coup, j'ai orienté la conversation vers un sujet moins graveleux et terminé mon sandwich, avant de lui dire qu'il était un vrai connard. Il a cru que je plaisantais. J'ai passé le reste de l'après-midi à dessiner des pendus à l'effigie de Brian, en prenant un malin plaisir à lui passer la corde au cou.

Après le taf, je suis passée voir Hazel. Depuis le nouvel an, elle était à Londres en famille pour présenter Grace, qui, pour un bébé, est tellement jolie que c'en est écœurant. Je me suis caillé les miches pendant tout le trajet, et, avec les trottoirs verglacés, j'ai cru mourir des milliers de fois. Je hais le mois de janvier. Ça glisse et on se pèle. Je passe mon temps le cul sur le trottoir après des chutes souvent très spectaculaires devant tout le monde. Hazel m'a accueillie d'un petit cri aigu, et je l'ai suivie dans la cuisine, où elle a sorti du vin chaud et des tartelettes de Noël aux fruits secs. Sa maison m'impressionne avec ses planchers, ses pièces imposantes et l'immense jardin au centre duquel, entre deux arbres, est suspendu un hamac dont je suis tombée plus d'une fois lors de soirées arrosées. C'est un lieu où l'on se sent bien ; on se croirait dans une maison de famille. Lorsque je viens la voir, je me rends encore plus compte à quel point je déteste mon appart.

Je me suis assise à la table et j'ai attrapé une tartelette.

— C'est pour ça que je t'aime. Et sinon, ton séjour ? Vous en avez profité ?

Elle m'a fait passer un verre.

— Super. Les parents de Kevin sont pétés de thune. Ils ont même un jacuzzi, t'imagines ? J'y ai passé tout mon temps. Je sortais juste pour nourrir Grace et me gaver de scones. Enfin bref, Grace et Kevin sont couchés, et j'ai bien mérité un verre. Et toi, ça va ? Tu as finalement survécu à tes premières fêtes de fin d'année sans Alex ?

— Ouais, ça va, je m'en sors bien. Ça ne veut pas dire que je n'ai pas pensé à lui, mais je suis décidée à me le sortir de la tête une bonne fois pour toutes. Putain, j'en ai marre, je parle tout le temps de lui en ce moment… avec Lucy, avec Oliver, avec Pam Potter, et maintenant avec toi. Il faut que ça cesse.

— C'est juste une mauvaise habitude. Et les mauvaises habitudes, il faut s'en défaire. C'est comme le tabac. Ou le sport. Tu te rappelles quand nous sommes allées à la salle de sport trois fois en un mois ?

— J'aime trop fumer, et puis, une carte d'abonnement gratuite d'un mois dans une salle de sport, on ne peut pas vraiment dire que ce soit une habitude, non ? Cela dit, c'est grâce à ça que tu as rencontré Kevin.

— Eh ouais. Dans cette foule de dieux du stade, il a fallu que je choisisse le plan-plan de service sur son tapis roulant. Une endurance incroyable. Et ça n'a pas changé.

Son visage s'est éclairé d'un grand sourire.

— Qu'est-ce que tu veux que je te dise…

Elle nous a servi un autre verre.

— Il m'a fallu deux ans et plusieurs intraveineuses de tequila pour me remettre de Jon. J'avais trente-quatre ans lorsqu'on a divorcé. Trois ans après, j'épousais Kevin. La vie continue.

— Entre Alex et moi, il n'a jamais été question de mariage. De toute façon, il était contre. Il m'a prévenue dès le début. J'imagine que je n'ai rien dit par peur qu'il ne me quitte.

Hazel est restée silencieuse un instant, grignotant sa tartelette, et je savais qu'elle pensait à Jon. Ça faisait deux ans qu'elle était divorcée quand on s'est rencontrées, et elle ne parle presque jamais de lui. Tout ce que je sais, c'est qu'il était médecin, et qu'il s'est fait rayer de l'ordre pour comportement inapproprié avec une patiente de dix-sept ans.

— Tu penses souvent à lui ?

Peut-être que je n'aurais pas dû poser la question, mais elle m'a rassurée lorsque je l'ai vue rire dans son verre.

— Parfois, oui, mais sans aucune tendresse. Pour être honnête, grâce à ce divorce, j'ai enfin pu quitter cette agence de pub et bosser à domicile. Je n'ai pas à me plaindre.

— Ouais, mais maintenant je ne peux plus venir dans ton bureau et faire semblant de parler clientèle. À cause de Jon, mon boulot est devenu encore plus chiant. Ça te fait une autre bonne raison de le détester.

On a trinqué.

— Des raisons, j'en ai assez, mais ça me va. Tu te rends compte que ça fait déjà trois ans que tu as franchi pour la première fois la porte de mon bureau. J'aurais bien aimé te rencontrer avant que tu sois avec Alex. J'aurais été plus utile pour t'aider à te retrouver.

— Nom d'un chien, tout le monde veut que je me retrouve, en ce moment. La vieille Phoebe peut aller se faire foutre. J'ai l'intention de devenir une nouvelle femme.

Je lui ai expliqué en détail mon projet de libération sexuelle, reprenant la liste de ce que je voulais essayer. Tout ça à voix basse, bien sûr, au cas où Kevin pourrait nous entendre. Hazel m'a écoutée, le sourire aux lèvres.

— Putain ! T'as du cran. Faut dire que, en ce moment, ma vie sexuelle est quasiment inexistante. On se contente de tirer un petit coup vite fait quand Grace est couchée. Je compte sur toi pour tout me raconter. On ne sait jamais, ça pourrait m'inspirer.

— C'est surtout moi que je voudrais inspirer. J'en ai ras la touffe de faire une fixette sur cet abruti.

— Qu'il aille se faire foutre. Ça fait déjà un an. Le plus dur, c'est la première année. Ça va aller, tu peux me croire.

Bien sûr que ça va aller. Je n'ai pas le choix. C'est ça ou les antidépresseurs.

*Mardi 18 janvier*

Ce matin, en remontant Hope Street pour aller au boulot, j'ai aperçu Alex. Toujours aussi péteux et insupportable, mais toujours aussi craquant. La prochaine fois, faut vraiment que j'évite de sortir avec un mec qui bosse dans la même rue que moi, sans parler d'habiter avec lui. S'il avait été seul encore, ça m'aurait aidée, mais non, il était avec Miss Nibards, et ils montaient dans leur voiture tape-à-l'œil. Si j'avais pu prendre mes jambes à mon cou sans me faire remarquer, j'aurais envoyé balader sans regret mes talons et filé comme l'éclair, mais je devais avoir une flèche clignotante au-dessus de la tête, parce qu'ils m'ont repérée tous les deux en même temps. Tous les viseurs de Miss Nibards étaient pointés sur mon front, comme si j'étais l'ennemi public numéro un. Faudrait pas qu'elle oublie que c'est elle qui m'a piqué mon mec, et pas l'inverse.

Notre échange s'est borné à un signe de tête maladroit de la part d'Alex. J'ai fait ce que j'ai pu pour regarder droit devant moi. Avec le recul, je me dis que j'aurais dû user de mon *shuto-uchi* de légende pour les envoyer valdinguer sur la chaussée. Après tout, ce type m'a brisé le cœur à cause de cette meuf, et ils n'ont même pas eu la décence de mourir dans un fait divers improbable du genre « Couple diabolique dévoré par des pandas », ou au moins de quitter le pays. Parfois, quand je repense à tout ça, j'ai l'impression d'être le personnage principal d'un *Faites entrer l'accusé* spécial tueuses, voix off dramatique de rigueur : « Ils lui brisent le cœur… Elle leur brise le crâne. » J'ai filé aux toilettes dès que je suis arrivée au bureau. Je n'ai même pas entendu Lucy arriver. À croire qu'elle est montée sur roulettes.

— Qu'est-ce qui se passe ? Tu n'es pas malade au moins ? Parce que, si c'est le cas, je ne peux rien pour toi, je suis allergique au vomi.

— Je viens juste de croiser Alex avec sa pouf en bas dans la rue. Je crois que je vais gerber, c'est clair. Je les ai vus, et c'est comme si on m'avait filé un coup de poing dans le bide et dans la gueule en même temps. Ils avaient l'air tellement… je ne sais pas moi… heureux.

J'ai laissé Lucy le traiter de tous les noms possibles et imaginables (y compris un « tête de prout » inconnu au bataillon), et ça m'a fait du bien.

*Mercredi 19 janvier*

En arrivant au boulot ce matin, il y avait un inconnu derrière le bureau qu'occupait Marion. Plutôt appétissant dans le genre. En fait, tellement appétissant que, chaque fois qu'il passe devant mon bureau, j'ai envie de lui balancer des coups de klaxon admiratifs. Après de rapides présentations, j'ai appris qu'il s'appelait Stuart. Lucy n'en pouvait plus ; elle m'a envoyé un mail sur-le-champ.

**De :** Lucy Jacobs
**Pour :** Phoebe Henderson
**Sujet :** Miam Miam

Il est beau comme un dieu. Je crois que je suis déjà amoureuse. Il me faut son adresse absolument, je veux bien m'introduire dans sa chambre pour le mater en train de dormir. Tu devrais l'ajouter à ta liste. En tout cas il est sur la mienne, même si je n'en ai pas.

**De:** Phoebe Henderson
**Pour:** Lucy Jacobs
**Sujet:** Re: Miam Miam

Ouais, c'est ça, t'imagines? «Je vous souhaite la bienvenue chez nous, Stuart. Je sais que ça fait à peine dix secondes que vous êtes là, mais est-ce que ça vous dirait de tirer un petit coup discret? Alors?

Me rappelant que j'étais censée me concentrer sur ma quête, j'ai appelé Paul, le candidat potentiel suivant sur ma liste, et pris rendez-vous avec lui ce soir. Normalement, les blonds ne me font aucun effet, mais lui, il a un truc qui me touche. Il travaillait au *Post* avant de reprendre des études d'économie, et nous sommes restés en contact. Il est adorable, mais il ne s'est jamais rien passé entre nous, et je n'ai jamais compris pourquoi. On parle rarement cul ou rencards, et d'ailleurs on ne parle pas de grand-chose, si ce n'est de nos potes, de musique, ou de tous les prods qu'il prend le week-end, et de tous ceux que moi, je ne prends pas. Après six mois passés à New York, il est de retour à Glasgow pour signer la vente d'un appartement qu'il vient d'acheter et organiser son déménagement.

22 heures. Je rentre à l'instant de mon rendez-vous avec Paul. Nous avons pris le thé chez ses parents – pas génial quand on a un plan cul en tête.

—Alors, ça te fait quel effet d'être rentré au bercail? ai-je demandé.

J'ai jeté un coup d'œil à sa chambre, avant de m'exclamer:

—Bon sang, Paul! On dirait que tes parents ont transformé ta chambre d'ado en musée!

Il a souri.

—À peu de chose près, oui. Il manque juste mon poster dédicacé du Celtic. Mon père a dû le piquer pour l'accrocher dans sa cabane de jardin. Ça me fait un peu bizarre quand même. Il s'est passé tellement de choses depuis que j'ai quitté cette maison…

—À qui le dis-tu ! Je suis obligée de me taper des films d'horreur en solo, parce que « ce genre de truc, c'est pour les attardés mentaux. »

—Lucy ?

—Qui d'autre ? En tout cas, tout le monde a hâte de te voir. Oliver est motivé pour taper dans le ballon. Il faut que tu l'appelles.

—Et toi, t'en es où ?

J'ai menti.

—Rien de bien excitant, comme d'hab. Je passe mon temps à bosser ou à regarder des séries américaines. Rien de neuf, vraiment. Mais toi, raconte, c'est forcément plus palpitant.

—J'ai baisé comme un malade. Une vraie folie, a-t-il répondu sur le ton de la confidence.

—Espèce de veinard. Ton accent écossais a encore fait des ravages ? Tu t'es tapé plein de nanas ?

Il a répondu en souriant.

—Euh… non… aucune. En fait, j'ai profité d'être à New York pour sortir du placard.

—Sortir du placard, comment ça ? Non, attends. Incroyable, j'hallucine ! Ça alors ! Je ne savais pas.

—Ouais, ça m'a pris un peu de temps, mais maintenant c'est fait. Maman est assez cool, mais mon père a du mal à s'y faire. Il pense que je m'habille en femme et que je passe mon temps à regarder *Glee*.

Du coup, je ne lui ai rien dit sur les raisons de ma visite. Ce qu'il avait à me raconter était bien plus passionnant. La semaine prochaine, il y a une *Nuit de l'horreur* au ciné, je lui parlerai de mes projets à ce moment-là. En tout cas, je l'ai rayé de ma liste, et j'en ai profité pour classer le fichier « Pourquoi on n'a jamais couché ensemble ? » dans le dossier « Parce que je ne suis pas un mec. » Il ne me reste donc plus qu'Oliver. Je me demande si je ne suis pas en train de faire la connerie de ma vie.

*Jeudi 20 janvier*

Ce soir, j'ai invité Oliver à prendre un verre au pub. J'étais sûre qu'il dirait oui. Ça n'a rien à voir avec moi, c'est juste qu'il est tout bonnement incapable de refuser une bonne pinte. J'ai passé un quart d'heure à l'attendre dans le bar, en espérant qu'il ait mystérieusement eu vent de mon projet et décidé de s'exiler. Raté. Quand il s'est pointé, j'ai cru revoir l'ado de seize ans débarquant au lycée pour la première fois. À l'époque, son sourire et sa tignasse bouclée m'avaient complètement ensorcelée. On était devenus potes super vite, au grand dam de toutes les autres filles qui bloquaient sur son cul. Jamais il ne m'a touchée, mais on partageait tous les détails sordides de nos premiers tâtonnements sexuels. Normalement, je n'éprouve aucune difficulté à parler de cul avec Oliver, mais, ce soir, ça me stressait.

Oliver est revenu du comptoir avec un cocktail sophistiqué et une pinte de Guinness.

— Bon sang, c'est quoi, ce machin ? ai-je demandé en regardant le breuvage bleu Tchernobyl posé devant moi.

— Ça s'appelle un Moody Blue. Je n'ai pas la moindre idée de sa composition, mais je me suis dit que t'aurais vraiment l'air con en le buvant.

— À mon contact, tout devient beau, ai-je plaisanté.

J'en ai bu une gorgée, réprimant un haut-le-cœur tellement c'était sucré.

— Putain, c'est du jus d'aisselles, ce truc !

— Et en plus, ça te fait les lèvres toutes bleues. Pour seulement 2 livres, ça vaut le coup, non ?

Il a enlevé son écharpe avant de se tourner vers le bar, décochant un petit clin d'œil à une fille qui se tenait derrière un petit gros en parka.

— Tiens-toi un peu. Et Pedra, tu l'oublies ? ai-je demandé en essuyant mes lèvres de schtroumpf avec une serviette en papier.

— Pas du tout. On ne se voit plus.

— Alors, là, tu m'étonnes. Qu'est-ce qui s'est passé ? Tu lui as offert un cocktail au jus d'aisselles, à elle aussi ?

— Ben, non. Elle voulait me présenter ses vieux. Quelle connerie ! J'ai déjà du mal à aller voir les miens…

— Tes parents sont adorables, ils sont comme les autres. Je suis sûre que tu as été adopté, ou échangé peut-être. Je les plains du fond du cœur.

— Trop méchant ! Et toi, c'est quoi, ton excuse ? Tes parents ont quitté le pays pour éviter de te croiser ?

— Mes angoisses d'abandon, ça ne te regarde pas. Je vais me commander une boisson digne de ce nom.

Trois gins plus tard, je trouvais le courage de lui avouer la raison de ce rendez-vous.

— À propos de ma résolution de nouvelle année, tu t'en souviens ? Arrête de me regarder comme un débile, tu sais bien, je t'en ai parlé après la soirée du réveillon. Enfin bref, j'ai enfin trouvé ce que je voulais changer.

— Je m'en souviens, t'inquiète. J'espère juste que tu n'as pas décidé de te mettre à la zumba ou à une autre connerie du genre aérobic.

— Absolument pas. J'ai décidé de pimenter ma vie sexuelle.

— OK. Ça semble être une bonne idée. Et tu vas t'y prendre comment ? Tu vas suivre des cours, faire un stage ?

— Non, pas du tout. J'ai dressé une liste de tous les trucs que je voudrais essayer. Et je vais les tester un par un. Pas bête, hein ?

Apparemment, j'avais éveillé sa curiosité.

— Une liste ? Et il y a quoi sur cette liste ?

— Euh… ben, des trucs.

— Raconte-moi.

— Non.

Pas moyen de lui en parler tant qu'il n'aurait pas accepté de m'aider. Sinon, il allait me harceler pour savoir si je m'en étais pris une dans le cul.

— OK, mais, te connaissant, j'imagine que c'est un truc du style faire l'amour avec la lumière allumée, ou embrasser avec la langue, ou baiser sans avoir pris de douche…

— Putain, je ne suis pas aussi coincée que tu l'imagines. Pour ta gouverne, sache que c'est assez cochon.

Il a éclaté de rire.

— J'en doute. Je plains le pauvre gars qui va devoir supporter tout ça. Qui est l'heureux élu ?

Je l'ai regardé droit dans les yeux avec un grand sourire.

Il m'a souri à son tour en approchant son verre de sa bouche. Il lui a fallu deux secondes pour percuter. Il a reposé sa pinte, sans détacher son regard du mien.

— Une seconde. C'est moi qui suis supposé te venir en aide ?

— Oui.

— Sexuellement parlant ?

— Oui.

— Moi, le type qui soi-disant ne te plaît pas ?

— Eh ben, euh…

— Ça veut dire qu'il va falloir qu'on…

— Oui.

Il fixait la table, et moi, je ne disais rien, j'aurais voulu disparaître. Après ce qui m'a semblé une éternité, il a enfin repris la parole.

— Putain, Phoebe ! Je ne m'attendais pas du tout à ça. Bon sang, ce n'est pas rien, ce que tu me demandes. Tu as bien réfléchi aux conséquences, j'espère ? En fait, ça me fait de la peine que tu aies pensé à moi. Pour être franc, je me sens limite instrumentalisé.

— Quoi ? Merde alors ! Je suis désolée. Vraiment. Je pensais…

C'est là que j'ai capté son sourire narquois.

— Putain, tu déconnais, c'est ça ?

— Yep.

— Donc, tu veux bien m'aider.

— Bien sûr que je vais t'aider, ne sois pas bête. Tu veux boire autre chose ?

Bingo ! Putain, il assure ! La chasse est terminée. Mon tout premier partenaire de baise est assuré. Mon pote Oliver, donc. Mon meilleur ami. Je me demande si c'est une bonne idée. Oh, et puis merde !

En montant dans un taxi, il a pris rendez-vous.

— Je passerai chez toi demain soir. On verra comment ça se passe et je pourrai enfin savoir ce qu'il y a sur cette fichue liste.

« Comment ça se passe ? » Niveau cul, il voulait dire, j'imagine. Oh, mon Dieu, je sens que je vais gerber. Sur le chemin du retour, j'ai commencé à paniquer. Les filles qu'il se tape sont toutes canons. Moi, je ne ressemble à rien. En même temps, il doit bien me trouver attirante sexuellement, non ? Ou alors c'est le plan cul sans attache qui l'attire. En théorie, c'est l'idéal. Pas d'attentes, pas de chichis, et encore moins d'angoisses, celles qui me font bafouiller comme une demeurée. Du cul, du cul, rien que du cul. Cela dit, je stresse à l'idée de me retrouver à poil devant un mec, ça ne m'est pas arrivé depuis ma rupture avec Alex. Quand on est avec quelqu'un depuis un bout de temps, on se fiche des vergetures ou des boutons sur les fesses, mais ce n'est peut-être pas du tout la même chose quand c'est juste pour baiser. Ma cellulite pourrait tout faire foirer. Est-ce qu'il aura toujours envie de moi une fois qu'il aura vu mes nibards se répandre sous mes aisselles ?

J'ai appelé Lucy.

— Il a accepté ? Bon sang, t'as vraiment de la chance ! Ouf ! J'envisageais déjà de me procurer un gode ceinture pour venir à la rescousse. Veinarde. T'as intérêt à tout me raconter.

— Je stresse un peu. T'as vu les nanas qu'il se tape ? C'est du zéro pourcent matière grasse.

— Oh, c'est bon… Si elles étaient aussi parfaites que tu le dis, il coucherait encore avec elles. Pas la peine de stresser pour ça. À ta place, je m'inquiéterais plutôt de son potentiel sexuel. T'imagines, s'il n'assure pas une cacahuète, il faudra que tu le jettes, réduisant ainsi à néant votre amitié en même temps que tous les fantasmes qu'il m'inspire. Et y en a pas qu'un, crois-moi. Dans ma tête, c'est un vrai tireur d'élite.

— Va mourir !

*Vendredi 21 janvier*

17 heures. J'ai pris ma demi-journée et passé un temps fou à me préparer ; je suis sûre que John Hurt passait moins de temps au maquillage pendant le tournage de *Elephant Man*. Gommage, épilation des sourcils, pédicure et débroussaillage des jambes. Les yétis, ça n'a jamais fait bander personne.

19 heures. Fin prête et stressée à mort. J'ai bien essayé de me distraire en flirtant avec @inzepocket77 sur Twitter. Ce que je kiffe avec Internet, c'est qu'il y a toujours un mec dispo quelque part pour s'évader de la réalité.

19 h 45. Dans ma tête, une petite voix me dit de me détendre : c'est juste un petit coup de bite. Et pourtant c'est pire qu'un film d'horreur, j'essaie de me dire que ce n'est pas vrai, mais j'ai quand même envie de vomir. J'espère que je ne vais pas m'évanouir. Si seulement il pouvait se faire renverser par une voiture, d'un côté, ça m'arrangerait, ou un truc un peu moins douloureux peut-être, légèrement moins radical.

*Samedi 22 janvier*

Hier soir, Oliver s'est jeté sur moi à peine arrivé. Littéralement. J'étais sur le cul. Je pensais qu'on allait boire un café et discuter posément de notre coït à venir, mais, sans savoir comment, je me suis retrouvée les cheveux en bataille et du rouge à lèvres partout sur le visage. Il m'a prise contre le mur, sur le carrelage de l'entrée et, enfin, dans le lit. Je crois que je me suis déboîté la hanche. Mais c'était pour la bonne cause. Mes angoisses de dysmorphie n'étaient pas du tout fondées, Oliver s'est montré on ne peut plus motivé. Pour une fois, j'ai oublié bourrelets et mèches rebelles, et le plus étrange, c'est que ça ne l'était pas du tout, étrange. Enfin, au début, j'ai trouvé ça un chouïa bizarre, parce qu'évidemment je n'ai pas pu m'empêcher de comparer sa bite avec celle d'Alex, et, à vrai dire, ce qu'Oliver perd en longueur, il le rattrape en diamètre. J'ai même flippé de finir défigurée comme dans *Le Cercle*, après lui avoir taillé une pipe. Et puis il s'est montré très attentionné, j'ai eu droit à de vrais préliminaires, pas comme avec Alex, qui se contentait de me peloter vaguement les seins. Ça le mettait dans tous ses états, c'était ridicule. Un vrai goret, ce mec, en fin de compte.

Oliver donne aussi pas mal de la voix, et j'adore ça. J'adore le sexe qui fait du bruit, et, même si je ne suis pas très articulée, il faut que je m'exprime. Ça fait du bien d'avoir un peu de répondant plutôt que de se demander si le mec est à fond dans le truc ou s'il a juste piqué du nez.

Ensuite, assis côte à côte dans le lit, on a même réussi à avoir une conversation presque adulte sur la liste et sur tous les trucs que j'ai envie d'essayer. Non seulement Oliver est partant sur chacun des points, mais il m'en a même proposé de nouveaux.

— Je ne m'attendais pas du tout à ça de ta part. T'es plus dépravée que je ne le pensais. Le jeu de rôles… Pour la domination, c'est quand tu veux. Enfin, dans les limites du raisonnable, je n'ai pas l'habitude d'être soumis. Ça pourrait être intéressant…

— Tout ça ne te démonte absolument pas, je me trompe ?

— Ben non, pourquoi ? Ça devrait ? C'est juste du cul.

— Alors que moi, je ne sais même pas si j'aurai le cran d'aller jusqu'au bout. Déjà, coucher avec toi, j'étais liquéfiée. Jure-moi que ça ne va pas créer un truc bizarre entre nous.

— T'inquiète, poulette, tout ira bien. Arrête de bloquer. Et sinon je veux bien te regarder baiser avec quelqu'un d'autre, mais seulement si c'est avec une fille. Disons que ça m'arrangerait. Enfin, je dis ça comme ça…

— Si je te laisse faire, je vais me transformer en dominatrice bisexuelle d'ici la fin de cette aventure. Autre chose pour satisfaire monsieur ?

Il a répondu en caressant ma cuisse de haut en bas.

— Oui. Je me ferais bien une deuxième mi-temps.

Lorsqu'il est parti pile-poil après le deuxième round, j'ai compris qu'il ne s'agissait pour lui que d'un accord à l'amiable ; il m'a claqué la bise comme d'habitude. Pas de baiser d'adieu langoureux ni de mains qui s'étreignent amoureusement, non, juste un petit bisou sur la joue et un conseil d'ami sur un ton taquin : « Faut vraiment que tu t'épiles. » La passion s'était volatilisée, et on était redevenus de simples potes. Je crois que je vais avoir du mal à m'y faire, et j'avoue que ça m'a fait redescendre sur terre *illico.*

*Dimanche 23 janvier*

On a remis le couvert dès ce soir. D'abstinence totale, je suis passée en un rien de temps à un libertinage effréné. J'assure. J'ai hâte de commencer ma liste.

On a d'abord baisé dans le lit, tout en tendresse et en retenue. Mais lorsque je suis allée boire un verre d'eau dans la cuisine, nue comme un ver, il m'a suivie et m'a prise sauvagement sur le plan de travail. L'espace d'une seconde, j'ai carrément perdu pied lorsque je me suis retrouvée la gueule dans les miettes, jusqu'à ce qu'il vienne me susurrer de délicieuses obscénités à l'oreille. Mes tentatives de lui retourner le compliment ont toutes misérablement échoué.

— Enculé !

— Comment ?

— Euh… rien. Continue.

La honte ! Il va vraiment falloir que je m'entraîne, sur ce coup. Je crois qu'il est grand temps de relever mon tout premier défi : balancer des obscénités.

*Dimanche 23 janvier*

Hazel et Grace faisaient les magasins en ville ce matin. Du coup, je les ai retrouvées à midi pour manger un morceau, en l'occurrence la moitié d'un croque-monsieur et un grand verre de vin.

— Tu fais quoi ce soir ? a demandé Hazel en donnant à Grace une croûte à mâchouiller.

— Peau de balle. Je vais sûrement prendre un bain et mater *Eastenders*.

— Parfait. Tu peux m'accompagner à la salle de sport.

J'ai fixé Hazel un instant avant d'éclater de rire.

— Va chier. Tu sais combien je déteste cette salle de sport, et, en plus, j'ai mes règles. Mon utérus te dit non.

— Mais on se marrait bien, non, à l'époque où on y allait ?

— Toi, tu te marrais. Moi, j'étais en permanence au bord de la rupture d'anévrisme.

— Mais, avec le poids du bébé, faut vraiment que…

— Tu n'as qu'à la poser dans sa poussette ! Ah, tu vois ! Tu viens de perdre au moins cinq kilos ! T'es toujours aussi belle et mince, t'inquiète, je suis limite jalouse.

— OK, j'ai compris. Mais, si tu changes d'avis, il y a un cours de yoga à 20 heures.

— Du yoga ? Tu te souviens de ce qui s'est passé quand j'ai suivi ce cours de yoga l'an dernier ?

Hazel était déjà morte de rire.

— La fille qui a pété en plein cours. La pauvre, elle devait être morte de honte.

Et moi pas loin de l'hystérie.

— Ce n'était pas seulement le pet, mais surtout le temps que ça a duré. On aurait dit un solo de trombone.

— T'es la seule personne que je connaisse qui se fasse virer d'un cours de yoga à cause d'un fou rire.

J'essayai de reprendre mon sérieux.

— Tu comprends pourquoi je n'ai pas envie d'y remettre les pieds. Je me pisse dessus rien que d'y penser. Cette fois, je risque l'exclusion définitive.

Hazel a remis la veste de sa fille et commencé à rassembler ses affaires.

— OK, j'irai toute seule. Mais, en tant qu'amie, tu aurais pu faire un effort. Tu es vraiment trop cruelle.

— Ouais, mais au moins tu vas retrouver la forme. Et tu seras la première à te marrer quand tu me verras évacuée par grue de mon appartement dans la prochaine saison des *Gens extraordinaires*... Merde, je n'avais pas vu l'heure ! Faut que je file.

Je leur ai fait une bise à chacune et j'ai couru jusqu'au bureau. À quoi bon s'abonner à une salle de sport ?

*Mardi 25 janvier*

Les conversations coquines sur l'oreiller, ça m'a toujours fait penser aux films avec Doris Day, la Miss Vertu de service avec sa chemise de nuit remontée jusqu'au menton, sur le point de se faire titiller par Rock Hudson, son partenaire gay de l'époque.

Comme pour plein d'autres trucs dans ma vie, je me serais bien vue en haut de l'affiche, mais j'ai tellement peur du ridicule que, jusqu'ici, je ne suis jamais passée à l'acte. Du coup, pour compenser, je hausse le volume de mes gémissements, en les ponctuant de « oh oui ! » bien sentis, mais, en général, je ferme ma gueule.

Dire des obscénités requiert un capital confiance sexuel certain, qui m'a toujours cruellement fait défaut, vu que j'ai toujours eu du mal à me considérer comme quelqu'un de sexy. Lorsque je repense à mes ébats sexuels avec Alex, c'est toujours pour disséquer le moindre de mes gestes, la moindre de mes paroles, et, bien souvent, je ne sais plus où me mettre. Je n'ai rien à voir avec les bimbos de *Playboy* qui balancent leur magnifique chevelure ondulée par-dessus leur épaule ou la soulèvent lascivement lorsqu'elles chevauchent leur partenaire. Moi, j'ai les cheveux raides et épais, et, en général, ils me bouffent le visage, et j'ai l'air d'une créature de film d'horreur japonais sur le point de fondre sur le spectateur. J'ai même essayé de m'entraîner à reproduire des mimiques de plaisir devant mon miroir, mais, au final, j'avais la gueule d'une meuf qui sèche devant un problème de maths, rien à voir avec la jouissance. La *lose* totale. Sans parler de mon incapacité chronique à exprimer mes désirs de manière simple ou à oser demander à être fessée par mon partenaire. Y a de quoi se décourager. En plus, dire des obscénités, ça m'a toujours paru un peu artificiel, comme les inévitables basses percutantes qui jaillissent lorsqu'une braguette fait mine de s'ouvrir dans tous ces films pornos de seconde zone. Chaque fois que j'essaie, j'ai l'impression de faire outrage à la passion, en mode Gilles de la Tourette, version pornographique. Je manque de confiance, c'est clair. J'en ai discuté avec Lucy pendant le déjeuner.

— L'essentiel, c'est de rester naturelle. Évite de hurler « Oh, mon Dieu, oui, vas-y, espèce de pervers de mes deux ! » au moment où il t'embrasse tendrement ou lorsqu'il repousse une mèche rebelle de ton visage. Ça risque de le refroidir.

Je me suis rendu compte qu'elle était en train de hurler lorsque j'ai vu que tout le personnel de la cantine était mort de rire.

— Faut juste que tu pratiques en conditions réelles. Ça ne s'invente pas, ce genre de choses. Dis-toi que tu apprends une nouvelle langue. En plus obscène, c'est tout. Un peu comme le français. Tu veux que je te serve de cobaye ?

— Plutôt mourir.

— Et les *chatrooms*, tu y as pensé ? La cyber-drague, c'est idéal pour se faire la main.

Ce n'est pas une mauvaise idée, mais je risque de me retrouver dans un monde de glands turgescents rempli d'attardés sociaux minables et solitaires qui recherchent leur alter ego pour se masturber par écran interposé, ou de maris forcément incompris en quête d'échappatoire. Les gens heureux et normaux n'ont pas besoin d'Internet.

*Mercredi 26 janvier*

Frank, mon patron, est obsédé par sa toute nouvelle œuvre d'art, fièrement exposée dans son bureau. Une vraie arnaque. Il n'a pas arrêté de nous bassiner sur l'importance et le prix de son chef-d'œuvre. Du coup, Stuart a profité de la pause-déjeuner pour s'introduire dans son bureau et l'accrocher à l'envers. En fin de journée, Frank n'avait toujours rien remarqué. Un vrai coup de maître ! Tout le monde se demande combien de temps il va lui falloir pour s'en apercevoir. Les paris sont ouverts. Aujourd'hui, j'ai aussi remarqué le cul de Stuart pour la première fois. Je suis longue à la détente, je le sais, mais ça valait le coup d'œil ; une vraie merveille. Évidemment, vu ma discrétion, Stuart s'est rendu compte de l'intérêt qu'éveillait en moi son charmant arrière-train. Je ne sais pas ce que j'ai en ce moment, mais mes hormones n'arrêtent pas de me jouer des tours.

Ce soir, je me suis attaquée à mon premier défi en m'inscrivant sur un site appelé *Clits & Kilts*, armée d'un pseudo, d'une photo truquée et d'un 95E imaginaire. J'ai du mal à croire que je sois tombée si bas.

À première vue, il va falloir que je revoie mes exigences à la baisse si je veux vraiment trouver quelqu'un. La plupart des profils sont écrits par des types qui ont oublié que la grammaire existait, et l'idée d'avoir à lire des phrases bourrées de fautes me donne envie de dégainer mon stylo rouge. En tout cas, je n'aurais jamais cru qu'on me répondrait aussi vite. Et si certains hésitaient à entrer dans le vif du sujet, d'autres allaient droit au but, en me demandant la taille de mes nibards, ou ce que je portais en ce moment.

— Des vêtements, pauvre tache ! Fais un effort !

Je n'ai pas vraiment dit ça, bien sûr. On ne sait jamais.

Heureusement, ma mère m'a appelée au moment où j'allais balancer mon ordi par la fenêtre.

— Salut, Phoebe, comment ça va ?

— Bien, maman. Et toi, ça va ? Et papa ?

Quand ils vivaient encore à Glasgow, mes parents m'appelaient toutes les semaines, mais, depuis que mon père a vendu sa chaîne de salons de thé hippies, ils se sont installés au Canada, et les coups de fil se sont raréfiés, remplacés par des cadeaux pourris et improbables ou des cartes postales de leurs derniers lieux de villégiature.

— Nous partons pour un safari au Kenya, ma chérie. Une offre de dernière minute. On embarque dans moins d'une heure, alors j'en profite pour te faire un petit coucou avant d'être au fin fond de la brousse.

— Tu sais que, même au Kenya, tu peux me joindre avec ton portable, maman. Ce n'est pas comme si vous alliez sur la Lune.

— Ton père ne veut pas de portable. Ni de gin d'ailleurs. Mais, sur ce dernier point, je n'ai rien lâché. Tu vas bien, t'es sûre ?

— Ouais, rien de neuf… la routine, quoi. Amusez-vous bien ! Dis bonjour à papa de ma part, et évite de te faire entuber par n'importe qui !

— Seulement par ton père, ma chérie. Oh, ça va, épargne-moi tes petits grognements, tu n'es pas née dans une rose, tu sais. Décrispe-toi un peu. Allez, faut qu'on y aille. Prends soin de toi.

— Salut, maman. À plus.

J'ai beau grandir, imaginer que mes parents puissent baiser pour le plaisir me perturbe toujours autant. Je devrais avoir des tas de frères et sœurs.

*Jeudi 27 janvier*

Comme Frank n'était pas au bureau aujourd'hui, j'ai pu prendre ma caisse et utiliser sa place de parking. Ça m'a évité les transports en commun – le bonheur ! Et même si je me suis retrouvée coincée dans un embouteillage sur l'autoroute en revenant, ça valait le coup. J'ai pu me lâcher sur la BO du *Rocky Horror Picture Show* sans craindre de me ridiculiser. Tim Curry en Frank-N-Furter m'a toujours fait un effet bœuf.

Pour le dîner, je me suis préparé un plat de pâtes et j'ai ouvert une bonne bouteille de rouge, avant de retourner me connecter sur *Clits & Kilts*. J'ai ignoré la petite voix qui me demandait ce que je foutais là et réprimé l'envie de balancer une salve de réponses sarcastiques et fantaisistes. Mieux vaut essayer de me concentrer. Si je dois expérimenter mes obscénités sur Oliver, je dois être un minimum sérieuse et crédible. Jusque-là, je me suis limitée à flirter brièvement par mail ou messagerie instantanée, mais je gagne en confiance. J'ai même réussi à laisser tomber la dérision.

J'ai raconté à Oliver mon programme d'échauffement, et il a trouvé ça tordant.

— Ça ne te ressemble pas tu tout ! T'es bien trop douce !

— Pas du tout. Je sais être obscène, bordel de merde !

— C'est ça, ouais. La dernière fois que tu m'as traité d'enculé pendant qu'on baisait, tu m'as envoyé un texto d'excuses pour me préciser que tu ne le pensais pas vraiment. Les filles comme toi, vous pensez être capables de dire à un mec que vous voulez le sucer, mais quand il s'agit d'expliquer comment, il n'y a plus personne.

Il a raison. Je le hais.

*Vendredi 28 janvier*

Un vrai désastre, cette journée de boulot. Déjà que je n'ai pas souvent envie de bosser, avec ce qui me trotte dans la tête en ce moment, c'est encore pire. À plusieurs reprises, il a fallu que je m'empêche de hurler :

— J'emmerde tes putains d'objectifs, Frank – t'aime pas mes adjectifs ? Tu voudrais peut-être que je te suce en silence ?

Après le boulot, j'avais rendez-vous avec Pam Potter, qui, comme à son habitude, avait l'air ravie de me voir. Avec son sourire jusqu'aux oreilles, elle me fait penser au chat du Cheshire, j'ai toujours l'impression qu'elle va disparaître en plein milieu de la conversation. Je ne sais pas pourquoi j'ai autant de mal à l'appeler par son prénom ; Pam, c'est bien trop banal pour quelqu'un comme elle. Dans son bureau, toutes les tasses ont des formes d'animaux, ce qui ne me surprend qu'à moitié sachant que son café bio pue la merde. J'attendais cette séance avec impatience, vu l'état émotionnel dans lequel m'avait laissée ma rencontre inopinée avec Alex la semaine dernière.

— C'est le fait de croiser Alex qui vous a bouleversée, ou simplement le fait qu'il soit avec sa nouvelle copine ?

— Les deux. J'ai pris une grosse claque. Je me sentais tellement vulnérable. Ça m'a rappelé tout ce que j'ai tellement de mal à oublier.

— Il faut garder à l'esprit que cette partie de votre vie, c'est du passé, Phoebe. Il est impossible de ne plus y penser. C'est tout à fait normal. Tant que vous n'aurez pas fait la paix avec votre passé, vous ne pourrez pas avancer. J'espère que vous consacrez votre temps libre à des choses constructives.

Je n'ai pas voulu lui parler de la liste, c'était trop tôt. Et, dans le fond, je trouve ça assez ironique de payer quelqu'un pour déballer mon intimité, et de ne pas en profiter.

— Oui, si on veut. Je passe pas mal de temps avec mes amis, je ne reste plus des heures à bloquer sur Alex dans mon canapé. Enfin, moins qu'avant. Je n'ai pas vraiment de passe-temps. C'était bien ça la question ? Merde, vous voulez dire qu'il me faudrait un passe-temps ?

Elle a souri.

— Pas de panique. Considérez cette période de votre vie comme le début d'un nouveau chapitre. On ne peut réécrire ce qui a déjà été écrit, mais vous pouvez choisir la suite de l'histoire, les personnages que vous souhaitez conserver ou ceux que vous voulez éliminer. Symboliquement, bien sûr.

En sortant, j'avais l'impression d'être l'héroïne d'un roman interactif. « Si vous voulez oublier Alex et guérir, allez page 9… Pour écrabouiller Alex sous un tank, allez page 12… Et pour trouver un psy doublé d'un tueur à gages, allez page 87. »

Plus tard, j'ai pu papoter en ligne avec mon premier mec, un certain Bradley, écrivain de trente-six ans, cheveux longs et décharné mais étrangement séduisant, du genre gothique excentrique. Son approche était carrément décalée : « Et si on parlait philo et Leonard Cohen autour d'un verre de champagne et de quelques truffes imaginaires ? » Mais, très vite, son désir de passer pour un intello séduisant a été supplanté par celui encore plus pressant de parler de son fantasme de me voir baiser avec une autre nana. Tous les mêmes, la testostérone finit toujours par avoir raison de leurs neurones. En fin de compte, il voulait juste que je lui décrive les effets de ce prétendu coït lesbien.

— Ça m'excite à fond rien que d'y penser…

*Tu parles, ça ne m'excite pas du tout.*

Suivi de :

— Je lui lèche langoureusement les tétons pendant que tu nous mates…

*C'est ça, ouais ! Tu peux toujours rêver !*

Difficile de lui avouer que je pipeautais, et que tout ça ne m'excitait pas le moins du monde. Il a vraiment dû tomber de haut, vu mon profil d'adepte d'accessoires et de positions en tout genre, se vantant de danser le flamenco quand elle jouissait. Je me demande ce qui m'a pris d'écrire un truc pareil. Y a des jours, j'ai vraiment les pieds à la place des mains. Avec Bill, le *cyber-sexeur* suivant, il a fallu que je le regarde se palucher tout en écrivant les détails de ce que je voudrais lui faire. Il était plutôt pas mal – brun, cheveux en bataille, et, encore une fois, taillé dans une queue de cerise –, mais, selon toute apparence, doté d'une bite microscopique. Quand il s'est approché de sa webcam, fier de son érection, il m'a fallu un bout de temps avant de pouvoir la repérer sur l'écran, encore plus lorsqu'il l'a recouverte de sa main, une main de fillette prouvant que son micro-pénis était à la bonne échelle. J'avoue que, en matière de bites, je préfère les tailles moyennes aux monstres de trente centimètres qui défoncent tout sur leur passage, mais là, dans le genre vermicelle, c'était une première. Heureusement que je n'étais pas devant ma webcam, j'aurais eu l'air d'une conne, et je n'aurais pas pu m'empêcher de balancer une blague scabreuse et de bafouiller une excuse quand il se serait déconnecté.

*Samedi 29 janvier*

Cet aprèm, Oliver est passé en apportant le repas, une pizza à moitié entamée et une bouteille d'Irn-Bru.

— Oh, t'es trop mimi.

J'ai ouvert le carton.

— Euh… elle est à quoi ta pizza ? Elle ressemble à rien.

— Aucune idée, je l'ai trouvée dans une poubelle.

— C'est ça, ouais. Maintenant je ne sais plus si je dois te croire.

— Mais non, je plaisantais. Jambon, maïs et piments doux. Ce n'est pas mauvais, mais tu vas être obligée d'en manger si tu veux supporter mon haleine.

J'ai fini la pizza sans le quitter des yeux au cas où il m'avouerait finalement l'avoir trouvée dans une poubelle. Les mecs, faut pas leur faire confiance.

On s'est assis sur le canapé comme pour passer un après-midi tranquille à mater des séries et manger des pizzas. Mais Oliver ne voyait pas les choses comme ça. À peine le générique de *Arrested Development* commencé, il s'est levé et a commencé à déboutonner sa chemise noire. Il sait très bien qu'il est canon sans ses vêtements, et à quel point j'adore le regarder se déshabiller, j'en suis sûre. Il ne m'a pas quittée des yeux une seule seconde.

— Ça t'excite ?

— Maintenant, oui.

— Et ces obscénités, ça avance ? a-t-il demandé en m'attirant près de lui pour me faire sentir l'effet que je lui faisais.

— Euh… pas mal, il me semble. C'est intéressant. Tu sais… je suis de moins en moins coincée, ai-je fanfaronné alors qu'il repoussait une mèche de mes cheveux.

Il chuchotait à mon oreille.

— Fais-moi voir ça. Dis-moi ce que tu me réserves.

Moins coincée, tu parles. J'étais rouge comme une pivoine.

— Je vais te sucer la bite, ai-je bafouillé hâtivement.

— OK… tu peux m'en dire plus ?

Il m'embrassait dans le cou.

— Euh… Je vais te lécher et te tirer.

Il se retenait de rire.

— Me tirer ? Vraiment ? T'es au courant qu'il n'y a pas vraiment besoin de tirer, n'est-ce pas ? T'es sûre que t'as déjà fait ça ?

J'ai éclaté de rire à mon tour.

— Eh merde, je t'ai coupé dans ton élan ! Tu me déconcentres avec tes baisers.

Il a enlevé son pantalon, avant d'afficher un grand sourire.

— Coupé dans mon élan ? Tu crois ça ? Tu sais, faut pas que ça te stresse autant, cette histoire d'obscénités. Tout le monde n'en est pas capable. Peut-être que c'est moi qui devrais m'y coller, et toi, tu te contenterais de m'écouter.

— Tu dis ça pour me foutre les boules, c'est ça ?

— J'aurais pu, mais là, je pense sincèrement que tu n'es pas capable de le faire.

Il allait voir ce qu'il allait voir. Après une partie de jambes en l'air, il est allé prendre une douche pendant que je préparais un thé. Nous sommes retournés sur le canapé, et je l'ai regardé s'enfiler un sandwich qu'il avait trouvé dans le frigo.

— T'es affamé ou t'as un rencard ?

Comme un petit enfant, il repoussait la croûte du pain sur le bord de son assiette.

— Les deux. J'ai rendez-vous au pub avec Dave, mais je préférerais retourner sous la couette avec toi.

— Dommage pour toi ! ai-je gargouillé, la bouche pleine de thé. De toute façon, j'ai des trucs à faire. Je t'envoie un message plus tard.

Je l'ai raccompagné à la porte et me suis servi un gin tonic histoire de me donner du courage pour ce que je m'apprêtais à faire. Aux gros mots, les grands moyens. L'heure du téléphone rose avait sonné. Je trouve ce concept hilarant. D'abord, on appelle pour laisser un message sur une boîte vocale :

« Salut, je m'appelle (insérez un pseudo) et je me sens seule ce soir. »

Puis on raccroche et on se prend la tête à deux mains.

Si un type est intéressé, il laisse un message en réponse. Du genre :

« Salut, je m'appelle (insérer un pseudo de macho) et je suis un type super "naturel" mais chaud comme la braise et je recherche une partenaire à enflammer. »

Puis on raccroche et on se prend la bite à deux mains.

Si le courant passe, on peut alors se connecter et discuter météo, football et crise au Moyen-Orient, ou se livrer à des échanges cochons depuis son canapé, sa voiture ou sa cabane de jardin. C'est comme on veut.

Il m'a fallu dix-sept tentatives et un bon nombre de verres de vin avant de trouver le courage de parler à quelqu'un. *Dix-sept!* Finalement, je me suis connectée au hasard avec un type de Londres, qui disait rentrer de la salle de sport (à 1 heure du matin, faut arrêter), tout excité et en sueur, prêt à se taper une petite conversation cochonne. Il ne pouvait pas tomber mieux. J'avais tellement envie de prouver à Oliver qu'il se trompait sur mon compte que je me suis transformée en gorette intersidérale, haletante et sexy. Éloquente en diable, je lui ai décrit ce que j'allais lui faire subir, et il s'est masturbé pendant au moins dix minutes. Quand il a éjaculé, j'ai frétillé en signe de victoire, comme si je venais d'être sélectionnée pour le *prime* de la *Nouvelle Star*, avant de raccrocher. À Glasgow, la reine des salopes, c'est moi. Trop la classe, mais là, j'ai ma dose. Les gens sont vraiment tordus.

*Dimanche 30 janvier*

Ce matin, alors que j'avais envie de rester sous la couette à lire les journaux, j'ai accepté de bruncher avec Hazel, parce que je suis une copine géniale et surtout parce que c'est elle qui m'invitait.

On s'est retrouvées dans un petit pub de campagne qui servait le thé dans des théières géantes, et des œufs Bénédicte à se damner – j'ai failli verser une larme devant mon assiette vide.

— C'est cool que tu sois venue, j'avais vraiment besoin de prendre l'air. Tu comprends, Kevin assure à fond avec Grace, et, quand il est seul avec elle, il s'en sort comme un pro, mais, quand je suis là, c'est comme s'il n'avait plus de cerveau. Chaque fois qu'elle se met à pleurer, il me la passe, et quand je suis sous la douche, il débarque au bout de cinq secondes pour lui montrer sa maman. Du coup, elle me voit et réclame un câlin, alors je dois sortir toute dégoulinante, et putain, moi, tout ce que je veux, c'est être tranquille sous ma douche. Si je peux même plus me laver les cheveux…

— Tu lui en as parlé ? ai-je demandé.

Je lui ai resservi un peu de thé en me retenant de rire après cette explosion.

— Non. Je n'ai pas envie de passer pour une conne ou une ingrate, ou pire encore une mauvaise mère. J'adore ma fille. C'est juste que j'aimerais bien dix minutes pour me faire un shampoing à l'abri des regards.

— C'est ce que tu devrais lui dire. Tu es la personne la plus diplomate que je connaisse, tu sauras bien trouver les mots. Et puis, ce n'est pas comme si ta salle de bains ne fermait pas à clé !

Elle m'a regardée comme si je venais de découvrir le vaccin contre le cancer.

— Putain, je suis trop conne ! Pourquoi n'y avais-je pas pensé toute seule ?

Oliver est passé ce soir en sortant du boulot, un bouquet de fleurs à la main. Avant que je ne puisse lui signifier que nous ne sortions pas ensemble et lui demander d'arrêter de jouer au con, il a éclaté de rire.

— Pas de panique ! Ça n'a rien de romantique ! Je les ai piquées sur le bureau de ma patronne en partant, elle a carrément abusé aujourd'hui. C'est ma façon de lui dire d'aller se faire foutre.

Il s'est effondré sur le canapé, avant de poursuivre :

— Tu sais, cette histoire d'obscénités, ce n'est pas grave si tu n'y arrives pas. De toute façon, pour la plupart des femmes, c'est mission impossible, ne t'en fais pas. Il te reste les autres défis. Je suis sûr que tu vas t'en sortir.

J'ai répondu avec un petit sourire.

— Enlève ton pantalon, ai-je ordonné.

Alors j'ai ôté ma jupe et mes collants, j'ai écarté la culotte, et me suis glissée sur lui en susurrant à son oreille :

— Je vais te baiser à petit feu, sans relâche, jusqu'à ce que tu me supplies de te laisser jouir. Tu sens comme je mouille ?

Il a haussé un sourcil – bon sang, ça me fait craquer quand il fait ça ! – avant de répondre.

— Nom d'une pipe, Phoebe ! Continue à parler comme ça, et je ne te quitte plus.

Difficile de le contrarier.

*Lundi 31 janvier*

Mon rendez-vous de 15 heures chez le dentiste m'a valu – ô joie – de partir plus tôt du boulot pour me faire enfoncer une aiguille géante dans les gencives. Un type aux narines béantes m'a défoncé une dent à coups de roulette. Finalement, le boulot, ce n'est pas si mal.

21 h 40. J'ai la bouche en feu. Au bord de l'agonie, je suis allée me coucher en m'assommant à la codéine.

22 h 30. C'est au moins la troisième fois ce soir que je vérifie que la porte est bien fermée. Je deviens complètement maboule.

Ou alors c'est les cachetons qui me donnent la maladie d'Alzheimer.

23 heures. Impossible de fermer l'œil, je n'ai plus de cerveau. Je n'ai jamais vécu un mois pareil. Non seulement je trouve un pote de baise, mais en plus je réussis à balancer des obscénités sans nom à de parfaits inconnus. Alex ne s'est toujours pas réduit en cendres, c'est le seul point noir. D'un autre côté, j'avoue que le rôle de Miss Obscène me plaît de plus en plus. Tout comme à Oliver, semble-t-il. Que derrière cette jeune femme polie, sérieuse et bien élevée, se cache une créature capable d'affoler une armée de marins en goguette, il adore ça. Je suis désormais capable de lui décrire avec une précision redoutable ce que je compte lui faire subir – même la bouche pleine. Je ne suis plus une débutante. Et même si ce défi linguistique s'est parfois révélé une vraie torture, je suis assez satisfaite du résultat, et je dirais que cette liste commence plutôt bien.

# Février

*Mardi 1er février*

Oliver me rend visite de plus en plus souvent et, ce soir, il s'est pointé sans prévenir, couvert de sueur, après son entraînement de foot. Sans un mot, il est allé directement dans la cuisine, s'est enfilé un demi-litre d'eau, avant de filer sous la douche, m'entraînant à sa suite.

Si l'idée de baiser dans une cabine de douche me paraît géniale, côté confort et pratique, en revanche, dans une douche-baignoire, c'est une autre paire de manches.

—Je t'offrirai un nouveau rideau de douche dès demain, Phoebe. De toute façon, celui-ci était moisi.

C'est aussi la première fois qu'il me voit d'aussi près sans maquillage, cheveux au naturel, et j'ai bien vu que son regard s'était attardé un instant lorsque je me séchais. Je m'estimerai heureuse si ce spectacle ne le dégoûte pas à vie. Tout ça parce que ma mère m'a raconté que, la première fois que mon père l'avait vue sans maquillage, il avait cru qu'il se réveillait à côté d'un mec.

Fait chier, j'espère que, sur ce point-là, je ne ressemble pas à ma mère. Quant à mes cheveux, le seul truc qui pourrait me sauver, c'est que les coiffeurs soient remboursés par la Sécu.

*Mercredi 2 février*

Ce matin, pendant la réunion, Frank nous a annoncé que Marion avait donné naissance à un petit Harry de 4,3 kg, et que la mère et l'enfant se portaient à merveille.

Kelly a été la première à réagir.

— À mon avis, elle ne reviendra pas. Elle est sympa, mais elle a toujours détesté bosser ici. De toute façon, pour ce qu'elle faisait...

Frank l'a fusillée du regard.

— Merci de ta contribution, Kelly. Mais, pour l'heure, vous veillerez tous à ce que Lucy récupère vos relevés d'appels d'ici la fin de journée, c'est compris ? Elle est assez occupée comme ça pour courir après la paperasse.

— Lucy ? Débordée... ? a attaqué Kelly.

Frank lui a dit de la fermer et nous a renvoyés à l'ouvrage.

J'en ai profité pour parler à Kelly quand elle s'est assise à son bureau.

— Kelly, t'en as pas marre d'enfoncer les autres ? Tu casses Marion alors qu'elle vient à peine d'accoucher. C'est vraiment pas cool.

Elle a haussé les épaules.

— Mais c'est la vérité. Si ça vous dérange, c'est pas mon problème. Je suis là pour bosser, pas pour me faire des copains.

— Alors tais-toi et fais ton boulot, Kelly ! Tu me donnes mal à la tête, a hurlé Frank depuis son bureau.

Kelly est peut-être une salope, mais elle a raison pour Marion. Je ne vois pas pourquoi elle remettrait les pieds dans cet asile de fous.

Comme je n'avais rien de prévu ce soir, j'en ai profité pour me pencher sur mon prochain défi, que je peux réaliser sans l'intervention d'Oliver ou de qui que ce soit : la masturbation.

Ce sujet m'a toujours emballée. La vierge victorienne qui se la joue dégoûtée, ce n'est pas mon style, je n'ai pas envie de mentir ou de devenir une hystérique méga frustrée. J'imagine que ça vient de mes parents. Côté cul, ils ont toujours été très ouverts. C'est génétique, en quelque sorte, même si je sais que, pour certaines nanas, c'est comme faire caca – tout le monde le fait, mais personne n'en parle jamais. Comme si le simple fait d'en parler risquait de réduire à néant la mystique féminine que nous défendons pourtant bec et ongles.

Les parties génitales semblent réservées aux insultes. Tête de bite, couille molle, con, j'en passe et des meilleures. Quant au mot « branleur », on le destine aux minables. Et lorsque l'on interdit aux enfants de se tripoter, c'est toujours sur un ton de pasteur jésuite adepte de l'autoflagellation, et avec des promesses de damnation éternelle. Jeux de mains, jeux de vilains. Je n'ai jamais souscrit à ce genre de conneries.

Ça veut dire qu'il va me falloir innover. Je crois qu'il est grand temps de compléter ma collection de sex-toys.

*Jeudi 3 février*

Depuis ma renaissance sexuelle, je fais des rêves de plus en plus barrés. La nuit dernière encore, je me suis tapé un homme en bois en plein milieu d'une forêt, un Hollandais je crois (les hommes en bois sont hollandais, c'est bien connu). J'aurais bien vérifié ce qu'en disait mon dictionnaire des rêves, mais, en général, c'est toujours morbide, même lorsque l'on rêve de petits chatons adorables.

En tout cas, moi, j'ai pris ça pour un signe. Du coup, ce week-end, je fais la tournée des sex-shops, je finirai bien par retrouver l'homme de mon rêve. Lucy et Hazel ont décidé de m'accompagner. Je n'en attendais pas moins de ces deux-là.

*Samedi 5 février*

Aujourd'hui, j'ai retrouvé les filles au *Ichiban*, mon restau japonais préféré sur Queen Street. Comme d'habitude, Lucy était en retard. Hazel m'a retrouvée à l'intérieur, et on a commandé une bière en jetant un coup d'œil au menu.

— Tu t'es débarrassée de Grace ?

— Kevin l'emmène voir les jouets chez *Hamleys*, ça me laisse tout l'après-midi. Notre virée sex-toys chez *Ann Summers* est toujours d'actualité ?

— Et comment ! Faut bien que les adultes s'amusent aussi.

Lucy est arrivée lorsque la serveuse nous apportait nos bières. Elle a commandé un saké et s'est assise à côté de moi sur le banc en bois.

— Bon sang, j'ai les crocs. Bien trop pour ces foutues baguettes, qu'on m'apporte une dizaine de fourchettes, il me faudra au moins ça. Ma parole, Hazel, tu t'es fait botoxer ?

— Mais non, a dit Hazel, le visage figé malgré ses sourcils froncés.

On l'a regardée sans rien dire.

— Bon, j'avoue. J'ai fait ça sur un coup de tête, mais on ne m'y reprendra plus, c'est l'enfer.

— Tu vas finir comme cette nana qui a la gueule d'un lion à force de se faire refaire, ai-je lancé avec un grand sourire.

Elle a éclaté de rire en détachant ses baguettes.

— N'importe quoi ! J'ai trente-neuf ans, ne l'oubliez pas. Ça doit être la crise de la quarantaine. Enfin bref, dépêchons-nous de manger, je sens que je vieillis à vue d'œil.

Après le repas, on a rejoint Sauchiehall Street, et on a claqué pas mal de thunes. Normalement, j'achète toujours mes petits joujoux sexuels sur Internet, rarement chez Dame Summers, c'est beaucoup moins cher. Mais, en ce moment, avec mes hormones en ébullition, je me vois mal attendre le facteur pendant une semaine, pour le saluer, rouge comme une pivoine, en espérant que l'adresse d'expédition et le nom de l'entreprise ne figurent pas sur le colis, même si chez grosgodepourphoebe.com, on sait faire preuve d'une grande discrétion.

Si les hommes que j'ai connus ont réagi diversement face à mes petites babioles, la plupart étaient assez intimidés. Tenter d'expliquer à un homme qu'un sex-toy n'est pas forcément un pis-aller, mais peut très bien égaler, voire accompagner, une partie de jambes en l'air, ce n'est pas une mince affaire. Pour moi, le sexe, c'est avant tout une question d'épiderme. Le peau à peau m'excitera toujours plus qu'un bibelot en plastique en forme de phallus aux vibrations erratiques. Cela dit, l'orgasme que procurent ces joujoux, c'est le top du top, l'éclate totale !

La dernière fois que je suis allée acheter un sex-toy avec un mec, je me suis retrouvée à faire la conversation toute seule. J'avais l'impression d'être avec un gamin mal à l'aise, qui regardait le bout de ses chaussures en se balançant sur ses pieds et en répétant qu'il s'en fichait.

Hazel est assez conservatrice en la matière. Elle aime bien les vibrations, mais faut surtout pas lui parler de pénétration, ou alors pas trop profond. Comme elle me l'a déjà dit, sa sexualité est un peu problématique depuis l'accouchement.

— J'ai peur que mon entrejambe ne ressemble toujours à une scène d'horreur. Je refuse que Kevin pose les yeux sur mon vagin, je n'ai pas envie qu'il se retrouve nez à nez avec le Jabberwock, mieux vaut y aller en douceur, tu comprends.

Lucy, tout comme moi, n'a aucun problème avec ça, même si son penchant pour le baroque est beaucoup plus affirmé. Et si je sais me contenter d'un petit lapin, il lui faut au moins le stimulateur de point G double-pénétration et multi-options ou n'importe quel autre truc capable de l'envoyer au septième ciel et de la réduire en compote.

— Tu crois qu'ils vendent ces machines à baiser, tu sais, les sybians ? Ça fait des années que j'en cherche un. Peu importe le prix, je suis prête à m'endetter à vie.

Dans ce genre de magasins, les vendeurs sont tout simplement géniaux. Et si derrière leurs sourires de pros un tantinet mielleux, ils n'en pensent pas moins, du genre : « Espèce de perverse ! Il y a assez de lubrifiant là-dedans pour t'envoyer un semi-remorque ! », ils ne haussent jamais leur piercing de sourcil, et se fichent pas mal que vous veniez de claquer 150 livres en chapelets thaï. Du coup, sur les conseils de Lucy, je suis devenue l'heureuse propriétaire d'un truc qui ressemble à un instrument de torture médiéval, d'un vibro point G, et – après consultation d'Oliver – d'un anneau pénien orné d'un dauphin, que j'ai baptisé Flipper. Il va m'en vouloir à mort.

*Lundi 7 février*

Ce soir, c'était une grande première. Jusqu'ici, je n'avais jamais utilisé de sex-toy avec un partenaire. L'anneau pelvien a fait long feu. Au bout de dix minutes, Oliver a décidé de le virer parce que, d'après lui, ça le déconcentrait. En revanche, il a pris son pied avec tout le reste de ma panoplie, pendant que j'étais étendue sur le ventre, tête dans l'oreiller, à lui donner des instructions d'une voix étouffée. L'idée d'utiliser des sex-toys avec moi ne l'a pas désarçonné un seul instant, contrairement à moi, lorsqu'il s'est approché un peu trop près de mon trou du cul. J'étais liquéfiée.

— Y a un problème ? Je croyais que l'entrée des artistes était sur ta liste ?

En tournant la tête pour lui répondre, j'ai soudain pris conscience de la vulnérabilité de ma position.

— C'est vrai, mais, pour cette zone sensible, j'ai besoin de me préparer psychologiquement.

Il a haussé les épaules.

— Ah, aucun problème. On peut remettre à une autre fois. Tu verras, ça va te plaire. Y a pas de quoi fouetter un chat.

— Pas de quoi fouetter un chat ? C'est toi qui le dis ! Je vais t'enfiler Flipper dans le cul, on verra si t'es toujours aussi cool.

— Arrête de l'appeler Flipper. Au fait, t'as un énorme bouton sur les fesses, t'étais au courant ?

— Ce n'est pas un bouton, c'est un grain de beauté. Je l'ai toujours eu.

— T'as vu sa tronche ? C'est énorme. Et je crois bien qu'il y a un poil qui pousse dessus.

— Quoi ? OK, encore un commentaire et je t'interdis à vie l'accès de mon postérieur.

— Ça a la gueule d'une verrue de sorcière, ça ne ressemble à rien. OK, c'est bon, j'arrête.

*Mardi 8 février*

Je m'efforce de penser à autre chose qu'à ce rapport anal. Non pas que je manque de curiosité, c'est juste que mon précieux œillet rose mérite le maximum de préparation. Pour une fois, je n'ai pas besoin d'examen de conscience pour expliquer mon hésitation. Je bloque sur le caca. Bon sang, il a suffi qu'Oliver me titille un peu l'anus avec son petit doigt pour que mon cœur s'arrête. Alors, avec sa bite, je n'ose même pas imaginer.

Ce matin, comme j'étais à la bourre, je n'ai pas eu le temps d'acheter des clopes en allant au boulot. Du coup, j'en ai taxé une à Stuart à la pause-café, et, pendant qu'on discutait, je n'arrêtais pas de me demander s'il était poilu, s'il assurait au pieu, ou s'il était du genre raffiné ou plutôt lourdingue. En gros, je n'ai pas écouté un mot de ce qu'il me racontait. À l'heure du déjeuner, mon fantasme s'est précisé ; je l'avais déjà mentalement déshabillé, et je l'imaginais en train de me baiser. C'est une manière comme une autre de faire passer le temps. Cela dit, je crois que je suis tombée sous le charme de ce type et de son petit cul. J'ai aussi pris rendez-vous chez le médecin pour faire le point sur mon arrière-train vérolé. Ce grain de beauté est devenu une véritable obsession, et je me contorsionne devant le miroir pour tenter de l'apercevoir. On dirait un chat qui essaie de s'attraper la queue.

*Mercredi 9 février*

J'ai quitté le boulot plus tôt pour mon rendez-vous anatomique, et, après moult pressions et tâtonnements, le médecin m'a conseillé l'ablation. C'est prévu pour vendredi.

Le sort en est jeté, je vais me séparer de cette mystérieuse excroissance rougeâtre. Apparemment, c'est un truc bénin. Tant mieux.

Hazel a proposé de m'accompagner, mais je n'ai pas envie de la voir grimacer ou de virer au vert à la vue du scalpel, c'est déjà assez pénible comme ça.

*Jeudi 10 février*

Lucy a un nouveau mec, un musicien de vingt et un balais qui s'appelle Sam et qui bosse aussi comme magasinier dans le supermarché de son quartier. Je ne sais pas comment elle s'y prend, elle est capable de séduire n'importe où, même en faisant les courses. Apparemment, il a pris le temps d'aller lui échanger sa boîte d'ananas un peu cabossée – un vrai coup de foudre. Et si je parle de « coup de foudre », c'est parce que Lucy s'enflamme pour un rien. Elle a largué son dernier mec au bout de trois mois en décrétant un beau matin qu'il avait une gueule de reptile. Quant au précédent, un certain Robert, il s'est fait virer parce qu'elle a découvert qu'il avait des goûts de chiottes en musique.

— Ça en dit long sur tout ce qu'il me cachait, s'était-elle justifiée à l'époque.

Plus que l'histoire d'amour, c'est surtout l'idée d'être amoureuse que Lucy adore. Elle enchaîne les relations et les plans cul les uns après les autres, et, bien qu'elle se dise indépendante, son manque affectif est assez hallucinant. Un peu comme Oliver, d'ailleurs. Ils ne supportent pas la solitude, mais sont incapables de s'engager. Je suis sûre qu'Oliver préférerait se couper les couilles plutôt que de se marier. Quant à Lucy, son truc à elle, c'est de se taper des mecs plus jeunes.

— Du moment que le mec n'a pas la gueule de Dustin Hoffman, je veux bien me la jouer Mrs Robinson.

Au boulot, comme d'hab, je me suis fait chier comme un rat mort. Frank n'a toujours pas remarqué que son tableau était à l'envers. Ça prouve bien que c'est un connard égocentrique. Je plains la nana qui finira avec lui. D'ailleurs, il y a de l'amour dans l'air, j'ai entendu Stuart murmurer des trucs au téléphone à une inconnue pendant la pause-clope. Quel joli cachotier, ce mec !

*Vendredi 11 février*

La vache, ça fait mal ! Le Dr Jekyll et son adorable assistante, sorte de Mary Reilly avec des ciseaux à la place des mains, sont venus à bout de mon grain de beauté. L'opération a commencé avant que l'anesthésie ait fait effet. Apparemment, tout le monde était à la bourre, ce matin.

— Aïe !

— C'est sensible ?

— Ben ouais, pourquoi ? Ce n'est pas censé l'être ?

— Dans ce cas, on va augmenter la dose, a-t-il répondu, sans tenir compte de ma question.

D'après lui, c'est un simple tissu cicatriciel.

— Est-ce que vous vous seriez assise sur quelque chose de coupant ? Du verre par exemple ?

— Absolument pas.

— Vous en êtes sûre ?

J'ai repensé à toutes les fois où je me suis cassé la gueule à cause de l'alcool.

— Absolument pas.

Apparemment c'était plus profond que prévu, et j'ai eu droit à quatre points de suture. L'affreuse pustule rougeâtre a certes disparu, mais elle a été remplacée par une cicatrice, tout aussi affreuse et tout aussi rougeâtre. Je ne sais pas laquelle est la pire, mais, en tout cas, voilà mes rêves de croupes anéantis à jamais.

*Samedi 12 février*

Ce soir, je suis passée chez Oliver. Son appart m'impressionne toujours autant. Venant de quelqu'un qui crèche dans un taudis, ce n'est pas étonnant. Il est immense, avec une cheminée en marbre et de hauts plafonds, et donne directement sur les fenêtres des voisins, ce qui nous vaut de nombreux fous rires. Mon petit appart tiendrait facilement dans sa chambre. Visiblement, l'informatique, ça rapporte. Il claque sa thune sans compter.

J'étais en train de me rhabiller, me préparant à rentrer chez moi, quand il m'a demandé :

— Dis donc, Phoebe. On a le droit d'aller voir ailleurs ?

— Pour moi, c'est *niet*. En même temps, tu sais bien que, si je couche avec toi, c'est parce que je n'ai trouvé personne d'autre, alors on fait ce qu'on veut. Ce n'est pas comme si on sortait vraiment ensemble, si ?

— C'est bien ce qu'il me semblait, je voulais juste en être sûr. Y a une fille qui me plaît, j'aimerais bien la sauter.

— Toujours aussi romantique à ce que je vois, hein ? Je m'en voudrais d'être un obstacle. Tu peux bien « sauter » qui tu veux, mais si tu me refiles une MST, t'es mort.

Pourtant, l'espace d'un instant, ça m'a contrariée qu'il veuille se taper une autre nana. Apparemment, je ne lui suffis pas. Ce n'est pas que je sois jalouse, non, mais notre accord date seulement de quelques semaines, et il veut déjà aller voir ailleurs. Je suis nulle. Faut toujours que je me dévalorise. Pour me changer les idées, je me suis concentrée sur la manière dont j'allais me taper Stuart, on ne sait jamais. Mais ça n'avait rien à voir avec Oliver ni avec le fait qu'il baise comme un dieu. Strictement rien à voir. Alors pourquoi j'ai toujours les boules ?

*Dimanche 13 février*

Mes soupirants bizarroïdes sont revenus hanter mes rêves érotiques. Cette nuit, c'est avec Stephen Fry que je me suis sauvagement envoyée en l'air. Il avait des mains comme des battoirs et me susurrait de ces obscénités…

J'en ai parlé à Lucy pendant la pause de midi.

— Oh, je me le suis tapé, moi aussi ! Dans ma tête, je veux dire. La dernière fois, c'était Gordon Ramsay, le présentateur de *MasterChef*. Je me suis réveillée en plein milieu en hurlant : « Oui, chef ! » Mais le top du top, c'était avec Noel Fielding, dans un ascenseur. J'en frissonne encore.

Y a des jours, je voudrais qu'elle se taise.

*Lundi 14 février*

Ce que j'adore en février, c'est que la neige commence à fondre. Malheureusement, c'est aussi le mois de cette foutue Saint-Valentin. Je hais la Saint-Valentin et tous les Valentin. C'est la plus grosse arnaque depuis l'autobronzant, et pourtant tout le monde fonce tête baissée. Ce n'est pas parce que je suis célibataire que j'ai envie qu'on m'offre un bouquet de fleurs affreusement cher, ou un cœur en chocolat avec une carte. Pourtant, au fond, chaque année, je ne peux pas m'empêcher de rêver qu'un amoureux transi, sorti de nulle part, décide de se manifester. C'est complètement débile, je le sais bien, d'autant plus que ce genre de trucs, ça n'arrive jamais. En fait, je ne suis jamais tombée sur un vrai romantique. Et je ne parle pas du romantisme à la mords-moi-le-nœud dont Hollywood nous abreuve à longueur d'année, celui qui est juste bon à nous faire culpabiliser parce qu'aucun amoureux ne nous a jamais poursuivies jusqu'au bout du monde. Le seul truc un peu romantique qu'Alex m'ait proposé, c'est un week-end express à Rome à l'occasion de mon trentième anniversaire. Et

« romantique » est un bien grand mot vu qu'il n'a déboursé que 40 livres pour nos billets *low cost*, et que j'ai dû payer l'hôtel. C'est la première fois qu'il m'a dit qu'il m'aimait. Sinon, pour notre première Saint-Valentin, je lui avais offert un CD, et lui, il avait complètement zappé. On n'en a plus jamais reparlé. Apparemment, ce n'était pas un truc qui nous concernait. Cela dit, même si ça ne me dérangeait pas plus que ça, je crois que j'aurais bien aimé qu'il sacrifie au moins de temps en temps à ce rituel débile, histoire de me rappeler qu'il était amoureux.

Toutes les filles au boulot, ou presque, ont eu droit à leur bouquet. Lucy a en même reçu un de son musicien. Elle a manifesté sa joie de façon si enthousiaste que la livreuse a failli avoir les tympans percés. J'ai gardé le sourire en essayant de ne pas prêter attention aux regards de pitié que mes collègues m'adressaient depuis leurs jardins botaniques.

*Mardi 15 février*

C'est officiel, je hais la Saint-Valentin. Ce matin, sur le chemin du boulot, j'ai fait le point sur ma vie, et je me suis rendu compte d'un truc évident. Jusqu'ici, dans toutes mes relations, j'ai toujours été celle qu'on piétinait, la petite copine toujours dispo qui ne veut surtout pas faire de vagues. Pas étonnant que je me fasse larguer si souvent. Je ne sais pas ce que j'ai en ce moment, mais je passe mon temps à m'auto-analyser. Heureusement que j'en ai fini avec toute cette merde maintenant que je suis célibataire.

Le bureau est toujours inondé de bouquets insipides de roses rouges, mais, apparemment, tout le monde est passé à autre chose. Stuart est toujours aussi cachottier sur sa petite amie, et je l'ai vu filer aux toilettes en marchant bizarrement suite à la longue conversation qu'il a eue avec elle pendant le déjeuner. Ça devait être chaud. Et ça me donne envie de balancer son portable à la poubelle.

*Mercredi 16 février*

Surprise, surprise ! Alex a fait sa pause-clope en même temps que moi. Je ne sais pas comment je dois interpréter ça. Quand on était ensemble, il passait son temps à chouiner pour que j'arrête de fumer parce que lui avait réussi à s'en passer. Apparemment, il a repris. Il a dû se rendre compte qu'il baisait avec une momie, et ça le stresse grave. En tout cas, il avait l'air en forme. En pleine forme, même.

Le problème, c'est que malgré la haine indubitable que j'éprouve, j'ai toujours un pincement au cœur quand je tombe sur lui, et, l'espace d'un instant, il me manque terriblement. Je me rappelle à quel point j'étais accro. Pourtant, il suffit que je repense à l'état dans lequel j'étais après sa trahison pour que cette sensation disparaisse aussitôt. Un peu comme si l'amour que je ressentais pour lui ne reposait plus sur rien… Du coup, je me demande d'où peut bien venir ce manque.

Son bureau est juste en face du mien, de l'autre côté de la rue. Ça veut dire qu'il peut me voir à tout instant. Sa vieille peau a transformé d'anciens locaux en cabinet de physiothérapie, attirant très vite une importante clientèle de footballeurs et de sportifs. J'y ai mis les pieds une seule fois, et avec tous ses appareillages dernier cri et ses boiseries en chêne, c'était carrément plus chicos que là où je bosse.

Au début de notre relation, je trouvais ça assez mimi qu'on travaille aussi près l'un de l'autre. On pouvait même se faire signe par la fenêtre, se retrouver pour la pause-clope ou rentrer ensemble. Maintenant qu'on se déteste, c'est devenu hyper glauque. Il va falloir que je me trouve un déguisement génial s'il continue à prendre sa pause en même temps que moi. Je suis sûre que, lorsque je lui faisais signe par la fenêtre l'an dernier, elle était en train de lui faire une petite branlette espagnole sous le bureau. Quelle bande de pervers !

*Jeudi 17 février*

Aujourd'hui, j'ai réussi à faire ma pause-clope sans croiser Alex ou Miss Nibards. Naturellement, quand je ne le vois pas, je me demande ce qu'il est en train de faire, et, quand je le vois, je n'ai qu'une envie : qu'il prenne feu avec sa cigarette.

Lucy a débarqué couverte de suçons à peine dissimulés par un col roulé blanc.

Elle a hurlé en voyant mon visage.

— Je sais, épargne-moi tes commentaires. Des putains de suçons ! À mon âge !

**De :** Lucy Jacobs
**Pour :** Phoebe Henderson
**Sujet :** Je suis une vraie counasse

J'ai roulé des pelles à des tas de meufs, et jamais elles ne m'ont sucé le cou comme des tarées. Tu peux m'expliquer pourquoi les mecs se sentent obligés de faire ça ? C'est sans doute une question de territoire, une façon de marquer le bétail. Quand je m'en suis aperçue, il était trop tard. Et en plus je pue le dentifrice. D'ailleurs, c'est complètement inefficace pour effacer les suçons. Autant essayer avec la confiture de ta tante Pat !

Tiens, Lucy a roulé des pelles à des nanas ! Et, encore plus incroyable, j'aurais une tante Pat ! Première nouvelle ! Mais peut-être que c'était un euphémisme, qui sait ?

*Vendredi 18 février*

Retour à mes défis, et surtout au truc que je n'ai jamais réussi à maîtriser question masturbation, l'éjaculation féminine. Selon certaines sources, c'est encore plus mystérieux que le point G. Dans les films pornos, où l'on peut voir ce phénomène, on dirait que la femme est en train de pisser sur un pauvre type, en guise d'orgasme explosif et tonitruant. Tout ce que je lis ou regarde (d'un air souvent plus que perplexe) à ce sujet ne fait qu'attiser ma curiosité. Cela dit, si je suis d'accord pour expérimenter le plus possible au cours de ma quête, je n'ai pas du tout envie de jouer à qui pisse le plus loin.

— Faire gicler une meuf, c'est le truc le plus excitant au monde, a dit Oliver.

Avant d'admettre qu'il n'y était jamais parvenu. Il en a fait sa priorité personnelle.

Mon point G a sans doute échappé à l'attention des mecs qui ont traversé ma vie, mais moi, je sais qu'il existe, et je suis toute disposée à briser la glace. Je suis donc allée *googliser* tout ce que je trouvais sur l'éjaculation féminine, de son origine à la maîtrise de sa pratique. En théorie, tout est une histoire de pression, d'excitation et de libération. Ça paraît assez simple, vu sous cet angle, non ? Eh ben, pas du tout. Ça fait déjà trois heures que je m'entraîne – trois heures plutôt agréables, certes – sans aucun résultat. Pas la moindre goutte. Finalement, j'avais peut-être raison, ça ne tient pas debout cette histoire. Et en plus, non seulement je suis épuisée, mais en plus j'ai une crampe à la main, figée en forme de griffe.

*Samedi 19 février*

Ça commence à me gonfler. Dommage qu'il n'y ait pas de mode d'emploi, comme pour les shampoings : faire mousser, rincer, recommencer. D'après certains sites ou certains ouvrages, il y a celles qui peuvent et celles qui ne peuvent pas. Mais je refuse de renoncer aussi vite. Un conseil m'a laissée un poil dubitative : « Si vous ressentez un besoin pressant d'uriner, c'est normal, surtout n'arrêtez pas. » Quoi ? Ne pas s'arrêter ? Et je fais quoi ? Je me pisse dessus ?

J'ai bien peur que la seule chose que je ne réussisse à accomplir, c'est à inonder mes draps, comme si je retombais en enfance.

*Dimanche 20 février*

Aujourd'hui, j'ai traîné au lit jusqu'à 13 heures, et je suis toujours aussi crevée. Ce qui veut dire que mes règles sont en train de débarquer, tels les cavaliers de l'Apocalypse. Autre signe précurseur : j'ai envie de baiser comme une dingue.

Baiser en fin de cycle, ça ne m'a jamais dérangée plus que ça, et apparemment les mecs avec qui j'étais ne craignaient pas l'ambiance *Carrie au bal du diable*. J'ai lu quelque part que faire l'amour en période de menstruation était l'un des plus gros tabous. C'est des conneries tout ça. Soit on le fait, soit on le fait pas, point barre. À moins d'être des ados attardés, les mecs sont toujours partants. Il en faut plus pour les arrêter. À leur place, je m'en branlerais complet. En tout cas, je me sens comme une cocotte-minute sexuelle en ébullition. Je rêve qu'on vienne me dégripper la soupape.

*Lundi 21 février*

Quand je ne branle rien du week-end, le lundi est encore plus déprimant que d'habitude. Et quand je dis rien, c'est vraiment rien. À part me goinfrer. Comme prévu, les tuniques rouges ont bien débarqué, et j'en ai profité pour me faire porter pâle. Je n'ai qu'une envie, c'est de me coller une bouillotte sur le bide et de faire l'ours, en rêvant d'hystérectomie. Je pourrai toujours combler le vide en me mettant au body-art. Normalement, ça ne dure jamais plus de quatre jours, contrairement à Lucy qui souffre le martyre tous les quinze jours, une vraie malédiction. J'ai déversé ma haine de la vie sur Twitter avec tous les grincheux du lundi et, au même moment, je recevais un message de @inzepocket77.

Lui : Tu fais quoi ?
Moi : Suis couchée
Lui : Ça veut dire que t'es à poil ?
Moi : Oui, mais pas du tout d'humeur à flirter avec quelqu'un qui a choisi Pluto comme avatar.
Lui : Dommage. Je te trouve super sexy.
Moi : Mon état ne me permet pas de poursuivre cet échange, mais ce n'est pas tombé dans l'oreille d'une sourde. ☺

19 heures. J'ai dormi toute la journée. Et perdu la notion du temps. Hallucinant. Je vais me faire du thé et mater un film.

12 h 45. C'était pourtant une super idée, *Paranormal Activity*. Quelle conne ! Maintenant, je sens une présence dans ma chambre. On ne sait jamais, c'est tout à fait possible. J'y crois à fond. Putain, faut vraiment que je me trouve un mec.

*Mardi 22 février*

Aujourd'hui encore, je suis restée à la maison. De toute façon, à part regarder l'horloge, je n'en glande pas une au boulot. Ça m'étonne qu'on ne m'ait toujours pas dénoncée ou virée. En même temps, vu la masse de travail que j'abats, ça ne serait pas une grosse perte.

J'ai passé la matinée devant *Dexter*. Il a beau être serial-killer, je me ferais bien une petite nuit avec l'as de la projection sanguine. Rectification. En fait, dans mes rêves, Dexter, c'est moi. Je veux bien continuer à comater au lit toute la journée, c'est plutôt cool, mais il faudrait peut-être que j'utilise mon temps de manière un peu plus productive, autrement qu'à fantasmer sur un personnage de fiction ou à massacrer *Cosmic Love* avec ma voix de casserole. Ce défi de la fontaine n'est vraiment pas une partie de plaisir. J'ai même tenté l'attaque surprise en mode Ninja armée de mon petit vibro, mais ça n'a rien donné. Découragée, j'ai envoyé un mail à Lucy, histoire de lui faire oublier mon absence.

**De:** Phoebe Henderson
**Pour:** Lucy Jacobs
**Sujet:** La pisse ou le plaisir?

Ça boume? J'ai besoin de tes neurones, c'est pour mon défi éjaculation. Je me dis que c'est de la connerie, que c'est juste un jet réflexe d'urine. Ou alors c'est que mon vagin a un défaut de fabrication. Sinon, je t'ai déjà dit que Dexter était bien plus craquant que toi? P. XX

**De:** Lucy Jacobs
**Pour:** Phoebe Henderson
**Sujet:** Re: La pisse ou le plaisir?

Je vais bien, mais je me fais chier comme un rat mort. Frank est en mode super connard. J'imagine que vous n'avez pas réussi à atteindre vos objectifs. Pour Dexter, ça me va. Je veux bien passer après lui, c'est tout à fait compréhensible. Ne lâche pas, ça va venir, et, crois-moi, ce n'est pas de la pisse, sinon ma chambre empesterait le service gériatrique.

**De:** Phoebe Henderson
**Pour:** Lucy Jacobs
**Sujet:** Re: La pisse ou le plaisir?

T'es mon héroïne.

*Vendredi 25 février*

La copine de portable de Stuart est venue le chercher au boulot aujourd'hui. Elle s'appelle Laura, et, à mon avis, il est accro. Elle ressemble à Paris Hilton, blonde, maigre, mini lolos et apparemment fan de vêtements haute couture et d'extensions capillaires – tout l'inverse de moi, donc. Si c'est son style de nanas, je peux faire une croix sur ce type. Et puis qu'est-ce que je lui dirais ? « Salut, Stuart, et moi, tu me trouves comment ? J'ai les veines qui ressemblent à une carte routière et deux boutons sur les fesses. Et bientôt trois, si ça se trouve, vu ma culotte en nylon. » Un coup inoubliable, c'est clair.

En fin de journée, j'avais rendez-vous avec Pam. On a parlé de la Saint-Valentin. Je lui ai dit à quel point ça me faisait gerber, mais qu'en même temps j'avais eu les boules que personne ne m'offre une petite carte. Je lui ai aussi raconté que j'avais aperçu Alex pendant sa pause-clope, et que sa belle gueule me mettait toujours aussi mal à l'aise. Sinon, rien d'autre, à part les mêmes milliers de trucs sur lesquels je bloque encore.

— Vous avez donc eu un mois difficile, sur le plan émotionnel. Je dirais que vous vous focalisez un peu trop sur le passé, qu'en pensez-vous ? Vous devriez vous concentrer sur quelque chose de nouveau. Un passe-temps différent peut-être ? Ou un défi ?

— Pour une fois, je ne vous ai pas attendue, ai-je répondu.

*Samedi 26 février*

Depuis le début de cette liste, je pense beaucoup au cul, bien plus qu'avant. L'avantage, c'est que ça m'a permis de faire le point sur le genre de mecs sur lesquels j'ai fantasmé jusqu'ici. Avant, je kiffais les mecs mignons et musclés aux sourires irrésistibles de gendres idéaux. Depuis, je fais surtout une fixette sur la taille. Peu importe la gueule, les biceps ou le niveau social, il faut qu'ils soient grands. Du genre Vince Vaughn, Zachary Levi, Jason Segel ou Eric Bana. En gros, des types inaccessibles, que je n'ai aucune chance d'intéresser. En revanche, si je repère un zicos au regard charbonneux et aux ongles peints en noir, je m'empresse de le garder dans un coin de ma tête, tout à côté du grand costaud aux grosses paluches qui bosse comme caissier dans le supermarché de mon quartier. Je convoque leur image quand je me masturbe, mais jamais quand je baise avec un autre, ça serait incorrect et un peu risqué. À mon avis, c'est surtout un truc de mec, comme me l'a si bien fait remarquer ce Cro-Magnon de Brian.

— Si j'ai envie de baiser et que je suis complètement bourré, je peux baiser n'importe quel thon. Il suffit d'éteindre la lumière et de prendre la nana en levrette.

Beurk. Comment j'ai pu envisager de coucher avec lui ?

*Dimanche 27 février*

À mon grand regret, je n'ai toujours pas réussi à relever le défi masturbation. On dirait que l'éjaculation semble vouloir me fuir. Du coup, je suis passée au défi suivant : la petite partouze à trois. Il va falloir que je sois patiente, vu qu'Oliver est aux sports d'hiver toute la semaine avec ses potes. Il abuse carrément ! Il préfère se bourrer la gueule et dévaler les pistes alors que je lui propose une petite partie à trois.

Lucy m'a proposé d'aller voir le groupe de son nouveau mec samedi soir.

— On va se marrer, tu verras. Dans ce genre de lieu, on peut picoler pour rien, et, en plus, ils jouent vraiment très bien.

Ce qui veut dire :

— Je suis obligée d'y aller, sinon il va penser que j'en ai rien à foutre, et je vais me faire chier comme un rat mort si tu ne viens pas avec moi.

Les groupes obscurs, ça ne m'a jamais fait fantasmer. En général, ils jouent trop fort, et ils obligent leurs potes à acheter une place pour venir hurler dans le public. C'est beaucoup trop bruyant. Évidemment, j'ai dit oui. Je n'avais rien d'autre à foutre, et je n'ai aucune envie de me retaper un week-end pourri devant ma télé. Lucy, bien sûr, était à fond.

— Trop cool ! Ses amis sont sympas, tu verras. Et puis, te faire un mec plus jeune que toi, c'est bien sur ta liste, non ?

— Ne le prends pas mal, mais ton mec a vingt et un ans. Qu'est-ce que je pourrais bien foutre avec un type de cet âge ?

— Tout ce que tu veux, a-t-elle répondu avec un grand sourire.

— Je pensais plus vingt-huit ou vingt-neuf.

— Merde, Phoebe, t'es trop coincée…

J'ai déjà donné, merci. Je n'ai pas envie de me faire labourer par un puceau. Je suis peut-être un peu radicale, mais, à mon âge, je n'ai plus la patience. Et puis, je suis censée apprendre des trucs cette année, pas tâtonner comme une préado. En même temps, peut-être qu'elle a raison. J'ai bien dit « peut-être ».

*Lundi 28 février*

— Tu as tort sur la différence d'âge, a proclamé Lucy ce matin au boulot.

— Qu'est-ce que t'en sais ?

— Parce que j'ai toujours raison… En tout cas, tiens-toi prête. Ce soir, tu vas faire la connaissance de Richard, un des musiciens de Sam. Tout est arrangé. Il a déjà vu ta photo, et il te trouve super canon. Rendez-vous au *Box* à 20 heures.

— Tu te prends pour mon mac ? S'il pense que je suis canon, c'est qu'il doit avoir un problème. Pourquoi tu cherches à me jeter dans les bras d'un type instable ?

— Il est craquant, tu verras. Il me fait penser à cet acteur, celui que tu kiffais. Tu sais, dans ce film ?

— Nom de Dieu, Lucy, tu peux préciser, s'il te plaît ? Qui ça ? Jason Bateman ? Peter Sellers ? Simon Pegg ?

— Mais non, tu sais bien, ce type, Vincent Vaughn.

Je demande à voir. Je soupçonne Lucy de bluffer dans le but de m'appâter. Elle sait très bien que Vince Vaughn m'a toujours fait un effet bœuf. C'est parfaitement déloyal.

# Mars

*Mardi 1er mars*

Peu convaincue par le plan de Lucy, mais néanmoins curieuse, j'ai mis mes plus beaux sous-vêtements et, une fois habillée, j'ai pris le chemin du pub, en comptant sur le Jack Daniel's pour faire paraître tout le monde plus beau, moi la première. J'aurais dû faire confiance à Lucy. Je l'ai repérée au fond du pub, assise à côté de son mec et du fameux Richard, qui me tournait le dos. Lorsqu'il s'est retourné, je me suis retrouvée face au clone de Vince Vaughn, en plus jeune et plus débraillé, mais tout aussi grand. J'ai piqué un fard, et Lucy a eu droit à mon sourire « je-te-dois-une-fière-chandelle ».

La soirée s'est bien passée, et même si j'aurais pu me jeter sur Richard d'entrée de jeu tellement il était sexy, mes premières craintes se sont confirmées lorsque je me suis aperçue qu'on n'avait strictement rien en commun. Il s'enfilait des pintes de cidre à tire-larigot, a cru me faire marrer en me montrant trois parodies de *Batman* sur YouTube, et n'en revenait pas que je sois née dans les années 1970. Il était hystérique.

— T'avais des pattes d'éph et t'étais fan d'Abba ?

— J'avais deux ans.

— Les années 1970, merde, c'est trop ouf ! T'étais plutôt babos ou disco ?

— J'avais deux ans, je te dis ! Et toi, t'es de quelle année ?

— 1990.

*J'avais douze ans. Douze ans !*

— C'est un peu comme si je te demandais si t'étais fan des New Kids on the Block.

— Qui ça ?

— Laisse tomber.

J'aime que les mecs avec qui je sors me stimulent. Mais là, le seul truc qui aurait pu me stimuler, c'est une partie de tennis sur sa Wii. Heureusement, l'alcool aidant, j'ai fini par lui trouver un certain charme, et puis je n'avais pas oublié mon défi jeune. Du coup, lorsqu'il a déclaré que j'étais « super sexy pour mon âge », ça m'a suffi pour le suivre dans l'appart qu'il partage avec son pote Jim. Plutôt sympa, l'appart, il y avait des petits coussins partout. J'ai trouvé ça bizarre, pour deux hétéros.

Enfin bref, on a commencé à batifoler gentiment. Il n'embrassait pas trop mal, mais comme il s'enflammait un peu trop à mon goût, j'ai dû lui faire comprendre d'y aller mollo. De toute évidence, il ne fallait pas que je m'attende au coup du siècle. Cela dit, il a réussi à faire pencher la balance du bon côté en me gratifiant d'une petite gâterie dès que je me suis retrouvée nue. Apparemment, il savait ce qu'il faisait. Enfin, c'est ce que je croyais, avant qu'il s'arrête en pleine action, un peu désemparé.

— J'arrive pas à trouver ton clito.

— Hein ? Tu te fous de ma gueule, t'avais la langue dessus à l'instant même.

— T'es sûre ?

— …

Ensuite, on a inversé les rôles… pendant au moins vingt secondes, le temps que je me rende compte qu'il était sur le point de venir. Alors, plutôt que d'avoir à me replier gauchement dans la salle de bains pour recracher le tout le plus dignement possible, j'ai préféré qu'on passe directement à l'étape pénétration. Et je dois dire que sa queue énorme, incurvée à souhait, a su faire résonner à merveille mon point G.

J'ai pris mon pied, donc, même si j'avais un peu l'impression qu'il suivait un mode d'emploi, qu'on avait dû lui fournir au lycée, et qui apparemment voulait que, après les préliminaires, on ne s'attarde pas sur les friandises extra-vaginales, et qu'il suffisait de « pomper à la vie à la mort, mon petit gars ! ». Une fois en moi, il s'est donc vite empressé d'oublier seins, cuisses, cou et oreilles, en arborant un air sérieux et consciencieux jusqu'aux poils de sa barbe.

— Lèche-moi les tétons.

— Déjà fait.

— Tu sais, l'usage de la langue n'est pas limité. C'est juste pour dire que ça m'excite.

— Oh, désolé…

— Pas la peine de t'excuser, t'inquiète.

— Désolé.

Avec Oliver, c'est tellement l'éclate que je suis devenue exigeante. En même temps, je ne peux pas exiger l'excellence et la satisfaction de mes désirs du premier coup. En tout cas, quand il arrête de bloquer sur ses performances, Richard ne manque pas d'un certain potentiel. À ma place, je suis sûre que Lucy l'aurait jouée sergent instructeur, hurlant : « Soldat, en position ! » au moindre *lapsus linguae* ou autre erreur de débutant. Sinon, l'autre point positif, c'est sa capacité de récupération. Au bout de trois fois, mon vagin demandait grâce. Tout comme ma patience, lorsqu'il s'est mis à me bassiner sur le concert « trop top » qu'ils avaient donné la semaine précédente avec son pote Speedy, et comment ils avaient fini par dégueuler leurs tripes chez sa mémé. Inutile de dire que je n'ai pas traîné. Il a dû me prendre pour Bip Bip.

Je peux donc rayer le troisième point de ma liste. Ce défi jeunot était finalement assez agréable. Richard s'est montré assez enthousiaste sur mon corps, et sur mes « nibards d'enfer » en particulier, et je me suis même demandé s'il n'y avait pas une autre nana dans le lit. Je me sentais sexy avec lui, et le fait d'être aux commandes m'a rendue plus forte, j'ai gagné en puissance. La nouvelle Phoebe commence à me plaire.

*Mercredi 2 mars*

Le trajet pour aller au boulot était encore plus chiant que d'habitude ce matin. Le train est resté bloqué après Central pendant plus de vingt-cinq minutes, et j'avais oublié mon iPod. Heureusement, je me suis un peu déridée quand j'ai remarqué que le type en face de moi cachait des chaussettes Hannah Montana sous son costume classieux. En attendant que le train redémarre, j'ai eu tout le temps de fantasmer sur sa vie. Il devait s'appeler Xavier, était marié à Shirley et avait six enfants qui jouaient tous du piano en même temps. Je le voyais bien travailler dans une maison d'édition le jour, et se transformer la nuit en organisateur de rave party Disney underground, où l'on danse sur Miley Cirus ou des remix hardcore de *Prenez le rythme*, la chanson des ramoneurs dans *Mary Poppins*. Mon scénario a volé en éclats lorsqu'il a sorti son portable et appelé son bureau pour prévenir de son retard.

— Salut, Nicola, c'est Alistair. Le train a du retard, mais ça ne devrait pas être trop long. OK, prévenez Mme Harris que j'arrive et donnez-lui quelques tableaux d'amortissement à feuilleter pour la faire patienter. Merci. À plus.

Mon Xavier imaginaire a explosé en plein vol sur son tracteur interplanétaire.

Plus tard, en direct des pentes enneigées, Oliver m'envoyait un énième texto imbibé à propos de mon défi anal.

Ton Q va êt au centre de mes préoccupation dés mon retour.

Apprends à écrire d'abord.

Bizarrement, son message débile a réussi à m'exciter. Il faut dire que, avec mes ex, je n'ai jamais eu le plaisir de goûter aux délices de la fesse. Je me souviens d'avoir abordé un jour le sujet avec Alex, mais il m'a regardée d'un air dégoûté et a préféré continuer à explorer les voies de la tradition dominante. Mais, depuis que je suis célibataire, j'ai l'impression qu'un délire anal s'est emparé de tous mes potes. Lucy se procure même des kits de lavement pour éviter les risques de fiasco fécal. Et, apparemment, la sodomie, c'est devenu son dada. Je suis pétée de rire chaque fois qu'elle évoque la surchauffe occasionnelle de sa rondelle. D'après Hazel, si les femmes disent que ça leur plaît, c'est juste pour faire plaisir à leur mec, par pure soumission.

Pour être honnête, je ne vois pas très bien quel plaisir je pourrais en retirer. La seule fois où j'ai failli essayer, c'était avec Adam, l'année de mes dix-neuf ans, et on était tous les deux un peu bourrés. Il avait tenté une percée insidieuse, et ça m'avait tellement fait mal que je lui avais détruit le tibia. Mais je me dis qu'il y a sûrement un truc, sinon on n'en parlerait pas autant. Les filles ont autre chose à faire que de souffrir le martyre pour faire plaisir à leur mec !

*Jeudi 3 mars*

Aujourd'hui, alors que tout était calme au bureau, j'ai entendu Lucy hurler comme une folle :

— Richard m'a demandé de tes nouvelles. Tu vas le revoir ?

Heureusement, la suite de la conversation s'est poursuivie au téléphone, comme il se doit.

— Je n'en sais rien. Je ne voudrais pas qu'il se fasse des films, ai-je répondu.

— Si tu continues à tortiller du cul, il va forcément se faire des idées, le pauvre. Il t'aime bien, tu sais. C'est ce qu'il a dit à Sam. Oh, et il a ajouté que personne ne l'avait jamais sucé comme toi. Personne. Sam était tout excité. J'ai dû insister pour qu'il m'épargne les détails.

C'était un peu gênant, mais j'étais aux anges.

—Oh, fait chier. Les mecs sont vraiment bizarres. C'est quoi sa référence ? Une petite nana de dix-huit ans ? C'est normal qu'il pense ça, ai-je murmuré.

—En tout cas, évite de lui briser le cœur, ma chérie ; c'est encore un jeune chiot.

Exactement. Si Oliver et moi, on s'éclate autant sexuellement, c'est parce qu'il n'y a pas de sentiments dans l'histoire, et notre amitié était là avant. En tout cas, maintenant je n'ai qu'une envie : savoir si je suce aussi bien qu'on le prétend. Je n'ai plus qu'à attendre le retour d'Oliver pour lui poser la question. Il me dira la vérité. Il n'a aucune raison de me mentir, enfin... à moins qu'il ne dise non pour que je continue à pratiquer sur lui, évidemment.

*Vendredi 4 mars*

J'ai envie de baiser. Je grimpe aux rideaux depuis que j'ai ouvert les yeux. Certains jours, les mains ne suffisent plus. Je rêve d'un corps à corps, de mains sur mon cul, d'une bouche sur la mienne. Ça devient ridicule, je n'arrive même plus à manger une banane l'esprit tranquille. J'ai pensé à appeler Richard pour tirer un petit coup après le boulot, mais j'ai changé d'avis aussitôt. J'ai besoin de libertiner avec mon sauveur, mais, à l'heure qu'il est, il doit être en train d'honorer Heidi sur un télésiège. Sur le front de l'éjaculation, je n'ai pas non plus beaucoup avancé. Peut-être qu'il me faut un stage intensif, ou des gadgets à la James Bond. Lucy m'a appelée ce soir pour me prévenir qu'elle organisait un petit dîner à l'occasion de son anniversaire, le 20 mars prochain. Elle veut un chèque-cadeau détente pour éviter que je ne lui offre les « trucs merdiques » habituels. Je pourrais être vexée, mais, en fait, elle n'a pas tort.

*Samedi 5 mars*

En dépit du bon sens, je me suis retrouvée au concert de Sam avec Lucy. L'idée de revoir Richard me mettait un peu mal à l'aise, mais je n'ai pas pu résister aux prix affichés par le bar sur Sauchiehall Street, dans lequel les étudiants du quartier viennent pour picoler ou tirer un coup, voire les deux. Déterminée à ce que Richard ne se fasse aucune illusion à mon sujet, j'avais enfilé un jean baggy, des baskets et un sweat à manches longues. À côté de Lucy, dans sa robe courte et ses bottes à hauteur de genou, j'avais l'air habillée comme l'as de pique, mais je m'en fichais ; je ne voulais pas donner l'impression d'avoir fait d'effort particulier. Je me suis dirigée vers le bar et j'ai commandé un shot de tequila et deux Cuba libre, tout en cherchant Richard du regard au milieu de la foule. Je l'ai aperçu sur scène en train d'installer le matos et, bordel, il était à tomber avec son jean, sa chemise blanche, et sa petite cravate noire. En plus, pour ne rien gâcher, il s'était rasé la barbe. Il m'a fait un signe nonchalant de la main tout en continuant à accorder sa guitare. J'ai rejoint Lucy et nous nous sommes installées.

— Il est canon, Phoebe. Tu es sûre que tu ne veux pas faire un deuxième essai ?

Je me suis envoyé ma tequila et j'ai rejeté un coup d'œil en direction de la scène.

— Encore quelques verres, et, à mon avis, je ne serai plus capable de dire ce que je veux.

Après le concert – des gamins d'à peine vingt ans cherchant à imiter pitoyablement Blink-182 première époque –, j'étais bourrée et à peine capable de tenir une conversation, mais ça ne m'a pas empêchée de sursauter lorsque Richard m'a coincée à la sortie des toilettes pour me peloter. Difficile après ça de ne pas filer à l'anglaise pour le suivre chez lui. Après quelques verres, les choses ont commencé à devenir intéressantes. Cette fois, il y est allé en douceur et sans se précipiter, et lorsque sa langue a touché le point sensible que j'ai dans le cou, mes vêtements sont tombés au sol en moins de deux. J'ai remarqué que les mecs ont toujours une zone érogène préférée sur le corps de leur partenaire. J'adore ça. Pour Oliver, c'est mes fesses, et Stuart, mon petit collègue, il bloque sur mes jambes. Richard, lui, se pourléchait les babines devant mes seins, comme un gamin joufflu. Je me suis barrée dès qu'on a eu fini, je n'ai pas envie qu'il se fasse des idées, il devrait être assez intelligent pour comprendre. En sortant, j'ai croisé son coloc à gueule d'ange, un mec costaud et tatoué, avant de rejoindre la station de taxi la plus proche en souriant intérieurement. Le petit coloc, il pourrait être parfait pour mon projet triplette. C'est fou, je suis devenue incapable de regarder un mec sans jauger son potentiel sexuel.

*Lundi 7 mars*

Oliver est de retour. Alléluia ! Je lui ai dit de ramener son cul vite fait et, quand il est arrivé ce soir, je lui ai à peine laissé le temps de franchir le seuil. La séance de samedi soir avec Richard aura au moins servi à libérer ma libido insatiable, et, après une session digne d'une course de fond, on s'est posés tranquillement sur le lit.

— Tu trouves que je suce bien ? ai-je demandé, luttant avec une crampe aux doigts de pied.

— Non, tu suces comme une déesse, a-t-il répondu.

Il a allumé une cigarette avant de poursuivre.

— Phénoménal, je te le jure ! Ce truc que tu fais avec tes mains et ta bouche en même temps, si j'étais toi, je le ferais breveter, ça pourrait te rapporter un max de blé.

— Tu te fous de ma gueule, hein ? Tu dis que je m'en sors bien, parce que tu ne veux pas me vexer. T'as peur que je ne veuille plus te sucer.

— Nom de Dieu, Phoebe, on ne t'a jamais appris à accepter un compliment ? Tes pipes sont exceptionnelles. Et même si ton cheval renversé laisse un peu à désirer, je suis comblé.

J'aurais bien argumenté sur ce dernier point, mais il n'a pas tort. Je n'ai jamais été à l'aise dans cette position. C'est trop instable pour moi. Heureusement que je lui tourne le dos, ça lui évite de voir ma tronche. Je m'applique tellement que, parfois, je suis sûre que je tire la langue.

*Vendredi 11 mars*

Ce matin, j'ai pris ma demi-journée pour aller faire les boutiques de lingerie. Mes deux ensembles de dessous sexy passent tellement à la machine en ce moment qu'ils sont sur le point de rendre l'âme. J'ai pris sur moi pour ignorer la voix de la raison qui m'incitait à rester raisonnable question prix et côté style, et j'ai craqué sur un ensemble rouge, un bleu électrique, et sur un corset noir avec son porte-jarretelles. Oliver va s'exciter rien qu'en y pensant. Je lui dois bien ça. S'il débarquait en slip kangourou informe, j'aurais du mal à être impressionnée. En arrivant au bureau, je me suis empressée de fermer à double tour mes petites emplettes dans mon casier. La dernière fois que Lucy a acheté des sous-vêtements et laissé traîner ses sacs, tout le bureau – moi la première – les avait enfilés pour déconner.

J'ai ignoré les messages de clients en attente, préférant appeler Oliver.

— Je me suis offert de nouveaux sous-vêtements.

— Merde. Pas possible ! T'as choisi du bleu, j'espère.

— Ça se pourrait. Si ça te dit, ce soir, on peut se la jouer anal. Ça sera ça de moins à faire.

— Putain, Phoebe, ce n'est pas comme si j'allais t'obturer le canal radiculaire.

— Je suis sûre que c'est beaucoup moins intrusif.

— Tu vas adorer, t'inquiète. Je serai là vers 21 heures.

Ce qui m'a laissé tout le temps pour étrenner mon kit de lavement. Résultat, ça m'a foutu la gerbe. Tout ça parce que je flippais de ne pas pouvoir me retenir. Je ne suis pas un foutu éléphant, bordel ! Ni même incontinente. Faut que j'arrête de paniquer, Oliver m'a promis d'arrêter au moindre bobo.

Il ne me restait plus qu'à tester mes nouveaux dessous chic. J'ai choisi le bleu.

Oliver était aux anges, il n'arrêtait pas de sourire.

— T'es vraiment hallucinante ! Et en plus, aujourd'hui, c'est sodomie ! C'est le grand soir !

— Putain, ça me stresse.

— Écoute, Phoebe, tu as le droit de changer d'avis, on n'est pas obligés.

— Non, non. Allons-y. Je ne veux pas mourir idiote. C'est un chapitre essentiel de mon programme d'émancipation.

— Tu veux boire quelque chose ou prendre un valium ? Un peu de kétamine ?

— Oliver ! Tu ne m'aides pas du tout !

Une demi-heure et un whisky-Coca plus tard, j'étais fin prête. Oliver est revenu de la salle de bains avec une serviette qu'il a posée sur le sol.

Nom de Dieu ! On va tout saloper ! Et c'est ma serviette préférée !

J'étais persuadée de savoir ce qui allait se passer : préliminaires, travail au doigt, des tonnes de lubrifiant, et moi, hurlant, visage déformé par la douleur. Je m'attendais au pire.

J'avais tort.

Complètement tort.

Après quelques papouilles, Oliver m'a embrassée dans le cou, et, comme toujours, j'ai démarré au quart de tour. Il en a profité pour me faire mettre à quatre pattes, avant de disparaître de mon champ de vision. Décontenancée, j'ai tourné la tête et j'ai vu qu'il était en train de se lubrifier les doigts, petit sourire en coin.

Au début, ça m'a fait bizarre. Ce n'était pas vraiment désagréable, juste bizarre. J'ai dû me contracter parce que j'ai senti qu'il me massait les seins de sa main libre tout en décrivant des cercles autour de mon clito avec son pouce. Et ça a marché. En moins de deux, j'avais deux doigts dans l'anus, et une vague d'excitation, aussi soudaine que violente, s'est abattue sur moi. Ensuite, il lui a fallu un peu de temps pour me pénétrer complètement, vu que je n'arrêtais pas de lui dire « d'y aller mollo » et que le tube de vaseline y est passé. Mais, une fois lancés, et une fois passée l'impression d'avoir envie de chier, j'étais aux anges. Mordue jusqu'à l'os. J'ai du mal à décrire ce que j'ai ressenti, tout ce que je peux dire, c'est que c'était super agréable.

Je ne me suis jamais sentie aussi vulnérable, aussi soumise. Je pouvais à peine bouger. Et ça m'a complètement retournée. Heureusement que j'avais confiance, je n'aurais pas supporté un mec qui profite de l'évidente faiblesse de ma position. Oliver a bien compris qu'il devait prendre des gants. Il s'est montré tendre et hyper attentionné et, à en juger par ses nombreux et expressifs « putain, ça m'excite ! », je crois qu'il a pris son pied. Tout comme moi.

On a passé la nuit à pratiquer jusqu'à plus soif.

Sodomie + vibro = waouh !

C'est tout ce que je peux en dire pour l'instant. Je me demande pourquoi on n'a pas commencé au lycée. Ce défi est donc un vrai succès. Je suis même devenue adepte. Et pas qu'un peu.

*Lundi 14 mars*

Après le boulot, avec les filles, on est allées se faire manucurer dans un bar à ongles qui vient d'ouvrir sur Byres Road. Je m'étais arrangée pour leur faire de la pub gratuitement dans le journal en échange d'une séance et la promesse de rester discrets. Lucy et moi, on a retrouvé Hazel directement là-bas. Ensuite, tout le monde s'est installé pour siroter un petit blanc italien et choisir une teinte.

Je n'ai pas hésité une seconde.

— Noir, ai-je dit en repoussant la série de pastels étalés sous mes yeux.

J'ai senti le regard d'Hazel se poser sur moi.

— C'est carrément emo. Je croyais que t'avais remisé l'ancienne Phoebe aux oubliettes ?

— OK, tu sais quoi ? Je te laisse choisir à ma place, mais en échange tu prends le noir.

Lucy se bidonnait.

— Hazel, un vernis à ongles noir ? Putain, tu vas choquer les jolies mamans bobos de ton quartier, non ? Et te faire virer de la crèche.

Hazel a répondu froidement en passant une main dans ses cheveux blonds.

— Ce n'est pas du tout moi, ce noir. Kevin va détester. Quant aux mamans, j'en ai rien à cirer de ces connasses.

J'ai échangé son vernis rose nacré habituel contre le noir.

— Prouve-le, alors. Si t'es cap, je suis cap.

Trois quarts d'heure plus tard, on sortait du salon, Lucy avec son vernis rouge habituel, moi avec des ongles de Barbie, et Hazel avec des griffes noires hallucinantes.

Elle m'a envoyé un texto il y a une heure.

Je voulais juste te dire que Kevin aime bien mes ongles. En fait, il les adore. C'est fou, non ?

J'avoue que ma petite provoc était plutôt nulle, mais donner à Hazel une toute petite touche gothique mérite bien que je me promène avec des ongles guimauve pendant quinze jours.

*Mardi 15 mars*

La phase anale ayant été couronnée de succès, il est temps de passer au défi suivant : le jeu de rôles. J'ai cherché l'inspiration dans une émission que j'ai vue ce soir. Un couple avait loué les services d'acteurs pour mettre en scène et jouer leur fantasme de kidnapping, dans lequel le mec se fait agresser et hurler dessus par des types en cagoules, avant d'être ligoté et balancé dans une camionnette qui l'emmène dans une maison isolée, où le ravisseur (en l'occurrence sa femme) l'attend, déguisée en dominatrice terrifiante mais sexy. Je dois dire que j'ai trouvé l'idée assez cool, tout comme le fait qu'ils paient des pros, c'était franchement impressionnant. Je n'ai jamais participé à ce genre de truc, j'ai toujours pensé que c'était réservé aux couples mariés qui s'emmerdent. Sauf une fois, lorsque j'ai acheté un uniforme de domestique française un peu craignos sur Internet, qui a vite fini à la benne tellement c'était ridicule. Tout ça parce qu'Adam, le mec avec qui j'étais à l'époque, me laissait nettoyer sa chambre avant qu'on fasse l'amour, et que, d'après lui, c'était censé m'aider à rester dans la peau du personnage. Demain, j'appelle Oliver pour lui demander conseil. Je suis sûre qu'il va me demander une panoplie de prostituée, ce petit con.

*Mercredi 16 mars*

Mes collègues sont tous tarés, et, si Lucy n'était pas là, j'en aurais déjà massacré un. En tant que vendeurs, ils sont tous obsédés par la prime versée lorsque l'on atteint nos objectifs. Bien évidemment, comme cela concerne uniquement l'équipe commerciale, Lucy, notre super-administrative, s'en contrefout et leur demande régulièrement de « fermer leur putain de gueule ». Quand ils parlent de ce qu'ils vont s'offrir avec l'argent de la prime, c'est toujours chiant à mourir. Pour Brian, c'est toujours un truc naze pour sa voiture. Quant à Kelly, elle planifie d'avance sa prochaine séance de bronzage chez Jennifer, sa pro du bronzage uniforme et sans trace, qui mérite bien les 40 livres demandées. Tout le monde matait les zébrures sur ses jambes, en se rappelant d'éviter comme la peste la Jennifer en question et son pistolet à bronzer. Le pire, c'est Frank. Il est peut-être idiot, mais, en définitive, c'est lui le plus intelligent. Il se fait un max de blé sans rien foutre et achète des tas de trucs. Son œuvre d'art sans queue ni tête ne lui ayant pas suffi, il s'est pointé ce matin avec sa dernière acquisition bling-bling, provoquant la frustration et la surmotivation bling-bling de l'ensemble du personnel.

— Du sur-mesure, rendez-vous compte. Une pièce unique.

Et il agitait autour de nous son poignet comme un prestidigitateur.

Lucy a attrapé son bras pour observer la montre de plus près.

— Eh ben, dites-moi, il y a même les initiales ! Je vois qu'on se mouche pas le bec avec le coude…

Le plus triste, c'est que la plupart des gens au bureau étaient vraiment impressionnés, y compris Stuart. Mais, comme il me plaît, je veux bien lui pardonner ce léger écart.

**De :** Lucy Jacobs
**Pour :** Phoebe Henderson
**Sujet :** Tic-Toc

Cette montre me donne envie de lui lacérer le visage, mais bizarrement je l'ai trouvé plutôt sexy aujourd'hui. Dommage qu'il soit si con, parce que je serais à fond partante. Il ressemble à David Duchovny, tu ne trouves pas ?

**De :** Phoebe Henderson
**Pour :** Lucy Jacobs
**Sujet :** Re : Tic-Toc

Dommage que ton logiciel mail n'ait pas encore de bouton *dislike*.

**De :** Lucy Jacobs
**Pour :** Phoebe Henderson
**Sujet :** Re : Tic-Toc

N'oublie pas mon repas d'anniversaire dimanche prochain. Ça serait bien que tu apportes du vin. Merci love x

Merde, j'avais complètement zappé. Il faut que je pense à récupérer son chèque-cadeau. J'ai de la chance d'avoir encore des amis.

*Jeudi 17 mars*

J'ai quitté le bureau en un temps record et je suis rentrée directement afin de me préparer pour le premier jeu de rôles imaginé avec Oliver. On s'était mis d'accord sur trois scénarios. Le premier s'inspirait du classique étudiante/professeur, un cours particulier entre M. Webb et Mlle Henderson, se terminant bien sûr par une joute sexuelle intense et clandestine. Une étudiante sérieuse et très comme il faut s'est donc présentée à la porte d'Oliver, avec son classeur plein de dissertations (en réalité un ou deux magazines que j'avais lus dans le métro), et vêtue d'une tenue décontractée dissimulant des sous-vêtements affriolants.

— Bonjour, Phoebe. Vous êtes prête pour notre séance ?

Ce furent les premiers mots prononcés par un M. Webb, en costume et tout ébouriffé, lorsqu'il a ouvert la porte.

Bon sang, il était à fond dans le rôle.

On s'est assis à la table de la cuisine en se regardant silencieusement, et un détail crucial m'a traversé l'esprit : je n'avais absolument pas préparé mon rôle. Merde. J'étais tellement excitée par le fait de mettre en scène ce fantasme que j'avais négligé l'essentiel : la manière de jouer. Mes talents d'improvisation étant plus que douteux, je cherchais désespérément une réplique qui ne soit pas trop absurde et loufoque, pour éviter un humour lourdingue.

Oliver, apparemment, avait travaillé son rôle, et, alors que je commençais à paniquer, il a attrapé quelque chose sous la table.

— Si vous voulez bien lire ces documents, Mlle Henderson. N'hésitez pas à me solliciter si vous avez besoin d'explications supplémentaires.

Il m'a fait passer trois magazines pornos et s'est redressé.

J'ai commencé à les feuilleter, heureuse de voir que ni gencives de vieilles ni dents de lait ne s'y affairaient autour d'une verge, et j'ai senti mes joues rougir, non pas parce que j'étais gênée, mais parce que j'étais en train de vivre le truc le plus excitant de ma vie.

J'ai défait quelques boutons de mon gilet en laine, laissant entrevoir mon soutien-gorge pigeonnant. Je savais que les dessous rouges le faisaient bander, et je voulais vérifier. Je l'ai laissé mariner quelques minutes, étudiant les magazines, passant ma langue sur mes lèvres et le sentant dévorer ma bouche du regard.

Je lui ai fait passer l'une des revues.

— Il y a quelque chose que je ne comprends pas. Pourriez-vous m'expliquer ?

Il a mis ses lunettes pour étudier la page indiquée. J'étais complètement émoustillée. Les mecs mignons à lunettes, ça me fait le même effet que les dessous rouges pour Oliver. Lorsqu'il s'est levé pour se placer derrière moi, j'ai bien senti que j'avais tapé dans le mille. J'en ai profité pour dégrafer un peu plus mon gilet. Oliver était à présent penché sur moi, son souffle dans mon cou. J'avais des frissons partout. Il a murmuré quelques mots à mon oreille.

— C'est une position des plus complexes, mademoiselle Henderson. Si vous le souhaitez, je peux vous l'expliquer ou vous en faire la démonstration.

Il a glissé une main dans mon soutien-gorge, pendant que, de l'autre, il défaisait sa ceinture. J'étais tellement excitée que j'ai perdu la tête et, oubliant mon personnage, je me suis retournée et l'ai attiré vers la table de la cuisine. Il s'est débarrassé de mon pantalon en une seconde, pendant que, moi, j'insistais pour qu'il garde sa chemise et sa cravate. Et ses lunettes, bien sûr.

Mes préjugés sur les jeux de rôles, selon lesquels ils seraient réservés aux couples émoussés, se sont effondrés. J'étais toujours aussi excitée lorsque j'ai repensé à la scène un peu plus tard sous la douche. Ce défi était un vrai succès – que dis-je ? Un triomphe !

— Je n'arrive pas à croire que tu achètes encore des magazines pornos. Avec tout ce qu'on trouve gratuitement sur Internet, c'est bizarre, non ?

C'est ce que je lui ai demandé en sortant de la douche.

— Ce sont de vieux numéros, je les ai depuis des années. On ne sait jamais, ces trucs-là, ça devient souvent *collector*, tu sais.

— Et sur quelle planète ? Celle où l'on collectionne les vieilles revues pornos maculées d'ADN irlandais ? Une analyse scientifique révélerait de véritables scènes de crime.

— Tu n'as pas tort.

Je nous ai préparé un thé et nous sommes retournés au lit. J'ai passé la nuit avec lui, j'étais trop bien pour rentrer.

*Samedi 19 mars*

Alors que j'étais sortie trouver une bonne bouteille pour la soirée d'anniversaire de Lucy, je suis tombée sur Alex, une fois de plus. Je n'ai vraiment pas de bol, bon sang. Au début, j'ai plutôt bien géré. Comme d'habitude, je l'ai trouvé craquant, et ça m'a fait de l'effet, et j'ai même été touchée par sa gentillesse. Je suis vraiment grave ! On a flirté un peu (je sais, c'est nul), et, sur ce, Miss Nibards a fait son apparition, cubi de vin calé entre les scins.

— Oh, Phoebe.

Elle n'avait pas l'air très à l'aise.

— Il ne manquait plus que toi, génial ! Je me disais aussi, ai-je soupiré. Je vois que cette aventure minable est toujours d'actualité.

Lorsque j'ai repris ma route, j'ai entendu Miss Nibards crier derrière moi.

— On va se marier, Phoebe ! Cette année ! Va bien falloir que tu t'y fasses.

J'ai senti le rouge me monter aux joues et je me suis retournée pour regarder Alex.

— Vous marier ?! Je suis vraiment trop conne ! Y a une minute, tu flirtais avec moi, et maintenant tu te maries ? Avec ce thon ? Quand je pense à tout ce que tu me disais sur le mariage ! Un mensonge de plus, j'imagine ! Je te souhaite tout le malheur du monde avec ton cubi géant et ta Miss Nibards.

— Une seconde ! a-t-elle hurlé, au bord de l'explosion

— Une seconde ? Pour quoi faire ? Pour que tu te tapes mon mec ? Ah, mais j'y pense, c'est déjà fait !

Elle a glissé sa main dans celle d'Alex, qui, silencieux, semblait apprécier le jeu de massacre.

— Viens, mon biquet, a-t-elle répondu. On n'a plus rien à faire ici.

— Mon biquet ? J'hallucine, t'as même un petit nom ! Et pourquoi pas « mon goret » pendant que tu y es. Ça serait plus adapté.

Avant qu'ils disparaissent complètement, j'en ai profité pour la charrier sur son âge et sur le vin qu'elle avait choisi, qui vieillirait certainement bien mieux qu'elle. Je ne sais pas ce qui m'a pris, j'étais en colère, sous le choc ou contrariée d'avoir baissé la garde. Un bref instant, alors que nous papotions tous les deux, je me suis rendu compte qu'il me manquait, qu'il me manquait cruellement. Putain ! J'ai vraiment un problème !

*Dimanche 20 mars*

Je suis arrivée chez Lucy vers 20 heures pour son repas d'anniversaire avec Paul et Hazel. Oliver devant bosser, j'ai remis à Lucy une bouteille de champagne de sa part. Elle vit à une demi-heure de chez moi, dans la maison héritée de ses grands-parents, au milieu d'un quartier calme, agréable et plus que huppé. C'est une maison de deux pièces avec un immense salon-salle à manger et un jacuzzi. Pas étonnant qu'elle soit toujours en retard, moi aussi, je bloquerais. Sam est passé en coup de vent pour lui souhaiter bon anniversaire, il devait répéter avec ses potes. Il est parti juste avant le repas, fier comme un coq, et sans aucune allusion à Richard, heureusement. Lucy a adoré mon cadeau, et le dîner était délicieux. Paul l'avait commandé pour l'occasion dans un restaurant mexicain du coin. Lucy et lui ont une relation à part, qui date de l'époque où il travaillait encore au *Post*. Elle est bien plus proche de lui que je ne le suis. On dirait un frère et une sœur, ils s'adorent et se taquinent pour un rien.

Après le dessert, en dégustant café et sucres à la crème, j'ai raconté l'incident avec Alex et Miss Nibards. Je me suis dit que ça me ferait du bien.

— Si ça l'excite de se taper une antiquité, c'est son problème, à ce débile, a claironné Lucy.

— Venant de la part de quelqu'un qui se tape un rocker pré-pubère, tu m'excuseras, mais ça se pose là ! a persiflé Paul.

— Pas de méchancetés le jour de mon anniversaire, espèce de tapette.

Et maintenant je suis là, dans mon appart, à me demander non pas pourquoi il a accepté de l'épouser... mais pourquoi il ne me l'a jamais proposé, à moi. Et ça me ronge.

Je n'en peux plus de cette histoire. Pam Potter, où êtes-vous ?

*Mercredi 23 mars*

À peine levée, j'ai appelé Pam pour qu'elle me prenne en urgence. Elle a réussi à me caser en fin de journée, après 18 heures. Il est déjà presque 16 heures, et j'ai passé la journée à penser à Alex et à sa grognasse, à leur mariage et à leurs futurs bébés... Ça me rend dingue. J'aimerais bien en parler avec Lucy ou Hazel, mais j'ai peur de leur prendre la tête, je suis toujours en train de chouiner, c'est pathétique. Je m'en veux déjà assez comme ça, ce n'est pas la peine d'en rajouter.

20 heures. Ma séance avec Pam s'est bien passée. Ça m'a fait du bien de cracher tout ce qui me bouffe le cerveau.

Best of :

*(à propos d'Alex)*

Pam : Pourquoi le fait qu'il se marie vous irrite autant ?

Moi : Il m'a toujours dit qu'il ne se marierait jamais. Maintenant, je sais que c'est avec moi qu'il ne voulait pas se marier. Je me sens tellement conne...

*(à propos de ce journal)*

Pam : L'année dernière, on avait évoqué le fait que vous pourriez écrire un journal. Est-ce que vous avez réussi à vous motiver ?

Moi : Oh que oui. Je suis à fond. Je note tout. Même si ça ne parle que de cul. C'est un peu le *Journal intime de l'hormone en folie.* (Ça ne l'a même pas fait rire.)

*(à propos de sexe)*

Moi : Je ne comprends pas pourquoi ma vie sexuelle a pris une telle importance.

Pam : Je pense que ce que vous devriez essayer de comprendre, c'est pourquoi vous pensiez qu'elle n'en avait pas.

Ce n'est pas faux. Ça me fait du bien d'avoir quelqu'un sur qui passer mes nerfs. Les potes, ce n'est pas fait pour ça. Au moins, Pam ne cherche pas le conflit et ne me traite pas de tapette. Le hic, c'est qu'en fin de séance elle m'a annoncé qu'elle s'absentait quelques semaines pour rendre visite à sa famille en Floride. Il va falloir que je trouve quelqu'un d'autre à gaver.

*Jeudi 24 mars*

Ce mois de mars vire à la cata. Alors que je pensais déjà avoir touché le fond, aujourd'hui, il s'est passé un truc qui m'a fait regretter d'avoir eu l'idée de cette foutue liste de foutus défis. Frank était en réunion quelque part, et je ne sais pas quelle idée de génie j'ai eue d'utiliser le téléphone de son bureau pour surprendre Oliver en plein boulot avec un appel coquin. Ce que je n'avais pas prévu, c'est que Frank allait revenir aussi vite, et, bien sûr, il a choisi de se pointer au moment même où je proposais à Oliver de le sucer.

— Ben voyons, je crois pas, non, a-t-il dit.

Il m'a pris l'appareil des mains et a raccroché.

Il veut me voir demain matin à la première heure. Inutile de dire qu'Oliver trouve l'incident complètement tordant et mon patron sans aucun humour.

— C'est un mec, Phoebe… Ça va le faire marrer quand il racontera ça à sa femme.

— Il est divorcé.

— OK, eh ben, il se paluchera en fantasmant sur toi en train de le…

— Ta gueule ! Je vais gerber.

— Écoute, ton patron, je l'ai rencontré. C'est une vraie tête de nœud, et, en plus, il a un balai dans le cul. Je suis sûr qu'il n'a jamais vécu un truc aussi excitant.

— Alors tu penses qu'il ne va pas me virer ?

— Eh ben, j'ai pas dit ça, mais…

— Eh merde, c'est mort.

*Vendredi 25 mars*

Ce matin, je suis retournée au bureau en mode furtif pour découvrir que Frank était absent. Mon répit a duré une demi-heure avant qu'il téléphone pour me dire qu'on se verrait lundi prochain. L'enfoiré ! Je vais passer le week-end à pleurer et à chercher un boulot. Cet après-midi, je n'ai pas fait grand-chose à part fumer comme un pompier et flirter sur Twitter avec @inzepocket77. Il a mis une nouvelle photo, et je le trouve assez mignon. Tout ça pour me retrouver chez moi, à faire les cent pas dans mon salon en me demandant si je dois me recycler.

*Lundi 28 mars*

J'ai fait profil bas pendant toute la réunion du matin, en espérant que Frank ait une crise cardiaque. Ensuite, résignée, je me suis dirigée vers son bureau pour me faire humilier et virer. C'est du moins ce que je pensais.

— On a un problème, Phoebe. Tu t'es servi de mon bureau pour passer des coups de fil personnels, qui, si j'ai bonne mémoire, n'avaient aucun caractère urgent.

J'essayais de me rappeler ce que j'avais dit.

— Oh, allez, ce n'est pas si grave. Qu'est-ce que tu as entendu au juste ?

— Juste ce qu'il fallait, Phoebe, pas de chance. Et, d'après tes mails, je sais que tu n'as pas vraiment la tête au travail en ce moment. Tes défis semblent passer avant tes objectifs. Je te rappelle que tu es payée pour te défoncer.

*Quel bâtard !*

— Tu as lu mes mails ? C'est…

Il m'a coupé la parole, j'hallucine.

— La question est de savoir si tu tiens vraiment à garder ton boulot, Phoebe…

— Comme si tu ne le savais pas ! Écoute, je suis désolée. Ce n'était pas du tout… professionnel.

— Sans d'excellentes références, avec le marché actuel de l'emploi, ça risque d'être difficile.

— J'ai compris, Frank. Je me suis même excusée. Qu'est-ce que tu veux de plus ?

Il est resté silencieux un instant avant de faire mine de ranger les papiers qui se trouvaient sur son bureau. Il avait l'air nerveux.

— Eh ben… je…

— Accorde-moi une deuxième chance, je ne sais pas, moi, ce que tu veux.

— Je pensais bien à un truc qui, euh…

Il s'est mis à pianoter sur son clavier, les yeux rivés sur l'écran pourtant éteint.

— Quel truc, nom de Dieu, Frank ! Dis-moi ce que je dois faire pour garder mon boulot.

Aucune réponse. J'étais sur les nerfs, lèvres frémissantes. Je me suis levée pour sortir, mais il m'a fait signe de rester.

— Ajoute-moi à ta liste.

— Comment ?

J'étais sur le cul.

— Disons qu'en ce moment je suis un peu à la ramasse avec les femmes. J'ai pensé que tu pourrais me donner quelques tuyaux pour dépasser le stade du troisième rendez-vous, je…

Vraiment sur le cul.

— Je ne suis pas sûre d'être la bonne personne pour te…

— Écoute, je vais être bref. Si tu acceptes de m'aider, j'oublie toute cette histoire.

On s'est regardés un instant sans rien dire, maintenant le *statu quo*.

— Accepter de t'aider ? Va te faire foutre, Frank ! Je refuse de coucher avec toi. Je préfère me faire virer. C'est du chantage.

— Je n'ai jamais dit que je voulais coucher avec toi. Mon Dieu, non. Tu n'es pas du tout mon style. J'aime les femmes moins en chair. Je veux juste quelques conseils. J'ai l'impression de m'y prendre comme un manche, et je me dis que tu es le genre de fille qui peut m'aider à savoir d'où ça vient. Prends le temps de réfléchir jusqu'à demain.

Du coup, je prends le temps de réfléchir. Il m'a déjà envoyé deux mails, et, apparemment, il est complètement paumé. Je me demande si ça vaut la peine de perdre mon temps, si je peux changer ce connard prétentieux en quelqu'un de baisable. Pour l'heure, je lui en veux tellement que j'ai envie de m'arracher les cils un par un.

*Mardi 29 mars*

J'ai cédé. Après avoir réfléchi à l'autre possibilité, c'est-à-dire pointer au chômage et mentir sur les raisons de mon licenciement, j'ai pris la décision d'aider Frank. Il semblerait donc que j'aie un défi supplémentaire à ajouter à ma liste. Non seulement ça me permet de conserver un boulot que je déteste mais dont j'ai besoin, mais en plus ça m'a fait oublier Alex et

Dragonella. En revanche, Stuart et son joli petit cul, eux, je ne les ai pas oubliés. Cet après-midi j'ai reçu un mail de lui.

**De :** Stuart Sinclair
**Pour :** Phoebe Henderson
**Sujet : Après-midi**

Jolies jambes. Je vois que ça bosse dur.

**De :** Phoebe Henderson
**Pour :** Stuart Sinclair
**Sujet :** Re : Après-midi

Et tu n'as encore rien vu.

*Mercredi 30 mars*

Les affaires reprennent. Dans notre prochain jeu de rôles, je serai une prostituée, et Oliver mon client. C'est lui qui a eu cette idée brillante. Ce qu'on veut, c'est une vraie pute, pas une « Belle de jour » de bordel de luxe chez qui on vient poliment tremper le biscuit, non. On a envie d'un truc beaucoup moins civilisé. Oliver veut que je m'habille en fille des rues, option talons aiguilles, minijupe, bas résille, et toute la gamme des lieux communs vestimentaires que l'on croise dans les mauvais polars mettant en scène des prostituées, leurs macs et le duo d'inspecteurs rebelles en planque. En fait, tous les scénarios proposés par Oliver sont carrément clichés, du genre médecin et infirmière, ou le réparateur télé et la petite bourge. Ça craint, mais ça serait injuste qu'il n'ait pas son mot à dire dans ce défi particulier.

— Je veux que tu sois vulgaire, et ne viens pas pleurnicher si je suis dur avec toi.

Je sens que je vais finir en drag-queen des années 1980. Et s'il s'amuse à me filer de la thune, il peut toujours rêver pour la récupérer.

*Jeudi 31 mars*

— C'est quoi, ce bordel ? Ça pue le jus de viande, ici, ai-je claironné en arrivant ce matin.

Brian a levé les yeux de son bureau en montrant son mug.

— Viandox, pourquoi ? J'avais cru comprendre que tu ne crachais pas sur la chair fraîche ?

— Je t'en prie, Brian. Tes blagues subtiles, tu peux te les garder. C'est bien trop tôt pour moi. Sérieux, ça chlingue grave, ton truc.

— J'ai presque fini. Heureusement que tu n'es pas fan de foot. On s'en enfile des litres pendant les matches.

— Quand je disais que le sport, c'était dangereux.

Après un haussement d'épaules, il a continué à siroter son breuvage, pendant que je faisais semblant de dégueuler à l'autre bout de la pièce. Trop con.

Je me suis fait chier toute la journée. J'ai dû boire au moins deux dizaines de thés et bavassé des plombes sur Twitter. À 17 heures, je me suis barrée vite fait, j'avais hâte de me poser tranquille chez moi. Mais quand je suis arrivée à la gare, le train avait du retard. Ça m'aurait étonnée, putain ! J'ai rongé mon frein au Burger King pendant trois quarts d'heure, devant un milk-shake et une barquette de frites, en songeant au mois étonnant que je venais de vivre. J'ai baisé avec un mec plus jeune que moi et j'ai décidé d'accepter de faire de mon patron un mec à peu près baisable pour éviter d'être virée. Je suis crevée. Cette année s'annonce bien, finalement.

# Avril

*Vendredi 1er avril*

Richard m'a envoyé un texto à 6 heures du mat pour me dire qu'il voulait me revoir. Je lui ai répondu par un « non, merci » ferme, mais poli. Je n'ai pas besoin de lui. Un pote de baise, j'en ai déjà un sous la main.

*Samedi 2 avril*

Rien de pire que la météo écossaise. Il a tellement plu aujourd'hui que je ne vois pas ce que j'aurais pu faire d'autre que de flemmarder en peignoir et de balancer des conneries sur Twitter ou mater des vidéos sur YouTube en bouffant des biscuits. J'avais tellement envie de baiser que j'ai envoyé des photos de mes seins à Oliver. Je trouvais ça marrant qu'il ait la gaule en étant coincé au boulot toute la journée. Les femmes sont vraiment veinardes, quand elles sont chaudes comme la braise, ça ne se voit pas. Richard est vraiment lourdingue. Il m'a renvoyé un message alors que je lui ai fait comprendre que je n'étais pas intéressée. Je n'ai pas répondu. Putain, mec, percute !

**De :** Oliver Webb
**Pour :** Phoebe Henderson
**Sujet :** Je me fais chier

Jolie paire de loches. Encore.

**De :** Phoebe Henderson
**Pour :** Oliver Webb
**Sujet :** Re : Je me fais chier

Tu n'as vraiment rien d'autre à foutre. Je ne sais pas si t'es au courant, mais, sur Internet, tu trouveras des tonnes de nénés bien plus impressionnants que les miens. De toute façon, tu ne devrais pas mater des nibards. N'oublie pas que Dieu te regarde.

Sinon, j'ai maté le porno que tu as laissé l'autre jour. Enfin, certaines parties. Ça ne m'a pas fait grand-chose, trop de scènes d'anulingus à mon goût, et en plus le mec avait gardé ses chaussettes. Se faire lécher l'anus par un type en chaussettes, tu m'excuseras, mais je ne trouve pas ça très bandant.
Tu finis à quelle heure ?

**De :** Oliver Webb
**Pour :** Phoebe Henderson
**Sujet :** Re : Je me fais chier

Anulingus-en-chaussettes ? Comme nom d'Indien, je trouve ça assez cool. Si on adopte un gosse, faudra qu'on y repense.
Je suis bloqué jusqu'à 22 heures. Ensuite, je retrouve Sandra, une nana qui me trouve à son goût. Ça serait dommage de la décevoir. Pour les photos de loches, je suis carrément déçu que t'arrêtes, moi qui pensais t'envoyer un portrait de ma bite en échange.

**De :** Phoebe Henderson
**Pour :** Oliver Webb
**Sujet :** Re : Ennui

Ça m'arrange. Je viens à peine de finir de manger. Amuse-toi bien avec ta Sandra, mais t'aurais pu trouver mieux comme prénom. Plus quelconque, tu meurs. Et puis je suis sûre qu'elle ne va pas t'envoyer de photos de ses loches, elle. Je t'aurai prévenu, ne l'oublie pas.

Du coup, puisque Oliver passe la soirée, et sûrement la journée de demain, avec Miss Quelconque, le jeu de rôles de la tapineuse va devoir attendre.

Le prochain défi sur la liste est la baise au grand air. Ça ne m'a jamais fait fantasmer – sans parler du *dogging* –, mais l'idée de se faire mater ou surprendre en pleine action me file déjà un petit frisson coquin.

Dans l'ensemble, ma vie sexuelle n'a jamais été spécialement aventureuse. Jusqu'ici, je me contentais de m'allonger sur le dos, à l'aise, Blaise, à l'abri du danger et des regards indiscrets. C'est ma faute. Il serait injuste d'accuser mes partenaires d'avoir le fantasme fastidieux. Si ça se trouve, ils étaient fans de parachutisme ou de saut à l'élastique, il aurait fallu que je leur pose la question. Cela dit, quand j'avais demandé à Alex si ça le branchait d'essayer un sex-toy, il m'avait regardée comme si je venais de pisser sur ses baskets préférées. C'est consternant. En fin de compte, côté désir, je me suis toujours sentie obligée de demander la permission, alors que j'ai toujours eu envie de prendre des risques. Mais ce que je veux surtout, c'est juste un peu d'excitation. Comme dans les films, oser prendre mon pied dans un lieu inhabituel et excitant sans risquer de me retrouver au poste. Ça tient à pas grand-chose. Un peu comme le jour où j'ai fait une pipe à James derrière les cuisines d'un restaurant. Au bout de dix secondes, l'odeur des poubelles nous a suffoqués. Pour casser l'ambiance, le parfum de la nourriture en train de pourrir, y a pas mieux. Une autre fois, c'était avec Alex, au début de notre relation. Mais rien de plus qu'un peu de tripotage dans une cabine téléphonique exiguë et empestant la pisse de chien. N'est pas Superman qui veut.

Plus j'y pense et plus ça m'excite. J'imagine déjà toutes sortes d'activités libertines en plein air, c'est un signe. Mais, surtout, pas de camping sauvage ou de trek tout-terrain, y a pas moyen. Faut que je prévienne Oliver. Je veux bien être ouverte, mais faut pas pousser. Je lui ai envoyé un texto pour lui dire que j'étais au taquet.

Yo, man. Pour le plan cul *al fresco*, c'est quand tu veux. Appelle ou textote quand t'es dispo

J'espère que Miss Quelconque lira ce message.

*Dimanche 3 avril*

J'ai appelé maman pour lui souhaiter un bon anniversaire. Comme je ne sais toujours pas ce qui lui fait plaisir, je lui ai offert des chèques-cadeau Amazon.

— Merci, ma chérie ! Ton père m'a offert des places pour Muse. Un concert caritatif, je crois.

— Muse ? Mais t'as soixante balais ! Depuis quand t'es fan de Muse ?

— Depuis que j'ai entendu *Plug in Baby*. J'adore ce groupe. Ils sont géniaux. Et puis, tu sais, Phoebe, je ne suis pas encore grabataire.

— Je sais, ça me surprend, c'est tout. Je te pensais plutôt branchée hippies sur le retour, du genre Cat Stevens.

— Y a vingt ans peut-être, mais depuis qu'il s'appelle Yusuf et se prend pour un prophète, ça me gonfle. Bon, faut que je me sauve. On va se baigner. Salut, ma chérie, et merci pour les chèques !

Muse, putain ! Mes parents me surprendront toujours. Sinon, ça fait déjà deux fois que j'appelle Oliver, et je n'arrête pas de tomber sur son répondeur. Il n'a pas répondu à mes textos non plus. Qu'est-ce qu'il fout, bordel ?

*Lundi 4 avril*

Malgré tous mes messages l'invitant à me « défoncer dans un parking », je n'ai toujours pas de nouvelles d'Oliver. J'ai laissé tomber et je suis allée prendre un verre avec Stuart après le boulot. J'en rêvais depuis des semaines. De tous les commerciaux que je connais, c'est le seul qui soit un minimum humain. Et puis, comment résister à la perfection de ces lèvres qu'il mordille chaque fois qu'il est un peu nerveux ? Je n'en peux plus. J'ai dû faire preuve d'une volonté et d'un courage hallucinants pour me retenir de lui sauter dessus, l'empoigner par la cravate et lui lécher le visage. Cela dit, quand on veut coucher avec un collègue, il faut du doigté et de la discrétion, s'assurer que ce soit un bon coup et qu'il ne raconte pas ensuite n'importe quoi sur votre compte.

On a flirté sans vergogne toute la journée, du coup, au moment de partir, on a traîné un peu, faisant mine de ranger nos affaires en attendant que les autres s'en aillent.

— Tu fais quelque chose ? a demandé Stuart en éteignant son ordi.

— Pas vraiment. On va boire un verre ? ai-je proposé d'un air détaché.

Il a souri.

— Ouais. Carrément.

On est allés au pub au bas de l'immeuble et on a commandé quelques verres. On s'est trouvé une petite table isolée dans un coin. Au début, on a parlé boutique, mais ça a viré très vite à *Action ou vérité*. Rien de méchant. Enfin, jusqu'à ce que je le défie de me faire mouiller sous la table. Défi qu'il s'est empressé d'accepter. L'heure de fermeture approchant, la tension sexuelle devenait insupportable.

— On se barre ? a-t-il proposé.

Après tout, Oliver n'était pas le seul à pouvoir m'aider à mener à bien ce nouveau défi. On s'est précipités dehors, limite en courant, regrettant de ne pas avoir une cape invisible pour baiser dare-dare, en plein milieu de la rue. On s'est finalement retrouvés dans une ruelle à l'arrière d'une boîte de nuit. Collants aux chevilles et agrippée à une clôture en barbelés, j'entendais les voix et les rires des passants au bout de la rue. Le fait de savoir que quelqu'un ait pu nous repérer et nous mater m'excitait encore plus.

— Je n'en reviens pas. Ça fait des semaines que j'ai envie de te baiser, a marmonné un Stuart tout haletant et besognant déjà très activement.

Je n'étais plus que râles.

— Et moi donc… Plus fort, s'il te plaît.

C'était troublant, enivrant, et je me suis gelé les fesses. Je ne m'étais jamais sentie aussi sexy, aussi délurée. Je n'en croyais pas mes yeux. Apparemment, il me kiffait grave. J'avais l'impression d'être une ado transie d'amour. J'aurais voulu que ça ne s'arrête jamais. Mais tout a une fin, et, après avoir rajusté nos vêtements et échangé quelques baisers, il était temps de s'en aller, de se séparer, non sans une promesse de discrétion absolue et un dernier regard alangui.

Pour une fois, j'ai hâte de retourner bosser demain matin. Avant d'aller me coucher, j'ai envoyé un texto à Oliver.

T'es où ? T'es encore vivant ? Fais-moi signe.

*Mardi 5 avril*

Quand je suis arrivée au bureau, je n'ai eu droit à aucun ricanement ni aucune allusion, et le fait de revoir Stuart dans le contexte du boulot ne m'a absolument pas dérangée. J'étais soulagée. On a échangé quelques mails et des compliments sur notre session de la veille, mais évidemment il a fallu qu'il gâche tout.

— J'ai une copine, tu sais. Il ne faut pas que je recommence.

Espèce de rabat-joie. Sinon, j'ai réussi à retrouver Oliver. Il était à Brighton, pour une conférence, ce qui en fait veut dire une heure de boulot, et vingt heures de cocaïne et de Jack Daniel's.

— C'était mortel. J'ai couché avec deux sœurs.

— Pas en même temps, j'espère.

— Ça va pas la tête ? L'une après l'autre, bien sûr.

— J'aime mieux ça. Et Sandra ?

— T'avais raison. Elle ne couche jamais le premier soir, et puis elle est chiante. Elle a passé la soirée à me parler de son putain de chat. Dommage, elle avait un beau cul.

En échange, je lui ai raconté mes exploits avec Stuart, et j'ai cru un instant qu'il n'allait pas s'en remettre. De la part d'un mec qui venait de se taper toute une famille, c'était carrément injuste. Il avait vraiment les boules.

— Je pensais que c'était moi, l'assistant. Et puis, on n'était pas d'abord censés faire notre jeu de rôles ?

— Je n'arrivais pas à te joindre, t'étais en train de t'enfiler tes jumelles. Le jeu de rôles est toujours d'actualité, Oliver. L'ordre n'a pas d'importance. Ce qui compte, c'est que j'apprenne à maîtriser ma vie sexuelle. Ça devrait te faire plaisir !

— Je sais, t'as raison. C'est juste que j'attendais ce jeu de rôles avec impatience. On fera ça dehors, nous aussi. Je passerai te prendre au boulot.

*Mercredi 6 avril*

Comme prévu, Oliver m'attendait à la sortie du boulot et n'a pu s'empêcher de donner son avis sur Stuart qui passait devant nous.

—Je croyais que la coupe GI, c'était pas ton truc, a-t-il maugréé.

On a roulé presque trois quarts d'heure sans échanger un mot. Finalement, après avoir quitté l'autoroute et pris une petite route de campagne au milieu de nulle part, Oliver a arrêté la voiture, puis s'est regardé dans le rétro avant de descendre et de venir ouvrir ma portière. Il avait un comportement étrange, et j'ai senti mon estomac se nouer d'angoisse, un peu comme si je venais d'être kidnappée par un serial-killer.

Je voulais dire quelque chose, mais ce n'est pas évident lorsqu'une bouche se presse fermement contre la vôtre. J'ai abdiqué. Lâché prise.

Après avoir manœuvré jusqu'à l'avant de la voiture, il m'a retiré collants et dessous.

J'aurais tout aussi bien pu dire « arracher », tant les collants et culotte hypra-moulants que je portais excluaient d'emblée la moindre velléité d'érotisme débridé. Avec un peu d'aide, ils ont finalement réussi à valdinguer au milieu d'une haie, et je me suis retrouvée couchée et tringlée de manière assez spectaculaire sur le capot de la voiture. Visiblement, il avait envie de moi, même si j'étais bien consciente qu'il essayait surtout d'enfoncer Stuart, histoire qu'après il puisse faire des bonds devant moi, et frétiller de la queue en hurlant que c'était lui le meilleur. Alors qu'il m'embrassait dans le cou, il s'est arrêté un instant, venant murmurer à mon oreille.

—Avoue que je suis le seul à te faire cet effet, non ?

—Oui, c'est vrai, ai-je acquiescé en toute honnêteté.

À la fin, il m'a embrassée et aidée à retrouver mes dessous, pris d'assaut par une nuée de mini bestioles. Je les ai abandonnés à leur sort.

—Tu veux dormir chez moi ce soir ? On peut passer chez toi récupérer d'autres sous-vêtements.

—Non, j'ai envie de me poser tranquille à la maison. J'ai des trucs de fille à faire d'urgence, genre manucure ou masque de beauté, tu vois le truc. En plus, je suis crevée. En tout cas, merci, c'était cool.

Il m'a donc déposée à mon appart, où je me suis affalée sur le lit, sourire niais au visage et d'humeur un chouïa plus douce. Sans conteste et à ma plus grande surprise, le défi cul en extérieur est celui que j'avais préféré. Le pied intégral. Je ne sais pas si c'est à cause du facteur risque, des morsures de Stuart, ou de l'esprit compétitif à la base de ce dernier coït, mais je compte bien en faire une habitude. Pourvu que je ne finisse pas « *live* en train de baiser » sur un site de caméras de surveillance.

*Jeudi 7 avril*

— Phoebe, tu es libre ce soir ? Que dirais-tu d'un premier rendez-vous ?

Venant de son boss, c'est le genre de phrase que l'on redoute le plus.

— Une minute, Roméo ! Je croyais avoir été claire…

Impossible de continuer, l'orifice lui servant de bouche s'est mis à déverser un flot de mots.

— Ça n'est pas un vrai rendez-vous, évidemment. Mais, en ce moment, je rame grave, et je ne comprends pas pourquoi. Je crois que je vais péter les plombs, et tu as promis de m'aider.

— Sous la contrainte ! Ça vire au chantage, Frank. Mais bon, je ne dirai rien. C'est OK, mais seulement si on y va directement après le boulot, et chacun de notre côté. Je n'ai pas envie que Maureen du service administratif se pose des questions en nous voyant partir ensemble. Et c'est toi qui m'invites.

J'avais donné rendez-vous à Frank dans un petit italien tranquille à perpète du centre-ville. Je l'attendais au bar quand Oliver a appelé.

— Tu nous prends un petit truc à manger ? J'ai les crocs et...

— Désolée, Oliver, j'ai déjà un rencard. Enfin, pas pour de vrai. Avec Frank. Je t'expliquerai plus tard.

Pour toute réponse, j'ai eu droit à un silence un peu trop long, qui m'a mise mal à l'aise.

— Tu n'as qu'à passer plus tard, si tu veux. Je suis à croquer ! ai-je plaisanté.

Ma tentative d'humour est tombée à plat, tout comme l'humeur d'Oliver.

— Non, ça ira. À plus.

Ça m'a énervée qu'il me raccroche au nez. Qu'est-ce qu'il espère ? Que je sois toujours à sa disposition ? Frank a fini par se pointer, l'air agité, arborant sa montre ridicule. On s'est installés à une table, et une serveuse nous a apporté le menu, top départ officiel de notre rencard.

— Ce soir, nous avons un minestrone. Vous désirez un apéritif ?

— Un verre de vin blanc sec pour moi, a dit Frank en enlevant sa veste.

Avant d'ajouter :

— Un grand verre.

— Apportez aussi une bouteille, ai-je suggéré.

Frank déshabillait la serveuse du regard.

— Il faudra bien ça, ai-je ajouté.

La serveuse s'est éloignée, sans se rendre compte qu'elle venait de rejoindre le dossier « branlette » de mon cher patron. Elle est revenue un instant plus tard avec notre bouteille et a pris la commande. Raviolis aux champignons pour moi et un risotto apparemment au poisson pour Frank.

— Alors, tu as réussi à vendre cet encart pub d'une demi-page ? a lancé Frank en se servant un verre du vin.

— Oublions le boulot, Frank. C'est trop chiant. Fais-moi du gringue.

— Du gringue ?

— Baratine-moi, tu vois, quoi. Emballe-moi avec ton humour ravageur.

Dix minutes plus tard, j'avais cerné le problème. Je décidais de percer l'abcès à la fin du repas.

— Frank, sais-tu que, en matière de rencard, tu es ce qui se fait de pire ? Et quand je dis « pire », crois-moi, je pèse mes mots.

Il avait l'air complètement paumé.

— Tu t'es déjà retourné deux fois en plein milieu de la conversation pour mater le cul de la serveuse, tu t'es servi du vin sans même m'en proposer, et ta conversation semble se limiter à des anecdotes méga chiantes sur tes goûts de merde – et, à ce propos, laisse-moi te dire que ta montre est ridicule…

— Bon sang, Phoebe, tu pourrais être plus diplomate ! En même temps, je m'y attendais. Tu vois, il y a deux catégories de gens sur Terre, et elles sont inconciliables.

J'ai levé les yeux au ciel.

— Les pervers narcissiques et les victimes de chantage, tu veux dire ? Tu dois avoir raison. Et le fait même que tu dises ça, tu vois, c'est justement pour ça que les femmes préfèrent rester chez elle et s'automutiler plutôt que de sortir avec toi. Première leçon.

Il s'est renfrogné. J'en ai rajouté une couche.

— Écoute, faudrait savoir. Tu m'as demandé de t'aider. Arrête de faire ta chochotte. Je te rédige un mémo pour demain matin si tu veux. En tout cas, conseil d'ami : plus de rendez-vous galants tant que tu n'auras pas travaillé la question. Mais, avant tout, débarrasse-toi de cette montre à la con, elle est à vomir.

À sa décharge, je dois dire que, en dépit de son manque total de savoir-vivre, il avait un parfum incroyable, légèrement vanillé, comme ce gâteau à… Tiens-toi, Phoebe ! Il n'est pas question que tu goûtes à ton patron.

*Vendredi 8 avril*

Je suis arrivée au bureau pile-poil à 9 heures, latte macchiato caramel à la main, plissant les yeux pour éviter de me faire agresser par le gilet jaune que Kelly portait ce matin. Le téléphone a sonné à l'instant où je m'asseyais. C'était Frank.

— Bonjour, Phoebe.

— Bonjour.

— À propos d'hier soir, j'aurais besoin d'un retour, ASAP.

Il avait prononcé ASAP comme si c'était vraiment un mot. Je ne pouvais pas laisser passer ça.

— Tu sais sûrement que, ASAP, ça n'est pas vraiment un mot ? Tu es censé dire chacune des lettres. Pas comme…

— Arrête un peu de te la péter et magne-toi. Je te rappelle que tu as un encart pub à refourguer.

Il a raccroché. J'ai ouvert ma boîte mail et répondu à treize messages complètement inutiles avant de réussir à lui envoyer un mail, volontairement aimable et succinct.

**De :** Phoebe Henderson
**Pour :** Frank McCallum
**Sujet :** Débriefing

Frank,
Suite à notre rendez-vous d'hier, tu trouveras ci-dessous quelques conseils utiles, me semble-t-il, à la résolution du problème qui te préoccupe :

1. À moins que tu ne te mettes au rap, laisse tomber le bling-bling, t'as aucune chance.
2. Essaie de comprendre que la plupart des femmes se foutent éperdument de ce que coûtent les choses, et, par là même, de ce qu'elles t'ont coûté.

3. Quand tu sors avec une fille, si tu ne peux vraiment pas t'empêcher de mater le cul des autres meufs, essaie d'être plus subtil, bordel.
4. Quand la femme avec qui tu sors s'exprime, évite de lui couper la parole. Évite aussi de répondre en commençant par « Moi aussi, ça m'est arrivé... », ça n'intéresse personne. Non, ne dis rien, tu sais que j'ai raison.

Quand tu auras bossé tout ça, si tu veux, on retente le coup.

*Samedi 9 avril*

Ce soir, Oliver a appelé, de meilleure humeur heureusement, pour me dire que vendredi soir il avait rendez-vous au *Club Noir* avec Simone, l'une de ses collègues. J'ignorais qu'il aimait les spectacles de strip-tease. D'après lui, même moi, je la trouverais sexy, cette Simone. Ce qui m'amène à mon prochain défi : le sexe à plusieurs, ou, plus précisément, à trois. Mais avant de réfléchir à la façon de m'y prendre, j'ai besoin d'éclaircir un point. Est-ce que je suis prête à coucher avec une femme ? À vrai dire, je n'en sais rien. Il faut que je réfléchisse à la question.

Certes, je suis capable d'apprécier une belle femme et de tomber sous le charme, mais, il faut bien l'admettre, jamais assez pour avoir envie de lui arracher ses vêtements, fantasme que j'ai entretenu à l'égard d'un nombre incalculable, infini, inouï de mecs, qu'il s'agisse de Jack White ou de Eddie Izzard, en passant par les deux présentateurs de *MasterChef*, dont les délices culinaires réussissent toujours à me mettre l'eau à la bouche. Mais je m'égare.

Si je dois me jeter à l'eau, autant que ce soit avec une partenaire que j'ai envie de baiser. Quand j'avais dix-sept ans, je me rappelle avoir embrassé une fille. On était complètement déchirées, et, malheureusement, tout le lycée a fini par le savoir. L'étiquette « lesbienne » m'est restée collée à la peau pendant des années. Cela dit, tout au fond de moi, je trouvais assez cool que l'on me trouve sexuellement ambiguë (il faut dire que j'étais fan absolue de Madonna à l'époque). Ça emmerdait les filles tout en intriguant les mecs. En fait, je suis persuadée que l'orientation sexuelle, ce n'est pas un truc qu'on peut contrôler. Et si je me considère avant tout comme une hétéro, je peux tout à fait concevoir de prendre du plaisir avec une femme. D'ailleurs, si j'étais cent pour cent hétéro, je ne serais même pas capable d'envisager cette possibilité. En même temps, le but de ces défis, c'est de faire des trucs que mon ancien moi refuserait de faire, sans me laisser guider par la peur. Je crois que je me prends trop la tête. Après tout, le cul, c'est juste une histoire de cul, non ?

*Lundi 11 avril*

Frank a profité de la pause-déjeuner pour me convoquer. Sa montre avait disparu. Alléluia !

— Quand pouvons-nous programmer un autre rendez-vous ? C'est assez urgent, vu que, ce week-end, j'ai rencontré une femme, et qu'en plus elle me plaît. Elle s'appelle Vanessa. C'est juste une caissière, mais…

— Nom de Dieu, Frank, tu t'entends parler ? « Juste une caissière ». Tu te prends pour qui ?

Il avait l'air gêné.

— Eh ben, disons qu'elle me plaît vraiment, et que je n'ai pas envie de tout faire foirer. Tu es libre demain soir ?

— Je ne sais pas, je…

— OK, c'est bon pour moi. Tu peux te sauver maintenant.

Quelle galère ! J'aurais dû me faire virer. Je suis sûre que ç'aurait été moins relou. Enfin, je veux bien l'aider à l'emballer, sa Vanessa. Si ensuite il me lâche les baskets, ça peut valoir le coup.

*Mardi 12 avril*

On avait prévu de se retrouver dans un restau indien dont Frank connaissait le patron, qui nous ferait un prix d'ami. Je l'ai retrouvé à sa voiture dans le parking souterrain et je me suis faite toute petite sur mon siège lorsque nous avons quitté le centre-ville.

— Mon Dieu, Phoebe, tu as honte à ce point d'être vue en ma compagnie ?

— Je te l'ai déjà dit, je n'ai pas du tout envie d'être la cible des commérages de tous les collègues. Si quelqu'un nous surprend ensemble, je vais en entendre parler pendant des années.

— Tu sais, je dépose souvent Maureen du service compta chez elle.

— Je n'avais jamais remarqué.

— C'est normal, elle reste allongée sur la banquette arrière jusqu'à ce qu'on rejoigne l'autoroute, a-t-il dit en ricanant.

— Tu viens de faire une blague, je n'y crois pas. Putain, ton cas n'est peut-être pas aussi désespéré que je le pensais ! On arrive dans combien de temps ? J'ai la dalle.

Cinq minutes plus tard, Frank garait la voiture dans une petite rue. Au premier coup d'œil, le restau ne payait pas de mine, mais l'intérieur était chaleureux, accueillant et décoré de tableaux pittoresques d'art contemporain indien. Des odeurs de cumin et de safran m'ont rappelé à quel point j'étais affamée.

— Frank ! Je suis content de te voir, s'est écrié quelqu'un à l'autre bout de la salle.

Un séduisant serveur indien a fait son apparition et est venu serrer Frank dans ses bras. J'hallucinais qu'on puisse être content de voir Frank, et encore plus qu'on ait envie du moindre contact physique avec lui.

Il nous a conduits à notre table, sur laquelle nous attendait une bouteille de vin.

— Je vous envoie quelqu'un pour passer commande dans une minute. Bon appétit !

Frank a servi le vin, en commençant par mon verre. Visiblement, il avait bossé.

À mon grand étonnement, j'ai dîné en compagnie d'une version détendue et déblingblinguisée de Frank, capable de plaisanter, de me faire des compliments sur mes yeux verts sans être trop ringard, et même d'aller me chercher de l'eau pour soulager les effets du curry. Après le repas, je lui ai demandé comment il avait réussi à se montrer aussi humain.

— Lorsque l'on souligne aussi brutalement vos faiblesses, il est difficile de faire la sourde oreille, Phoebe. J'en ai marre d'être seul, c'est aussi simple que cela. La vulnérabilité, ça n'est pas naturel chez moi, mais je bosse dessus.

— Ne t'en fais pas, ça va bien se passer !

Et, pour la première fois en trois ans, je lui ai souri. J'aurais dû me méfier.

*Mercredi 13 avril*

Aujourd'hui, je suis sortie du boulot à 17 h 30 et, après avoir poireauté sous la pluie à attendre un taxi, je suis allée directement chez Oliver. Il pleuvait des cordes et j'avais les pieds en compote. En fait, bien plus que de le voir, je n'avais qu'une hâte, me débarrasser de mes chaussures et m'affaler devant sa cheminée.

Oliver a ouvert la porte à une créature aquatique ruisselante, bouteille de vin dans une main et chaussures dans l'autre. Une demi-heure plus tard, douchée et bien au chaud dans son peignoir moelleux, j'étais allongée devant sa cheminée en écoutant Regina Spektor. Je veux épouser son appart.

Un vrai cliché conjugal. Oliver était assis en face de moi sur le canapé en cuir marron, lisant le journal et sirotant un verre de vin rouge.

— Tu te sens bien ? a-t-il demandé en me jetant un coup d'œil.

— C'est le bonheur. Ne t'étonne pas si je me mets à ronronner.

Il a posé son journal.

— Arrête, tu m'excites. Ces défis te vont à ravir. T'es vraiment bandante en ce moment.

— C'est juste que tu ne t'en étais jamais rendu compte.

— Ouais, ça doit être ça. Et sinon, la prochaine étape sur ta liste, c'est quoi ?

Quand il s'est de nouveau affalé sur le canapé, son tee-shirt s'est légèrement relevé, révélant un ventre délicieusement plat.

— T'es d'attaque pour une partie à trois ?

Il a acquiescé silencieusement, yeux fermés. Ce type est tellement cool que j'ai parfois envie de lui pincer les joues histoire de vérifier qu'il est bien réel.

— T'as déjà baisé à trois ?

Nouveau signe de tête.

— Ben, vas-y, raconte ! C'était comment ? Ça t'a plu ?

Il a avalé une gorgée de vin.

— Ouais, pas mal. Un peu décevant, en fait. J'avais l'impression d'attendre mon tour. À moins que tout le monde ne soit à fond, ça ne vaut pas vraiment le coup. Même si, au final, je me suis tapé deux nanas.

— Une seconde, je ne te suis plus, là. Si ce n'était pas aussi génial que ça, pourquoi tu veux remettre ça avec moi ?

— T'es sourde ou quoi ? C'est l'occase de se taper deux meufs d'un seul coup.

Admettons.

Oliver veut bien se pencher sur l'affaire et se mettre en quête d'une éventuelle partenaire.

*Mardi 15 avril*

Il m'a appelée, avant même que je n'aie pu étudier plus en détail la question du trio.

— Phoebs ! Tu te souviens de Simone ? Ma collègue ? Elle est partante. Pour notre petite triplette. Ça te dit toujours ?

— Hein ? Oui ? Non ! Il est 1 heure du mat, là, je suis couchée. Et j'ai une choucroute à la place des cheveux.

— Ne t'habille pas, surtout. On débarque d'ici une demi-heure.

— Quoi ? Maintenant…

Il avait déjà raccroché.

Quand je disais qu'il était cool. Il va dans un club de strip et réussit je ne sais comment à convaincre la nana avec qui il sort de goûter aux joies du triolisme. Comme ça, juste en claquant des doigts. Eh merde ! J'avais envie de le tuer. Ce que j'ai d'ailleurs imaginé tout en prenant une douche, me brossant les dents, camouflant mon pyjama après l'avoir échangé contre des dessous sexy. À quoi il joue, bordel ? Et cette greluche, c'est qui au juste ? Il n'a pas intérêt à me ramener un thon, sinon je les fous tous les deux à la porte. Mais non, il ne ferait jamais ça. Elle est sûrement à tomber, et je vais me retrouver à tenir la chandelle. Pourquoi j'ai dit oui ? Je ne sais même pas encore comment me positionner dans cette histoire de filles. Mais, apparemment, on a décidé à ma place. Sans même que j'aie le droit de jeter un œil à la marchandise.

Une heure plus tard, la sonnette retentissait, et Oliver était à la porte avec Simone, tout fiers d'eux et passablement éméchés après leur soirée effeuillage. Il portait costume et cravate, et elle une robe crayon et des chaussures rouges hallucinantes que je lui aurais bien piquées.

Heureusement, il n'avait pas choisi un boudin. Elle avait les cheveux blonds, tout riquiquis comparés aux miens, comme ceux d'une petite poupée. Il la tenait par la taille, lui reniflant déjà le cou, et moi, j'étais plantée devant eux, me demandant ce que je foutais là. Les minutes qui ont suivi ont été pour le moins embarrassantes. Je crois même qu'à un moment je leur ai proposé une tasse de thé. Cela dit, une fois dans la chambre, les premiers baisers échangés ont eu tôt fait de légitimer nos silences. J'avais du mal à reconnaître Oliver. Face à Simone, il semblait sûr de lui, voire dominateur, et elle entrait dans son jeu, obéissant à chacun de ses ordres. Je me sentais mal à l'aise, mais il a bien fallu que je m'adapte. À Rome...

Avec Oliver, on s'est embrassés. Puis il a embrassé Simone, avant de m'inviter d'un ton ferme à l'embrasser à mon tour. Ce que j'ai fait. Ce fut un baiser agréable, plus qu'agréable, même. Après, tout est un peu flou dans mon esprit. Je me souviens de caresses et d'autres baisers, de mains en veux-tu en voilà, et de milliers de doutes envahissant mon esprit. Peut-être qu'ils auraient préféré être seuls. Il la trouve sûrement plus sexy que moi. J'aurais dû penser à l'épilation intégrale. Mais, une fois tous à poil, j'ai vite oublié mes angoisses et commencé même à éprouver un certain plaisir. Finalement, les filles, c'était peut-être mon truc ? Peut-être était-ce un nouveau départ ? Cela dit, lorsque j'ai dû lui bouffer le minou, un « NON » tonitruant et majestueux a résonné en moi.

J'ai adoré l'embrasser, et toucher son corps fut une expérience incroyable... mais dès qu'il a fallu descendre au lac, j'ai senti que quelque chose n'allait pas. C'est difficile à expliquer, mais je n'y ai pris aucun plaisir. J'avais l'impression d'être une ado un peu godiche qui voit un vagin pour la première fois de sa vie et n'a jamais eu de mode d'emploi. En y repensant, je trouve ça bizarre. Après tout, un vagin, j'en ai un depuis longtemps, et j'en connais les moindres recoins sensibles. Mais, face à celui d'une autre, j'étais complètement à la ramasse.

Heureusement, Oliver, bon prince, est venu à ma rescousse et m'a embrassée pendant qu'il la besognait. À la fin, je suis allée enfiler quelques vêtements et m'asseoir dans le salon en attendant qu'ils s'habillent à leur tour. Lorsqu'ils m'ont rejointe peu après, ils m'ont remerciée pour ce bon moment et ont appelé un taxi pour finir la nuit chez Oliver. Et je suis restée plantée là, le visage enfoui dans mes mains, recroquevillée sur le canapé. Un nouveau défi à rayer sur ma liste, donc. Verdict ? Totalement flippant et déstabilisant. Je comprends pourquoi Oliver disait avoir été déçu par sa première expérience. Je me suis sentie à côté de la plaque, maladroite et complètement nunuche. Alors, à moins que je ne mette rapidement la main sur *Le Cunnilingus pour les nuls*, on ne m'y reprendra pas de sitôt. J'imagine que, à trois, c'est inévitable, il y en a toujours un qui se sent exclu. Et ce soir, c'était moi. Peut-être qu'avec deux mecs, ça serait plus facile.

*Samedi 16 avril*

La sonnerie du téléphone m'a tirée de mon sommeil, et, pendant une seconde, j'ai cru que c'était Oliver qui m'appelait pour m'annoncer qu'il revenait avec Simone pour un deuxième round. Heureusement, c'était Paul, qui voulait inviter une Phoebe complètement éreintée à passer la soirée chez lui.

— C'est rien du tout, un tout petit truc pour mon anniversaire, entre potes, je voulais aussi profiter de l'occase pour vous présenter Dan, mon nouveau chéri. Il vient spécialement de New York, et j'aimerais bien le garder un peu, alors sois sympa, s'il te plaît !

— Je suis toujours sympa ! C'est à Lucy que tu devrais faire ces recommandations !

— T'inquiète, je ne me suis pas gêné pour la prévenir. Je devrais plutôt dire menacer, d'ailleurs. Hazel ne peut pas venir, et Oliver est pris, mais ça va être cool! Enfin, bref, faut que je m'active, alors, on dit à 20 heures?

À 18 heures, je suis sortie pour acheter un truc à grignoter pour la soirée. Je sais bien que le pain à l'ail, ce n'est pas l'idéal, mais, en même temps, depuis que Paul a fait son *coming out*, les seuls mecs qu'il me présente sont gays (sans compter celui qu'il appelle « Tête d'œuf »), alors je n'avais rien à craindre : je n'aurais pas l'occasion de jouer de la langue.

Le nouvel appart de Paul est typique du célibataire métrosexuel, situé en plein centre-ville, gigantesque, hyper moderne et plus que sobre, en dehors de l'immense litho de Dalí accrochée sur l'un des murs. Les conversations allaient bon train, et j'avais du mal à entendre *The Immaculate Collection* de Madonna sur la station iPod. Très bon choix, au demeurant.

J'ai embrassé Paul sur la joue, gênée par mon haleine chargée, espérant que l'alcool ferait disparaître ce goût aillé et que je pourrais discuter sans rester à trois mètres de mon interlocuteur.

Lucy était déjà là et faisait circuler une assiette d'amuse-gueule aux formes bizarroïdes.

— Je voulais faire des boulettes aux épinards, mais ça a un peu foiré.

J'ai hoché la tête en signe de confirmation et suis allée rejoindre Paul pour éviter d'avoir à les goûter.

— J'aurais dû prévoir plus de chaises. Je ne supporte pas de voir les gens tenir les murs.

— Et d'ailleurs, c'est qui tout ce peuple? Je ne connais presque personne!

— Oh, juste quelques collègues et leurs conjoints. Je ne m'attendais pas à ce qu'il y ait autant de monde! On risque de manquer de carburant.

— Mais dis-moi... Où est-ce qu'il est ce fameux chéri? Il faut que tu me présentes!

— Tu vois le type près de la fenêtre? Celui qui discute avec le jeune éphèbe? C'est lui.

Et là, à côté du nouveau mec de Paul, je découvrais Richard. Je me suis retournée aussi sec, en mode tigresse.

— Qu'est-ce qu'il fout là, celui-là ?

— Quoi ? Je te rappelle que cette soirée est en l'honneur de Dan, c'est un peu normal qu'il soit là ! Alors, qu'est-ce que t'en dis ? Top canon, hein ? Et son cul, c'est…

— Mais non, Richard. Le type à qui il parle. Le jeune éphèbe, Richard. J'ai couché avec lui, et depuis je l'évite comme la peste. C'est carrément gênant.

Un plateau de boulettes aux épinards est soudain venu s'intercaler entre nous deux.

— Désolé, Phoebe, il est venu avec Sam. Mais t'inquiète, ils ne restent pas. Contente-toi de sourire, il va disparaître en un rien de temps.

Un rien de temps qui m'a semblé une éternité. Il était toujours là quand Sam est parti, et il ne s'est absolument pas laissé oublier. Il m'a collée toute la soirée en me disant qu'il n'arrêtait pas de penser à moi et qu'il n'avait jamais rencontré une femme comme moi. Putain, c'est quoi, ce délire ?

— C'est quoi, ton problème ? l'ai-je agressé, alors qu'il tentait de me suivre aux toilettes.

Il s'est répandu.

— Je n'arrête pas de penser à toi. Ton corps, ton odeur, je me repasse tout en boucle en permanence et…

— Écoute, Richard, ai-je répliqué d'un ton cassant, ça ne m'intéresse pas. Je te trouve charmant, mais tu es trop jeune pour moi. On s'est bien amusés. Restons-en là, OK ?

— Mais moi, j'ai envie de te revoir, tu m'entends ! a-t-il hurlé.

Merde, voilà qu'il me faisait un caprice ! On aurait dit le Nain Tracassin.

Lucy a réussi à le convaincre de rentrer chez lui, et je me suis sentie comme une merde tout le reste de la soirée. Au bout du compte, et sans le vouloir, on peut dire que je m'étais servie de lui. Pour moi, c'était une histoire sans lendemain, et je pensais que c'était la même chose pour lui.

Je ne me suis jamais sentie aussi conne.

*Dimanche 17 avril*

Lucy a annulé notre rendez-vous de midi pour retrouver Sam. Du coup, j'ai décidé de ne pas sortir et de passer l'après-midi au lit à comater et à faire joujou avec mes sex-toys. Je commençais à me prendre au jeu, quand tout à coup, bingo… une envie irrépressible de faire pipi. Du coup, j'ai insisté et redoublé d'intensité jusqu'à atteindre l'orgasme en lançant un vibrant : « Nous sommes des Spartiates ! », hommage non assumé à Gerard Butler, sur lequel j'étais en train de fantasmer. Hallucinant. Mon vibro dégoulinait et mes draps étaient inondés.

J'ai éjaculé ! Hip hip hip ! Je suis la reine du X ! Enfin, pas tout à fait. Je suis toujours en bons termes avec ma famille et je suis contre le blanchiment anal. J'ai aussi eu l'impression de subir une attaque narcoleptique, et je me suis retrouvée au royaume des taupes en deux temps trois mouvements, sans avoir le temps de changer les draps. Mission accomplie haut la main. Franchement, je mérite une médaille… On peut dire que je n'aurai pas ménagé ma peine.

J'aurais juste dû éviter d'envoyer un texto de victoire à Oliver. Dix-sept minutes plus tard, exactement, il débarquait. Je n'avais même pas eu le temps de m'habiller. Il s'est jeté sur moi, me susurrant un « Étudions un peu la question » romantique à souhait.

Et même si mon pubis garde un souvenir douloureux de sa première tentative, je dois reconnaître qu'il est devenu expert en la matière. Je le revois bloquer sur mes draps, totalement incrédule.

Il est parti vers minuit, sourire aux lèvres. J'ai fourré les draps dans la machine à laver et me suis endormie sur le canapé. Putain, ça fout un de ces bordels !

*Mercredi 20 avril*

Je me suis réveillée à 7 heures ce matin en découvrant huit appels manqués et un texto. Tous de Richard.

T'es qu'une salope sans cœur, je veux plus jamé te revoir

« Jamé ? » *Grr.* Et la cerise sur le gâteau, ç'a été un mail d'Alex au beau milieu de ma journée de travail. Cet enfoiré d'Alex ! J'ai lu son mail en retenant mon souffle, paraît que ça permet d'émettre un champ de force qui protège contre les mails émotionnellement nuisibles.

**De :** Alex Anderson
**Pour :** Phoebe Henderson
**Sujet :** Salut

Phoebe,
Depuis qu'on s'est croisés, je pense tout le temps à toi. Je regrette ce qui s'est passé et me sens coupable au sujet de notre rupture. Est-ce qu'on pourrait se voir pour prendre un café ? Ou manger des sushis ?

Biz A

Et il m'embrasse en plus. J'hallucine ! Je n'ai pas encore répondu. Je ne suis pas sûre que le dispositif de filtrage de ma boîte mail puisse supporter le flot d'injures auquel j'ai pensé.

*Jeudi 21 avril*

Lucy et Sam ont rompu parce qu'il pense, et elle n'est pas d'accord, que je suis une vraie connasse. En tout cas, c'est comme ça qu'elle me l'a expliqué. Apparemment, Richard s'est imaginé qu'il y avait un truc vraiment spécial entre nous, et il raconte à tout le monde que je l'ai jeté comme une merde et que jamais il ne ressentira la même chose pour une autre. « Jamé, jamé, jamé. » J'ai le chic pour tomber sur ce genre de types. Pour mon prochain plan cul, aucun sentiment, faut que je fasse gaffe.

Frank a rencard demain soir avec Vanessa, la caissière. Il l'emmène dans un restau de fruits de mer assez prétentieux près de la Clyde, à la carte apparemment des plus excitantes. Je l'ai coaché pendant la pause-déjeuner, histoire qu'il soit au taquet.

— OK, Frank, je te propose de revenir sur quelques scénarios possibles. Si elle te fait des compliments sur ta tenue…

— Je la remercie et ne parle surtout pas de prix.

— Très bien. Évite aussi de la complimenter tout de suite après. Elle pourrait douter de ta sincérité. Ensuite, si la serveuse est le sosie de Cameron Diaz, tu…

— En profites. Oh, arrête de me fusiller du regard, je plaisantais. Surtout, je ne la reluque pas et je me concentre exclusivement sur Vanessa.

— Bien. Y compris lorsque Vanessa décidera d'aller aux toilettes. N'en profite pas pour baver sur la serveuse. Le respect avant tout.

— Autre chose ?

— Oui, porte du bleu. Ça te met en valeur.

— Ah bon, tu trouves ?

Il a rougi.

— Je pensais que t'allais encore me casser. Du bleu, alors ? C'est noté.

*Vendredi 22 avril*

C'est le week-end de Pâques, je ne bosse pas jusqu'à mardi. Ça tombe à pic, j'ai mes règles et mes hormones me rendent hystérique. J'ai envie de rire, de pleurer et de casser la gueule à quelqu'un en même temps. Mais, surtout, j'ai envie de faire l'amour. Oliver dit qu'il se fiche que j'aie mes règles ou non, mais, cette fois, c'est moi qui recule. Je me sens aussi sexy qu'une patate. Et en plus, je bourgeonne. Un spot énorme est apparu sur mon visage. Alors ça fait un peu beaucoup. Vaut mieux que je reste cloîtrée chez moi. Ce soir, Frank a rencard avec sa caissière. Je suis à peu près sûre qu'il va tout faire foirer. Ça ne m'étonnerait pas. Je parie qu'il va s'empresser d'oublier mes conseils et de bavasser sur ce que lui a coûté de vendre son âme au diable. Je me demande bien pourquoi je suis en train de penser à lui alors que je ne suis même pas au boulot. Faut vraiment que je fasse gaffe.

*Mardi 26 avril*

J'ai coincé Frank après la réunion du matin, impatiente de savoir comment s'était passé son rendez-vous. Je voulais prendre un malin plaisir à lui expliquer où il avait foiré, cela va sans dire.

Il avait l'air tout timide.

— Je crois que je m'en suis bien sorti. Le repas était génial, et je me suis comporté en parfait gentleman.

— Tu as évité les allusions graveleuses avec le personnel ?

— Oui, sans problème. Sean, le serveur, n'était pas du tout mon genre.

— Ah. OK, bien. Et maintenant ?

— Ben, Vanessa a accepté de me revoir. C'est bon signe. Au fait, elle n'est pas du tout caissière. C'est elle la boss, mais elle ne rechigne pas à se salir les mains. Même si, bien sûr, ce n'est pas ce qui compte.

— Alors pourquoi tu fais la gueule ?

Je me suis assise sur son bureau.

— Tu n'as pas eu droit à ton petit baiser d'adieu ? C'est ça ?

— Si, si, nous nous sommes embrassés. Et c'était agréable.

— Alors ?

Il s'est absorbé quelques instants dans la contemplation du mur sans rien dire.

— Depuis combien de temps ce tableau est-il à l'envers ?

J'ai joué l'innocente.

— Ah bon ? Je n'avais rien remarqué. Réponds à ma question.

— C'est assez délicat, tu vois. Disons que ça fait un bout de temps que je suis célibataire, alors je stresse un peu. Surtout ne te fous pas de ma gueule, sinon je te tue.

— Ha, ha… OK. J'ai un peu peur de ce qui va suivre. Ne me dis pas que tu veux des conseils sexuels ? Si c'est ça, tu peux toujours courir.

— Oh, allez, Phoebe ! Juste un ou deux tuyaux, rien de plus. Après ce que j'ai entendu l'autre jour, à mon avis, tu as des tas de trucs à m'apprendre.

— Ne pousse pas le bouchon trop loin, Frank. Je me sens suffisamment foireuse comme ça.

Son petit air de chien battu a fini par me faire craquer.

— OK, je vais réfléchir à la question, mais après tu te débrouilles tout seul.

— Marché conclu.

Purée, cette odyssée sexuelle, c'est moi qui suis censée la faire, pas lui.

*Mercredi 27 avril*

— On dirait que tu passes ton temps avec Frank, en ce moment.

C'est ce que m'a dit Oliver lorsque je l'ai rejoint chez lui ce soir.

— C'est la dernière fois, il me l'a juré. Je ne lui ai pas laissé le choix.

— Très bien. Je n'ai aucune envie de te partager.

Il s'est mis à paniquer avant de finir sa phrase.

— Enfin, je suis hyper possessif, tu me connais. On n'a pas de comptes à se rendre, nous deux.

— J'en étais sûre. En fait, inconsciemment, tu es amoureux de moi, et ça te rend malade de jalousie.

J'étais morte de rire.

Le rire d'Oliver, en revanche, était un peu forcé. J'espère que je ne le soûle pas trop.

*Jeudi 28 avril*

Aujourd'hui, en l'honneur du mariage du Prince William et de Kate Middleton, tout le pays a eu droit à un jour férié. Je pensais que tout le monde s'en fichait et allait, tout comme moi, passer la journée à dormir, mais Lucy et Hazel ont débarqué à 11 heures ce matin, avec une bouteille de calva et des petits hors-d'œuvre. Difficile de résister. Lucy portait un diadème, et moi, j'étais encore en petite culotte.

Elle m'a collé la bouteille entre les mains.

— On a décidé d'assister au mariage chez toi. C'est toi qui as le meilleur écran.

Elles se sont précipitées dans le salon sans me calculer.

— Sérieux ? Vous aimez ce genre de conneries ?

Hazel était déjà sur BBC One.

— À fond, t'imagines ? Un vrai prince et une vraie princesse !

— Moi, c'est juste les tenues qui m'intéressent, a dit Lucy en s'affalant sur le canapé. Ça va déchirer, tous ces chapeaux ridicules et ces leggings minceur sous des robes haute couture.

— Bon, ben… faites comme chez vous, ai-je dit, en secouant la tête. Je vais prendre une douche et faire un peu de ménage en attendant que vous partiez et que je puisse retourner sous la couette.

Tout en remettant un peu d'ordre dans l'appart, je jetais un œil distrait à l'écran chaque fois que Lucy hurlait de rire en voyant un chapeau débile. Mon détachement a fondu comme neige au soleil dès que la cérémonie de mariage a commencé. Vaincue, je me suis affalée entre Lucy et Hazel, éblouie par la splendeur absolue de l'événement. Au baiser sur le balcon, j'avais déjà descendu deux verres de calva, et je sanglotais bruyamment dans mon mouchoir.

— Ça y est, elle est devenue princesse pour de vrai. Moi aussi, je voudrais être une princesse.

Hazel a éclaté de rire.

— Tu n'es pas à une contradiction près, toi. En même temps, c'est vrai qu'elle était magnifique. Ça doit être bizarre de se retrouver surexposée comme ça.

Lucy était d'accord.

— C'est clair ! Mets-toi à sa place. En une seconde, tu passes des soirées étudiantes arrosées à un mariage retransmis en direct sur toute la planète. Si elle a le malheur de rajuster son string, elle va se retrouver à la une des tabloïds. Je trouve ça insupportable.

J'ai pris le diadème de Lucy et l'ai posé sur ma tête.

— Moi, ce que je ne supporte pas, c'est qu'on me montre un truc que je ne vivrai jamais. Ça me déprime. Comme dans cette vidéo sur YouTube où une lionne fait un câlin au type qui vient de la sauver. Jamais je ne sauverai des lions, moi. L'idée d'une vie insignifiante pour l'éternité, c'est ça que je trouve insupportable.

Lucy a hoché la tête en croquant dans un petit-four.

— Je vois tout à fait ce que tu veux dire. Quand Obama a prêté serment, ça m'a foutu un coup au moral : je savais que j'avais grillé toutes mes chances d'être le premier Président noir des États-Unis !

— Va te faire foutre ! Je ne déconne pas.

Hazel, arrêtant de rire, est intervenue.

— Toutes les femmes fantasment sur la liste que tu as créée. Mais toi, tu ne te contentes pas d'en parler. Peut-être que tu n'es pas une princesse, mais je peux te dire que tu nous inspires.

J'ai levé mon verre.

— Ouais, c'est clair. Je trinque à la grande émancipatrice des culs !

Lucy et Hazel sont finalement parties vers 21 heures, et je me suis écroulée de sommeil sur mon lit, le diadème de Lucy sur la tête.

# Mai

*Dimanche 1er mai*

Onze heures. Je me demande si je ne devrais pas accepter la proposition d'Alex. Peut-être que ça m'aiderait à avancer. La liste m'a prouvé que je n'avais absolument pas peur de changer, de prendre mon destin en main et de mener ma barque comme je l'entendais. Ça pourrait me servir de test pour voir où j'en suis. Et puis, des sushis, c'est difficile à refuser.

Non. C'est ridicule, des sushis, j'ai pas besoin de lui pour en manger, qu'il aille se faire voir ! Aucun maki ne mérite qu'on se prenne autant la tête. Quelque part, je me demande s'il éprouve encore quelque chose pour moi, même si ma raison me dit que c'est encore l'un de ses petits manèges. En tout cas, peu importent ses motivations, ça me prouve juste qu'il n'est pas aussi heureux que je l'avais imaginé. Après tout, peut-être qu'il ne passe pas son temps à sauter de joie et à me débiner auprès de sa pouffe, soulagé et ravi de ne plus avoir à me supporter ou s'empressant de lui dire qu'elle est incomparable parce qu'avec elle, au moins, il réussit à exprimer ses émotions. Je parie qu'elle ne sait même pas qu'il m'envoie des mails. Il ne partage donc pas tout avec elle. Je dois avouer que ça m'intrigue.

21 heures. Après avoir réfléchi à la question une fois couchée, j'ai décidé de refuser de le voir, c'est mon dernier mot. Enfin… Si, c'est mon dernier mot. De toute façon, ça ne servirait à rien, même si je rêve de le voir se consumer de désir

pour moi et me supplier à genoux de lui pardonner. Ça finirait comme d'habitude par un concours d'insultes qui ne rimerait à rien. Avec ses discours assommants, je suis sûre que je ne pourrais pas en placer une et que je perdrais mon sang-froid, voire que je péterais un câble en l'abreuvant d'injures. La meilleure chose à faire, c'est de l'ignorer. Pam Potter pense que j'ai du mal à me contrôler quand je suis avec lui, et qu'il m'a tellement manipulée que je suis incapable de ne pas sortir de mes gonds en sa présence. Elle s'imagine qu'elle va réussir à me convaincre de me tenir devant elle tout en me frappant le front et en me répétant que je suis quelqu'un de bien. Mais je crois que ce n'est pas près d'arriver. Je n'en peux plus de cette colère chaque fois que je le vois. Du coup, je me dis que la seule réponse rationnelle, c'est de ne pas le voir. Même si ça serait l'occasion de me faire plaisir en lui éclatant la tronche.

*Lundi 2 mai*

Une petite partie de jambes en l'air pour fêter un jour férié, ça me tentait assez. C'est pour ça que j'ai essayé de convaincre Oliver de passer ce soir après son entraînement de foot. J'avais besoin de m'enivrer de son odeur de mâle et d'étreindre ses cuisses à pleines mains. Manque de bol, une fois de plus, il a préféré sortir avec la fameuse Simone. Quel égoïste. Il m'a appelée lorsqu'il s'apprêtait à la rejoindre.

— Je viens de me souvenir d'un truc hyper important. Dans un mois, c'est mon anniversaire. Qu'est-ce que tu vas m'offrir ?

— Tu t'apprêtes à retrouver Simon et…

— Simone.

— Peu importe. Et tout ce que t'as en tête, c'est ton anniversaire ? Je la plains. Que dirais-tu d'un tee-shirt « I ❤ Simone » et d'un pantalon assorti ?

— Je n'ai pas envie que tu m'offres des vêtements. T'es pas ma mère.

— De toute façon, Oliver, vu le nombre de fois où on s'envoie en l'air, ton anniversaire, c'est un peu tous les mois, en ce moment, non ?

— C'est vite dit. À moins que tu ne penses qu'inonder mes draps, ce soit la fête. Ce n'est pas toi qui te tapes la lessive.

— Arrête de geindre. On se voit demain pour notre prochain jeu de rôles ?

— Ouais, cool. C'est demain que tu fais la pute ! Je pourrai t'appeler par un autre prénom ? Un truc du genre Katina ? Ou Vulva ?

— Si ça peut te faire plaisir…

Du coup, je me suis traînée jusqu'à chez Lucy, et on a commandé chez l'indien, avant de s'enfiler deux bouteilles de vin. À 22 heures, j'étais à plat ventre sur son canapé, pantalon déboutonné, transpirant comme une bête à cause des épices qu'il y avait dans les *nans*. Lucy, elle, était allongée sur le sol et finissait les popadums.

— Tu crèches ici ce soir ? Il me reste du vin.

— Non, j'ai badigeonné mon pantalon de korma, il faut que je repasse chez moi.

— Je peux t'en prêter un.

— Tu fais du 38. Ça fait bien longtemps que je ne fais plus cette taille ; depuis le lycée, au moins. À l'époque, j'avais le ventre plat et mes cuisses ne se touchaient pas encore. Si je continue, je ne verrai bientôt plus mes pieds.

— T'as laissé un fute noir y a des mois de ça. Et arrête de dire n'importe quoi. Tu es magnifique. Pulpeuse. Christina Hendricks n'a qu'à bien se tenir. Et c'est une vraie déesse.

— Toi, t'es complètement bourrée. Mais je suis d'accord, c'est vrai qu'on se ressemble comme deux gouttes d'eau. D'ailleurs, je trouve ça assez flippant. Tu sais quoi ? Je veux bien rester pour picoler encore un peu, mais seulement si tu sors ton coffret *Mad Men*.

— Marché conclu.

On a maté *Mad Men* jusqu'à 3 heures du mat, avant que les ronflements de Lucy me forcent à battre en retraite dans la chambre d'amis.

*Mardi 3 mai*

On est parties au boulot ensemble ce matin, ce qui, bien sûr, veut dire que j'étais en retard, et affublée du pantalon noir de soirée que j'avais laissé chez elle il y a plus d'un an après une soirée arrosée aux *Arches*. La grande classe. En milieu d'après-midi, je me suis souvenue du jeu de rôles prévu ce soir, et j'ai prétexté un rendez-vous à l'hôpital pour partir plus tôt. Oliver m'avait envoyé une photo du genre de look qu'il voulait me voir adopter, plus proche de la porn-star que de la pute de quartier. C'était l'image d'une femme aux cheveux bruns, lourdement maquillée, et portant une minijupe, des bas, des porte-jarretelles, ainsi que des talons ridiculement hauts, pareils à ceux que j'avais achetés l'an dernier lors d'une phase d'optimisme aiguë, et que je n'ai jamais portés parce qu'ils me tuaient les pieds. Je suis rentrée à la maison, j'ai pris une douche, je me suis épilé les jambes et brushé les cheveux. Ensuite, j'ai passé vingt-cinq minutes à appliquer mon eye-liner, couches sur couches de mascara, et un rouge à lèvres rouge vif. J'ai enfilé une minijupe noire ultra-moulante et tenté d'imiter au mieux l'image recherchée en choisissant des dessous rouges, des jarretelles et des bas résille noirs. Talons à la main, j'ai foncé jusqu'à ma voiture, en espérant que personne ne me voie ou que je ne me fasse pas embarquer au poste. Les tonnes de mascara formaient de petits paquets sur mes cils, et je ne voyais pas grand-chose. J'avais l'impression de ressembler à un déchet d'Halloween, mais je dois avouer que je me suis vite glissée dans la peau du personnage, totalement excitée par ce qu'Oliver avait pu prévoir. En montant l'escalier qui conduit à son appart, j'ai enfilé mes talons ridicules, et j'ai sonné à sa porte. Elle s'est ouverte sur un Oliver en peignoir, et, l'espace d'un bref instant, j'ai cru qu'il avait zappé notre soirée. Un rapide coup d'œil à son entrejambe me prouva cependant que je tombais à pic. Je suis passée devant lui, clopin-clopant, et j'ai balancé mes clefs dans l'une de ses chaussures en voulant les jeter négligemment sur la petite table du hall d'entrée. Nullement découragée par cette entrée en scène maladroite, je me suis retournée en chuchotant d'une voix incroyablement rauque que j'ai à peine reconnue.

— Alors, tu veux quoi ?

Il est allé dans le salon, a laissé glisser son peignoir et m'a demandé de me mettre à genoux. J'ai enlevé mon manteau, réussi tant bien que mal à rejoindre le salon, et je me suis docilement laissée tomber à ses pieds. J'étais en train de lui tailler la pipe du siècle lorsqu'il a pris mon visage entre ses mains, me forçant à le regarder.

— C'est combien pour une sodomie ?

J'ai pris sur moi pour ne pas hurler : « Un million de dollars ! », et je me suis contentée de hocher la tête de gauche à droite, tétanisée d'horreur à la pensée que je ne me souvenais absolument pas de mon dernier passage aux toilettes. Ça m'a coupé les jambes, et j'étais décidée à me transpercer le cœur à coups de talon aiguille si les choses tournaient mal.

Remarquant mon trouble, Oliver m'a rassurée en chuchotant :

— T'inquiète, si ça chie, ça chie. On verra bien…

Il s'est mis à me besogner par-derrière, et, pour la première fois, je n'éprouvai qu'un plaisir mitigé, que je ponctuais du « sale pute » de circonstance, histoire de me motiver.

J'ai tourné la tête pour croiser son regard.

— T'es déçu ?

Il a haussé les épaules et stoppé net son va-et-vient.

— Oui. Et pas qu'un peu. J'avais imaginé ça tout autrement.

— C'est à cause de moi ? C'est parce que j'ai l'air ridicule ?

— Non, t'es super sexy. C'est juste que, dans ma tête, c'était bien plus sordide et sans aucun sentiment. Mais, quand on se tape sa meilleure pote, c'est mission impossible.

— Sentiment ? Depuis quand tu as des sentiments ?

— Ma langue a fourché, je voulais dire sans aucun désagrément. C'est à cause des draps, ils sont trop rêches.

Il s'est rapproché du bord du lit et a allumé une cigarette.

— Hallucinant, non ? Jamais je n'aurais pensé qu'on parlerait chiffons !

J'ai tiré une latte sur sa clope et je lui ai ébouriffé les cheveux.

— Tu pensais te la jouer film porno, c'est ça ? T'inquiète. De toute façon, je suis naze en pute. Mais tu vas quand même me payer, dis-moi ?

— Pas avant d'avoir joui dans ton cul.

Il a insisté pour que je reste dormir chez lui, et j'ai dit oui. On a passé la nuit à discuter et à se faire des câlins, sans baiser une seule fois. On peut dire que ce deuxième jeu de rôles est un véritable fiasco. N'empêche que j'ai eu droit à un petit déj au lit, et, même s'il a fait brûler mes toasts, c'est l'intention qui compte.

*Mercredi 4 mai*

À ne vivre que pour le cul, on en oublie l'essentiel. En l'occurrence, mon poisson rouge, que j'ai découvert, en rentrant de chez Oliver, flottant misérablement dans son bocal verdâtre et nauséabond. Je l'ai balancé dans les toilettes, en même temps que l'araignée que je venais d'écraser. Je suis en train de devenir une vraie serial-killeuse. Pas étonnant que Hazel ne me demande jamais de faire du baby-sitting.

*Jeudi 5 mai*

Aujourd'hui, je ne suis pas allée bosser. J'ai passé la moitié de la matinée à changer les meubles de place dans le salon, pour finalement décider que c'était mieux avant. Cet après-midi, je suis allée faire des courses. J'ai acheté de la *junk food*, des pommes rouges, des sous-verre en forme de pâquerettes et deux flacons d'après-shampoing de luxe à moitié prix, qui sont allés compléter mon impressionnante collection.

À 16 h 30, j'avais rendez-vous avec Pam, enfin rentrée de vacances. Elle m'a accueillie à la porte, toute bronzée et en mode *cowgirl* dans sa chemise à carreaux et son jean.

— Les vacances se sont bien passées ? ai-je demandé poliment.

— Très bien, merci. Asseyez-vous, Phoebe.

J'ai pris place sur le fauteuil mauve habituel et posé mon sac à mes pieds.

— Alors, comment vous sentez-vous ? Y a-t-il une question particulière que vous souhaiteriez aborder aujourd'hui ?

— Mon patron, Frank.

— Vous avez des soucis professionnels ? a-t-elle demandé.

Elle avait l'air surprise que, pour une fois, je ne parle pas d'Alex.

— Non. Enfin, je ne sais pas. En gros, il m'a surprise dans une situation compromettante, et nous avons trouvé un arrangement pour que je puisse garder mon boulot.

— Souhaitez-vous me parler de cet arrangement ?

Putain, surtout pas. Je me sens déjà assez humiliée comme ça. Je suis donc restée dans le vague.

— Je l'aide en quelque sorte à y voir plus clair dans sa vie personnelle. C'est stupide, vraiment, mais je me sens… comment dire… Toute cette histoire me perturbe encore.

Elle a refermé son cahier.

— Je vois. Dites-moi, Phoebe, si je comprends bien, c'est lui qui a posé les conditions de cet arrangement, et vous avez accepté sans rien dire ?

— Ben, oui.

Merde, on ne peut rien lui cacher.

— Et vous craignez qu'il ne se serve de son pouvoir pour vous manipuler ?

— Oui. Enfin, non. Je ne le laisserais jamais faire. Il n'est pas assez intelligent pour ça.

— Assez pour profiter de votre erreur…

— Euh…

— Réfléchissez, Phoebe. Quelle que soit la nature de votre accord, apparemment vous n'êtes pas sur un pied d'égalité. Pensez-vous que cela pourrait vous être préjudiciable ?

— Vous êtes en train de me dire que je ne devrais pas lui faire confiance, c'est ça ?

— Je dis simplement que vous devriez vous méfier de lui. Et aussi de vous. Vouliez-vous me parler d'autre chose avant la fin de cette séance ?

De tout ce que j'avais vécu depuis un mois – le plan à trois, le fait que je couche avec Stuart, que je me débarrasse de Richard et que je réussisse à éjaculer –, j'ai choisi de parler d'Alex et du mail dans lequel il disait souhaiter me voir. Si je pense contrôler assez bien tous les autres événements, avec Alex, j'ai du mal à ne pas perdre les pédales.

— À votre avis, pourquoi souhaite-t-il vous voir ? Croyez-vous qu'il veuille sincèrement faire amende honorable ? a demandé Pam Potter.

J'ai réfléchi un instant.

— C'est un grand manipulateur… Du coup, ça m'étonnerait qu'il veuille simplement se racheter. Le fait qu'il pense pouvoir continuer à faire partie de ma vie d'une façon ou d'une autre me met dans tous mes états. Je le connais par cœur. Il a quelque chose derrière la tête, j'en suis persuadée. C'est juste que je ne sais pas encore quoi.

J'ai reçu un autre texto de lui il y a une demi-heure.

Je n'abandonne pas. Il faut qu'on parle. S'il te plaît, appelle-moi.

Encore une fois, je l'ai ignoré. Je ne sais pas ce qu'il veut, mais j'ai l'impression que je ne vais pas tarder à l'apprendre.

*Vendredi 6 mai*

Cet après-midi, au boulot, Kelly a pété les plombs lorsqu'elle a découvert, en voulant se faire un café, que quelqu'un avait utilisé sa tasse sans prendre la peine de la laver après usage. Elle s'est mise à hurler en brandissant un énorme mug blanc, orné d'un KELLY en lettres rouges.

— Putain ! Je vous ai déjà dit de ne pas toucher à mes affaires. C'est carrément crade !

Lucy a jeté un œil au mug.

— Comment tu sais que c'est le tien ?

Kelly l'a foudroyée du regard.

— Très drôle ! Et si je prenais le tien, tu dirais quoi ?

— Je n'ai pas de mug, j'ai une gourde.

— Eh ben, ta gourde, alors. Qu'est-ce que tu dirais si je l'utilisais ?

Je me suis mise à glousser au moment où la tête de Frank est apparue à la porte de son bureau.

— Kelly, c'est moi qui ai utilisé ton mug. Pourrais-tu s'il te plaît arrêter de perturber tout le monde et retourner au boulot ?

Kelly est retournée s'asseoir à son bureau et a fourré son mug dans un tiroir fermant à clé, maugréant dans sa barbe contre l'injustice de la situation. Frank, complètement sorti de son bureau, en a profité pour me passer un savon à propos d'une maquette envoyée à un client dans laquelle il avait trouvé une coquille. Compte tenu du fait que le client en question avait envoyé sa version directement à la production, je trouvais un peu rude que l'on m'accuse d'un truc dont je n'étais pas responsable. Je l'ai suivi dans son bureau dans l'intention de le lui faire savoir.

— Cette putain de pub n'était pas..., ai-je hurlé en refermant la porte derrière moi.

— Ah, cool, t'es là. Oui, oui, je sais, il me fallait une excuse pour te faire venir. J'ai couché avec Vanessa et elle a trouvé ça bien. Il fallait que je te le dise, tu comprends ? a-t-il expliqué avec un petit sourire en coin.

— Ouais, merci à toi, Frank. Même si « bien », ce n'est pas forcément une raison de s'enflammer. « Phénoménal », d'accord. Ou alors « incroyable », c'est clair. Mais « bien »... ça ne veut rien dire.

— En même temps, elle n'a pas non plus été exceptionnelle, mais c'était notre première fois. On avait un peu de mal à se lâcher.

Je me suis levée.

— Crois-moi, Frank, si tu t'étais lâché, tu te serais réveillé ce matin couvert de lauriers. La prochaine fois, lâche-toi. J'imagine que tu n'es pas un super coup de toute façon, mais si cette femme t'aime assez pour te voir dans ton plus simple appareil, alors il ne faut pas la décevoir.

— « Pas un super coup ! », s'est-il exclamé en se levant, pour se rasseoir aussitôt.

À côté tous les collègues avaient tourné la tête pour voir ce qui se passait.

— Pour ta gouverne, sache que je suis un bon coup, que dis-je, un très bon coup. En revanche, j'imagine que toi, tu parles tellement que tu ferais perdre ses moyens à n'importe quel type.

— Ça va, j'ai compris, je m'en vais. Et si c'est vraiment ce que tu penses, alors pourquoi tu perds ton temps à discuter avec moi !

Je suis retournée m'asseoir à mon bureau, contrariée par sa remarque. Il me considère comme une vraie mégère.

**De :** Phoebe Henderson
**Pour :** Frank McCallum
**Sujet :** Moi

Je suis un coup exceptionnel. Et toc !

Il ne m'a pas répondu, mais je l'ai entendu éclater de rire.

*Samedi 8 mai*

Comme la journée était magnifique, Oliver et moi, on a décidé de déjeuner à Kevingrove Park, après une petite visite chez *Marks & Spencer* pour se ravitailler.

— Sushis ou sandwichs ? a-t-il demandé tout en parcourant du regard le rayon frais.

— Je crois que tu connais déjà ma réponse, ai-je répliqué.

J'observais la clientèle du dimanche, apparemment pressée d'en finir avec ses achats pour profiter du soleil.

Il a finalement choisi une petite boîte de makis et une plus grosse de nigiri tamago et crevette. J'ai hoché la tête en signe d'approbation et je me suis dirigée vers le rayon boulangerie.

Vingt livres plus tard, nous roulions en direction du parc, croisant des tas de mecs torse nu. Dès que le soleil pointe son nez, Glasgow devient assez hilarant. L'activité s'arrête, et tout le monde se fige pendant dix minutes, visage levé vers l'astre solaire, semblant s'interroger sur la nature de cette énorme boule de feu, un peu comme dans une scène d'*Independence Day*. Ensuite, tout le monde se balade à moitié nu en espérant bronzer ou se faire irradier par les extraterrestres. Avec Oliver, ça nous faisait aussi le même effet. On a étalé une couverture écossaise sur l'herbe, près d'un arbre. Le parc était splendide et verdoyant, plein de gens qui, pour une fois, n'avaient pas des gueules de chiens battus

Oliver a sorti les minuscules bouteilles de vin blanc, nous a servi un verre, et je me suis allongée, utilisant sa veste en jean comme oreiller et le laissant s'occuper du partage des victuailles.

— Tu as pris des tourbillons aux noix de pécan ! Je vais pouvoir mourir heureux, s'est-il exclamé en picorant quelques noix.

— Tu es venu ici pour mourir ? Et pourquoi tu commences par le dessert ? Mange donc un sushi.

— Tu te prends pour mon boss ?

— Puisque tu en parles, ça pourrait être un défi intéressant. On l'ajoute à la liste ?

Il m'a répondu tout en balançant des miettes à un pigeon.

— Non, j'aimerais bien essayer l'échangisme. Je me suis toujours demandé comment c'était. Et, techniquement, ça entre dans la catégorie du sexe à plusieurs, non ?

— Effectivement. Mais j'imagine déjà le tableau, deux femmes qui simulent et deux mecs qui comparent leur « engin » en mesurant discrètement la différence de taille. Tu es sûr que c'est ce que tu veux ?

— Ouais. À fond. Ça pourrait carrément le faire !

— OK, mais ça me stresse un peu. Toi, je te fais entièrement confiance, mais l'autre type, imagine que ce soit une grosse brute ? Ou un pervers ?

— Je serai là, t'inquiète. Si tu te sens mal à l'aise, si tu paniques ou si tu changes d'avis, on arrête. Et basta. Mais, à mon avis, ça va être mortel… et super excitant.

Je me suis assise en tirant ma jupe à fleurs sur mes genoux.

— Pourquoi tu n'étais pas comme ça au lycée ? lui ai-je demandé. On aurait pu faire sauter les cours de fin de journée et expérimenter des tas de trucs.

— Mais je l'étais. C'est juste que t'étais lesbienne à l'époque, tu ne t'en souviens pas ? En plus, tu étais bien trop marrante pour que j'aie envie de coucher avec toi. Grâce à toi, ma vie était supportable. Je n'avais pas envie de perdre ça.

— J'y crois pas ! Qu'est-ce qui a changé, alors ?

— N'oublie pas que c'était ton idée. Et puis, je ne serais pas un vrai pote si je ne volais pas au secours de ton pauvre petit corps dénudé.

— Tu mérites vraiment une médaille.

On a fini de manger en profitant du soleil et, quand il a disparu, on a dû plier bagage et rentrer. Comme il était encore assez tôt, et alors que je reposais la couverture dans la voiture, je lui ai demandé s'il voulait qu'on fasse un truc.

— On pourrait se balader un peu. Il fait encore bon, a-t-il proposé.

On a donc ramené la voiture chez Oliver, avant de flâner dans le West End, avec ses rues paisibles et ombragées, ses maisons magnifiques et ses alignements de voitures étincelantes et flambant neuves.

— C'est ici que je veux vivre. Tout est si beau, ai-je soupiré à la vue chaleureuse des lumières aux fenêtres.

Il s'est marré.

— Ceux qui habitent ici sont probablement endettés jusqu'au cou. Oh, attention à ce trou dans le…

Merde, trop tard. Le trou en question m'a fait trébucher, mais, heureusement, Oliver m'a rattrapée avant que je ne me retrouve sur le derrière.

— Ça va aller ?

— Oui. C'est la honte, mais ça va aller.

— Tiens, accroche-toi. Et puis, ça commence à se rafraîchir, a-t-il dit en glissant mon bras sous le sien.

La température n'avait pas absolument pas baissé, mais je m'en fichais, le contact de son bras était bien trop agréable.

Comme on pouvait s'y attendre, la pluie a refait son apparition vers 21 heures, nous obligeant à faire demi-tour en courant. On est arrivés à l'appart d'Oliver trempés jusqu'aux os.

Dans la salle de bains, je me suis déshabillée, et, en petite culotte blanche, je me suis séché les cheveux avec une serviette.

Il a frappé à la porte, avant d'entrer en me tendant son peignoir.

— J'ai mis le chauffage ; on se gèle un peu, tu ne trouves pas ?

Il a ramassé mon soutien-gorge qui gisait sur le sol.

— Tu vas le remettre ou tu préfères que je le suspende à tes tétons ?

Avant que je n'aie pu trouver une réplique spirituelle, il m'avait rejointe, pressant son corps contre le mien, et une vague de désir s'est abattue sur moi.

Il m'a fait basculer sur le sol, s'est débarrassé de ma culotte et a plongé la tête entre mes cuisses. Mais, au bout d'à peine quelques secondes…

— Ça sent bizarre.

— Quoi ? T'es sûr ? Oh, putain, me suis-je exclamée en éloignant au plus vite mon vagin ainsi incriminé.

— C'est bon, si tu veux, on peut juste…

— La honte absolue ! Regarde, j'ai les joues toutes rouges ! Pas question qu'on continue !

Je me suis habillée et j'ai filé chez moi, priant Dieu pour ne pas avoir chopé une IST sordide, qui me condamnerait à une vie entière de pestilence et de célibat. S'entendre dire qu'on a la chatte qui pue, pour booster l'estime de soi, c'est vraiment le top. Le genre de trucs que les préados balancent aux filles pour les déstabiliser, mais je sais bien que ce n'était pas l'intention d'Oliver. En tout cas, ça m'a bien cassée. Finalement, je ne suis pas aussi sûre de moi que je le pensais.

00 h 55. Un texto d'Alex.

J'ai envie de te voir. S'il te plaît. Tu me manques.

Quoi ? Mais quelle journée de merde !

*Lundi 9 mai*

Ce matin, chez le médecin, j'ai poireauté une heure dans la salle d'attente, avant de répondre à tout un tas de questions sur ma vie sexuelle, jambes écartées et pieds à l'étrier, pour un prélèvement vaginal. L'enfer ! Je hais les prélèvements vaginaux. Je suis sûre qu'on pourrait trouver un moyen pour que ce soit beaucoup plus agréable, je ne sais pas moi, on pourrait faire ça avec des chatons.

— Vos résultats seront prêts mercredi. Vous n'aurez qu'à appeler la secrétaire.

Pour éviter d'angoisser, j'ai décidé de me concentrer sur le défi échangisme. En même temps, après l'échec du plan à trois avec Simone, c'est peut-être une connerie, mais je me suis rassurée en me disant que la présence d'un second mec pourrait rééquilibrer la situation. Il fallait aussi que je m'assure qu'Oliver n'ait rien contre le fait de se retrouver nu, la bite en érection devant un autre type. J'ai acheté une pizza et je suis passée le voir pour tâter le terrain. Apparemment, ça ne lui posait aucun problème.

— Tant qu'on ne se bat pas en duel, ça m'est complètement égal.

Je me suis abstenue de lui dire que la vue de deux mecs à poil et en sueur m'excitait carrément, et me suis contentée de lui sourire.

— Et donc, c'est quoi, le programme ? a-t-il demandé, connaissant pourtant très bien la réponse.

— Tu te souviens du truc qu'on a vu, avec ces deux types et cette rousse qui s'asseyait sur l'un des deux, pendant que l'autre…

— Oh, je vois. Une double pénétration, hein ? Oh, yeah !

Il avait pris un accent de cowboy pour me taquiner.

— Madame veut qu'on lui fasse la totale.

— Tu as tout compris, ai-je répondu, essayant de garder mon sérieux.

Puis, tout en séduction, je me suis approchée de lui.

— Je veux sentir ta bite dans ma bouche, et me faire lécher par l'autre type, avant de…

— N'oublie pas de te parfumer la fouffe, alors !

Il a éclaté de rire, ravi de sa blague, et j'ai balancé sa pizza par terre.

*Mardi 10 mai*

En sortant du boulot, avec Hazel, on est allées se faire couper les cheveux gratos, grâce à deux chèques cadeaux dont elle avait complètement oublié l'existence. Ça ne pouvait tomber mieux. Mes cheveux frisaient comme des dingues, et ça faisait un bout de temps que je n'avais pas vu Hazel.

— Alors, quoi de neuf ? a-t-elle demandé.

Elle était en train de se faire démêler les cheveux par une apprentie à la chevelure violette, une fille un peu grincheuse au regard assassin, répondant au doux nom de Morven.

— Euh… pas grand-chose, à vrai dire. La routine.

Pas moyen que je lui parle de mon vagin pourri devant Morven-la-gracieuse.

— On part en Grèce. On vient de réserver deux semaines au soleil, voyage organisé. J'ai hâte de faire bronzette au bord d'une piscine en lisant des romans à deux balles.

— Génial ! Et vous partez quand ?

Morven, qui en avait terminé avec Hazel, s'est approchée de moi, puis s'est arrêtée pour nous proposer, non sans soupirer, quelque chose à boire. Comme elle avait l'air capable de cracher dans nos tasses si on l'obligeait à aller jusqu'à la cuisine, on a préféré décliner son offre et poursuivre notre conversation.

— Samedi. Grace va adorer. Il y a un club bébés avec des tigres géants qui dansent pour les bambins.

— Je suis trop jalouse. Moi aussi, je veux que des tigres géants dansent pour moi. Cette année, à moins que je ne gagne au Loto, les vacances, ce n'est même pas la peine d'y penser.

— Commence d'abord par jouer, Phoebe.

Patrick, un coiffeur grand et élancé, est apparu pour s'occuper de Hazel, avec beaucoup plus d'entrain que Morven. Quant à moi, j'ai eu droit à une certaine Eve, dont les cheveux n'avaient rien à envier à ceux de Kate Bush, période *Running Up That Hill*.

— Qu'est-ce qu'on vous fait aujourd'hui ? m'a-t-elle demandé en me regardant dans le miroir.

— Oh, juste un petit rafraîchissement des pointes et de la frange, ça suffira. Rien de trop radical surtout.

— Les cheveux courts vous iraient très bien.

— Non, c'est bon, je crois que…

— Je vous assure. Vous devriez essayer quelque chose de plus stylé. Votre coiffure est un peu trop années 1960. Au cas où, les années 1960 vous savez, c'est fini depuis longtemps.

— C'est gentil, mais non. J'ai déjà eu les cheveux courts à une époque, et je ressemblais à un Playmobil. La coupe casque, vous voyez ce que je veux dire…

Ça ne l'a pas du tout fait marrer. Elle a pris un flacon en plastique et s'est mis à me vaporiser la tête avec un truc qui sentait le chewing-gum.

— Très bien, comme vous voudrez.

Elle a haussé les épaules et a dégainé une paire de ciseaux de sa ceinture.

J'ai lancé un regard affolé en direction de Hazel, tout occupée à discuter de ses besoins capillaires avec Patrick. Elle ne m'a absolument pas calculée.

— Juste une petite coupe, Patrick, j'aime bien le style qu'ils ont en ce moment. Et désépaissir un peu, peut-être.

— Aucun problème, Hazel.

Ça me dégoûte ! C'est toujours comme ça, putain. Je ne remettrai plus les pieds dans ce salon de merde.

Trois quarts d'heure plus tard, on avait terminé. Et même si Eve s'est un peu fait prier, je dois avouer qu'elle s'en est bien sortie. J'ai peut-être le vagin faisandé, mais, au moins, j'ai le poil soyeux et brillant.

*Mercredi 11 mai*

Après la réunion du matin, je me suis échappée discrètement pour appeler le médecin et lui demander mes résultats d'analyse. Je suis tombée sur une secrétaire toute guillerette.

— Je ne peux vous les communiquer au téléphone. En revanche je peux vous caser à 17 h 30. Ça vous convient ?

— Bien. Entendu.

En retournant au bureau, j'ai appelé Lucy.

— On ne veut rien me dire par téléphone. Il faut que j'y aille en sortant du boulot. Tu penses que je devrais m'inquiéter ?

— Oui.

— Tu crois ?

— Non.

— Oh, ça ne m'aide pas du tout. Arrête de te marrer.

— Excuse-moi, mais, tu sais, ils ne communiquent jamais les résultats par téléphone. T'inquiète, ça va aller.

— Comment veux-tu que je me concentre, maintenant ?

— Fais comme d'hab, et tout ira bien.

— T'as raison.

J'ai passé les six heures qui ont suivi à réorganiser mon espace de travail et celui de Lucy. J'ai servi le café au moins une dizaine de fois et fait semblant d'être fascinée par l'histoire de fromage que Frank nous a racontée.

Je suis allée à mon rendez-vous chez le médecin en taxi, et, heureusement, il m'a prise tout de suite.

— OK, vos tests de dépistage de chlamydia et de gonorrhée sont négatifs, mais on a trouvé autre chose, votre examen VB est douteux.

— Mon Dieu. Ça sent mauvais. Comment c'est possible ? Je fais toujours super gaffe. C'est quoi ce truc ?

— Vaginose bactérienne. Je vous rassure, ça n'est pas une IST. C'est un déséquilibre de la flore microbienne du vagin.

— Vous êtes en train de me dire que j'ai le vagin déséquilibré ?

— Pas du tout. Ce sont les bactéries. Ça arrive quand on utilise des savons qui ne sont pas assez neutres. C'est aussi très fréquent chez les fumeuses. Vous devriez en profiter pour arrêter. Je vous prescris un gel intime, ça devrait faire effet rapidement.

Dix minutes plus tard, j'étais à la pharmacie avec mon ordonnance, soulagée de ne pas avoir chopé la chtouille. Quand je suis arrivée chez moi, Oliver était déjà là.

— Alors ? Rien de grave ?

— Non. C'est une vaginose. Un truc de meuf. Ce n'est pas du tout sexuel. On m'a refilé du gel. Tout est sous contrôle.

— Faut aussi que je passe le test ?

— Non, à moins que tu ne te sois fait pousser un vagin.

Nous sommes montés chez moi, et il a préparé un café. J'en ai profité pour ôter mes chaussures et m'allonger sur le canapé.

— Émotionnellement, c'était épuisant… et assez embarrassant. Plus jamais je ne te laisserai sniffer mon temple de féminité, sache-le.

— C'est ça, ouais. Comme si c'était possible. On est trop accros tous les deux. En tout cas, tu peux me remercier de te l'avoir dit. La plupart des mecs ne s'en seraient même pas donné la peine. Ils préfèrent t'enfoncer auprès de leurs potes de comptoir le jour où tu les largues.

J'ai bien peur qu'il n'ait raison.

Il a fini son café et s'est levé.

— Faut que je m'en aille. J'ai foot ce soir, mais je repasserai demain pour le défi échangisme.

— Je vois que Monsieur a déjà tout organisé… Et moi, si j'avais prévu autre chose ?

— Et c'est le cas ?

— Non.

— Alors ferme-la. On se voit demain à 20 heures. À plus.

Je me suis retrouvée face à moi-même, prête à affronter cette soirée intime en tête à tête avec mon gel et ma télé de merde. Je déchire grave.

*Jeudi 12 mai*

Fait chier. Je n'ai pas entendu le réveil ce matin, et j'ai dû courir comme une dératée pour ne pas louper mon train. Je me suis retrouvée collée à un type qui suintait l'ail, et je me suis foutue du mascara plein le nez lorsque le train s'est arrêté sans prévenir.

En sortant de la gare, je me suis rendu compte que j'avais oublié mes clopes. J'ai filé au tabac du coin, et, au moment de payer, il y avait une serviette périodique collée sur mon portefeuille. Le mec mignon à la caisse n'a pu s'empêcher d'éclater de rire.

— Ne vous en faites pas. Ça arrive tout le temps à ma mère.

Sa mère ? Espèce de petit merdeux. Il y a des jours, il vaut mieux rester couchée. Ça m'aurait aussi évité de tomber dans l'escalier ou de renverser du café sur mon petit haut blanc.

À 16 heures, je n'avais plus rien à faire, alors, pour tenir encore une heure, avec Lucy, on s'est lancé des défis texto. On prenait un titre de film, et on devait remplacer l'un des mots par un nom de nourriture. On a réussi à en trouver quelques-uns, dont *Le Silence des oignons*, *Un tueur dans la moule* et *Basic Gratin*. Mais Lucy m'a battue à plate couture avec son *9 semaines et un demi*, au moment précis où Frank sortait de son bureau en menaçant de me confisquer mon téléphone. À 17 heures, j'étais au taquet, prête à rentrer chez moi pour passer la soirée avec Oliver.

Il est arrivé plus tard que prévu, et on a ouvert les bières qu'il avait apportées. Un peu éméchés, on a commencé à chercher un couple sur Internet, en se disant que c'était la solution la plus facile et la plus discrète. Oliver était à fond. Il m'a annoncé que Gary, son collègue, et sa petite amie seraient éventuellement partants, mais s'est empressé de changer d'avis lorsque je lui ai rappelé qu'il devrait ensuite le côtoyer au quotidien.

— « Salut, Oliver.

— Bonjour, Gary. Je suis sûr qu'à un moment donné aujourd'hui, je te reverrai en train d'empaler ma copine Phoebe, ton visage dégoulinant de foutre et de sueur à jamais gravé dans ma mémoire. »

— Je vois ce que tu veux dire. Laisse tomber, a-t-il conclu en tressaillant.

Pour accéder au site, il fallait publier son annonce.

> O & P. Recherchent couple séduisant de moins de quarante-cinq ans pour instants de plaisirs partagés. Amateurs de jeux uro et autres trucs tordus s'abstenir.

Deux minutes plus tard, on était inscrits et prêts à se lancer.

Surfer sur les sites échangistes, c'est un peu comme mater un accident de voiture. Au bout d'un moment, la curiosité malsaine l'emporte, et on se retrouve scotché à l'écran. J'ai halluciné sur le nombre de couples apparemment « normaux » cherchant à expérimenter et à partager des rencontres libertines. Et, malgré notre volonté de garder notre sérieux, on s'est retrouvés à ricaner comme des débiles. Les salons de chat webcam étaient carrément chtarbes. Ça allait du couple qui baise en se faisant mater, au type patibulaire qui semble tout juste sorti de prison, en passant par ceux qui se contentent de poser nus et assis devant la caméra, casque de Stormtrooper vissé sur le crâne. Il y avait aussi pléthore de couples mariés, quarantenaires aux looks assez primaires, accros à l'uro et aux partouzes. Je suis sans doute un peu vieux jeu, mais je ne suis pas encore assez désespérée pour goûter à ce genre de soupe.

Trouver un jeune couple charmant et discret, pratiquant l'humour et le *safe sex* s'est révélé bien plus difficile que prévu. Putain, c'est pas gagné ! Autant chercher une licorne jouant du banjo. Apparemment, c'était mission impossible.

— Et eux, t'en penses quoi ? a demandé Oliver en cliquant sur une miniature.

— Ils ont l'air pas mal.

J'ai lu leur annonce.

Sue et Duncan. Couple séduisant et sérieux, cherche couple pour libertinage modéré.

— Elle est carrément meilleure que la nôtre. Ouais. Allons-y. Tu crois qu'il faut leur envoyer un mail ?

— Vu leurs photos, à mon avis, ça va être chaud ! Nous aussi, on devrait balancer quelques images, sinon on n'aura jamais de réponse.

— Ouais, tu as raison.

Oliver était étonné.

— T'es sûre ? Je ne t'aurais jamais crue capable de faire ça. Trop la classe !

— Je sais. Je me surprendrai toujours. Tant que l'on ne voit pas ma gueule, ça me va. Je veux juste éviter qu'on me reconnaisse.

Oliver ne m'écoutait plus. Il était déjà en train de se déshabiller devant mon appareil photo.

— Comment on s'y prend ? Pas question que j'écarte les jambes pour que tu te la joues son et lumière spéléo en direct.

Ça l'a fait marrer.

— Détends-toi, poulette, j'ai l'habitude et…

— Ça m'aurait étonnée.

— … et si tu ne veux pas qu'on voie ta gueule, ça sera plus facile en levrette.

Je me suis déshabillée et agenouillée sur le lit, offrant ma croupe à Oliver. Je l'entendais tripoter la caméra.

J'étais super speed.

— Je me sens carrément débile. Active-toi un peu avant que je ne change d'avis.

Ensuite, j'ai entendu une série de cliquètements. Oliver a pris des photos de lui me pénétrant, se retirant, me fessant, s'agrippant à mes nénés, éjaculant sur moi, et, à la fin, je me suis jetée sur l'appareil, impatiente de voir le résultat.

— Putain de sa race, t'as vu mon cul, il est énorme !

— Comme ma bite.

Enfoiré de prétentieux.

— Fait chier, je ne pensais pas que mon cul ressemblait à ça. Faut vraiment que je teste le blanchiment anal… Et il est couvert de pustules, en plus. Tu vas me faire le plaisir d'effacer ça tout de suite.

— Pas question. Les photos sont trop sexy. Je les balance sur le site, comme ça, on peut envoyer un mail à Sue et Duncan.

Avant la fin de soirée, mon gros cul s'affichait sur le Net, et un message pour Sue et Duncan prenait son envol. On avait réussi à dégoter un autre couple, J et Y, pas aussi séduisants que notre premier choix, mais leur annonce nous a bien fait marrer.

Couple cherchant à expérimenter le multiple de deux.
Adeptes de talk-shows de la mi-journée s'abstenir.

Oliver est parti à 1 heure du mat en emportant la carte mémoire.

— Si je te la laisse, tu vas effacer toutes les photos dès que j'aurai le dos tourné. Je te connais par cœur, Henderson.

J'ai protesté.

— Et si un jour on s'embrouille, qui me dit que tu ne vas pas t'en servir contre moi ? Et si tu te fais chouraver l'appareil et que ma fouffe finit sur un site X un peu tordu ? Ça peut arriver, tu sais.

— Je ne dirai que deux choses. Premièrement, faudrait vraiment tomber sur un pauvre connard. Deuxièmement, je te signale qu'il y a au moins dix-sept millions de vagins sur le Net. On trouve même des chaînes thématiques sur YouTube. Tout le monde s'en branle, Phoebe, arrête de t'angoisser pour un rien. Je repasse demain en fin de journée pour le prochain épisode. Je file, je dois me lever aux aurores pour le boulot.

Sur ces mots, il s'en est allé, emportant avec lui mes photos pornos super mal éclairées. Après ce défi, je les fais disparaître à jamais de la surface du globe. Juste avant d'aller me coucher, j'ai reçu un DM de @inzepocket77 sur Twitter, tentative peu convaincante d'échanger quelques cochonneries nocturnes à laquelle je n'ai pas donné suite. Les escapades sur la Toile, pour ce soir, j'avais eu ma dose.

*Vendredi 13 mai*

21 heures. Ce soir, comme tout le monde a déjà un truc de prévu, je passe la soirée en tête à tête avec moi. Vin rouge, films d'horreur et Doritos à gogo.

21 h 30. J'ai réussi à télécharger *Insidious*. Paraît que c'est plutôt pas mal, dans le genre horreur. Et puis, difficile de résister à Patrick Wilson. Cool ! Quelle gueule d'ange, ce mec !

23 h 15. La gueule d'ange de Patrick Wilson ne m'empêche pas d'avoir les jetons. Les maisons hantées, je n'ai jamais pu m'y faire. Je pourrais appeler Oliver pour lui demander de passer la nuit avec moi.

00 h 30. Il n'y a plus de Doritos, et Oliver refuse de me ravitailler malgré tous mes messages de supplication.

Tu veux que je te ramène des trucs à grignoter ! T'as vu l'heure ?

Oui.

Va te faire foutre… Oh, une seconde. Je parie que t'as encore maté un film d'horreur !

Oui.

En fait, tu flippes et tu ne veux pas passer la nuit toute seule, c'est bien ça ?

Euh… peut-être. Alors ? Tu viens ?

Oh, ma pauvre biquette. Mais c'est toujours non. Et puis, t'as raison de flipper, j'ai toujours senti une présence inquiétante dans ton appart. Bonne nuit !

Peau de zob.

1 h 15. Je suis en train de mater une comédie romantique à deux balles avec Matthew McConaughey. Je préfère aller me coucher énervée par un navet que terrorisée par les fantômes. Oh, mince, le gâteau de mariage est foutu. Bien fait.

*Samedi 14 mai*

Je prenais tranquillement mon petit déj quand Oliver a appelé.

— Ah, je vois que les fantômes ne t'ont pas tuée. Cool.

— Impossible de dormir avant 4 heures du mat. Le torse nu et glabre de McConaughey a dû les faire fuir. Et sinon, quoi de neuf ?

— Le couple d'hier, celui à qui on a envoyé un mail, ils sont d'accord pour nous rencontrer ce soir.

— Quel couple ?

La bouche pleine de céréales, je n'étais plus aussi sûre d'avoir le cran de poursuivre cette expérience.

— Sue et Duncan. Ceux qui étaient assez beaux. Faut qu'on le fasse. Je vais leur répondre.

Bordel de merde ! Je ne rêve pas.

Oliver est passé vers 18 heures et a pris une douche pendant que je me préparais.

— Tu crois que je peux mettre cette jupe ? Elle n'est pas trop courte ? ai-je demandé en entrant dans la salle de bains.

— Mais non, c'est nickel. Et très chic. Moi, je vais juste mettre un pantalon et un tee-shirt à manches longues.

— Ce n'est pas pareil. T'es un mec. Tout le monde se fiche de ce que tu portes, ai-je répondu en lissant ma jupe sur mon ventre.

— Tu stresses ?

— À fond. Mais j'ai hâte d'affronter ce nouveau défi. J'ai même fait un lavement, on ne sait jamais, tu comprends.

— Je ne veux pas le savoir. Maintenant, laisse-moi tranquille, faut que je finisse de me laver.

À 19 heures, on était prêts à sortir. Le temps de monter dans la voiture et d'arriver au bout de la rue, il recevait un texto.

Sue pète un câble. Elle vire tarée. Soirée annulée. exQz.

J'ai hurlé en levant les bras au ciel.

— C'est le bouquet ! Ils me font perdre mon temps, ces connards.

Oliver a posé une main sur ma cuisse et a fait demi-tour.

— Fait chier, j'étais super motivé. Qu'ils aillent se faire voir. On trouvera un autre couple.

On est rentrés complètement dépités, pour se retrouver devant la télé avec une gueule de dix pieds de long.

Il est maintenant 23 heures. Oliver s'est endormi sur l'autre canapé, et je sirote le fond d'une bouteille de vin.

Tout à l'heure, il m'a dit que ma rupture avec Alex était la meilleure chose que j'aie faite de toute ma vie ; pour moi comme pour lui.

Il a raison, c'est clair. Si j'étais encore avec Alex, je serais sûrement en train de roupiller, et lui, assis à la table de la salle à manger, occupé à surligner mes appels sur la facture de téléphone.

*Dimanche 15 mai*

Je me suis réveillée avec le bras d'Oliver autour de moi, et sa jambe poilue en travers de la mienne. Il avait dû me rejoindre discrètement pendant la nuit. La sonnerie de son portable l'a tiré de son sommeil.

— Je suis claqué. Je peux rester pour dormir ? a-t-il marmonné.

— Ouais. Lucy doit passer tout à l'heure pour manger un chili, mais, d'ici là, je suis libre comme l'air.

— Et nue comme un ver, a-t-il murmuré en faisant glisser une main le long de mon corps. Je suis invité ? a-t-il ajouté.

— Bien sûr.

— Cool, alors on peut traîner au lit, tous les deux.

Sa main caressait déjà mes seins.

— Minute, papillon. Faut que j'aille faire pipi.

Dans la salle de bains, je l'ai entendu crier depuis la chambre.

— Je viens de recevoir un texto de Sue et Duncan. Ils s'excusent et proposent de nous inviter le week-end prochain.

— Qu'ils aillent se faire foutre.

— T'excite pas comme ça. Ce défi, il t'intéresse toujours, oui ou non ?

Je suis retournée vite fait sous les couvertures.

— Oui, bien sûr, c'est juste que je n'aime pas qu'on me mène en bateau. Je vais réfléchir. Et puis, si ça se trouve, Sue est insupportable. Je me méfie, maintenant.

Il m'a attirée contre lui pour me gratifier de petits baisers dans le cou.

— Assez parlé. Lève un peu les fesses, là, comme ça.

Il s'est glissé en moi, me tenant tout contre lui, et nous avons fait l'amour, lentement, langoureusement, comme un éloge à la lenteur matinale. Un plaisir total.

Lucy est arrivée à 17 h 30, avec un bouquet de lys et trois bouteilles de Margarita Mix. Oliver a sorti les verres et la tequila pendant que je débarrassais Lucy.

Elle était d'humeur enjouée.

— Je tombe mal, peut-être. J'espère que vous vous êtes lavé les mains.

— Quand t'auras fini avec tes conneries, tu pourras t'asseoir, le dîner est prêt, ai-je rétorqué sèchement.

J'ai réussi à faire une place à l'énorme plat de chili sur la minuscule table.

— Ton chili est une tuerie. Les miens sont toujours une cata, a dit Lucy.

— Une horreur, a plaisanté Oliver.

— Un peu de tenue, vous deux. Vous avez l'air de loques humaines. On dirait que la liste avance bien, a répliqué Lucy.

Oliver souriait bêtement.

— Du feu de Dieu. Pas vrai, Phoebs ?

J'ai acquiescé.

— C'est bien la première fois qu'on nous pose la question à tous les deux. Ça me fait tout bizarre.

— N'oublie pas que je t'ai filé un coup de main pour un ou deux défis. Et vous en êtes où, à présent ? a demandé Lucy.

— Au quatuor, ai-je répondu solennellement en reprenant de la salade.

— Phoebs hésite encore. Elle flippe que la meuf soit une serial-killeuse, a persiflé Oliver en se marrant.

— N'importe quoi ! C'est juste que je ne suis pas sûre que ce soit si bien que ça. Et puis, son mec l'a traitée de tarée. Je dis juste ça comme ça.

— Arrête de te poser des questions. Tonton Oliver est là pour te protéger de la méchante dame. En plus, j'ai toujours voulu savoir comment c'était.

J'hallucine ! Enfin un truc que Lucy n'a pas déjà essayé ! Rien que pour ça, ça vaut le coup que je m'accroche.

— T'inquiète, je ne vais pas me dégonfler maintenant. Après tous ces efforts. Je n'ai jamais été aussi motivée. Quelqu'un veut le dernier taco ?

— Moi ! s'est exclamé Oliver en se jetant sur l'assiette et avant d'enchaîner : Ça va être génial. Et puis, même si ce n'est pas terrible, je sens qu'on va bien se marrer. Comme toujours.

— Beurk ! s'est exclamée Lucy. Arrêtez de vous répandre, ça me coupe l'appétit.

Après le dîner, Oliver a raccompagné Lucy et est rentré chez lui. Je suis recroquevillée sur le canapé, avec les White Stripes en fond sonore, dans l'espoir de couvrir les gloussements stridents de ma voisine devant sa télé. Elle a un rire de malade.

*Mardi 17 mai*

À seize ans, lorsque le conseiller d'orientation m'a demandé ce que je voulais faire après le lycée, j'ai marmonné un truc sur mes rêves de célébrité. En revanche, je ne me souviens absolument pas de lui avoir dit que je voulais un boulot de merde, avec un patron qui me fait chanter en échange de conseils sexuels. Même en plan de secours, au cas où mon destin de star ne se réalise pas, je n'aurais jamais signé. Pourtant, c'est exactement ce que je suis en train de vivre, et, à mon avis, Frank est bien le seul à prendre son pied.

**De :** Frank McCallum
**Pour :** Phoebe Henderson
**Sujet :** Ça me déprime d'avoir à te le dire, mais…

Tu avais raison. On a remis ça, et je me suis lâché. Visiblement, elle était aux anges. Elle n'est pas très douée pour les pipes, mais, à part ça, c'était très bien. Elle m'a même envoyé deux messages pour me rassurer.

**De :** Phoebe Henderson
**Pour :** Frank McCallum
**Sujet :** Re : Ça me déprime d'avoir à te le dire, mais…

Ah ! Je te l'avais bien dit. Dommage pour la petite gâterie, mais je suis sûre que tu sauras la guider au mieux.
Bien à toi,
PROF Henderson

**De:** Frank McCallum
**Pour:** Phoebe Henderson
**Sujet:** Re: Ça me déprime d'avoir à te le dire, mais...

Oui, oui. Ça mérite bien un merci. En même temps, tu peux t'estimer heureuse d'avoir encore un boulot.

**De:** Phoebe Henderson
**Pour:** Frank McCallum
**Sujet:** Re: Ça me déprime d'avoir à te le dire, mais...

Tu as vraiment le chic pour ruiner le plaisir des autres. J'espère qu'elle te mordra jusqu'au sang.

Je l'ai entendu éclater de rire, et mon téléphone s'est mis à sonner.

—Non, vraiment, je te dois une fière chandelle. Elle est adorable, je nage dans le bonheur.

—Tant mieux pour toi. Pour être franche, je te trouve beaucoup plus sympa qu'avant. Elle doit avoir une bonne influence.

On dirait que ma mission Frank est terminée.

*Vendredi 20 mai*

Je dois avouer que le nouveau Frank me laisse sans voix. Et je ne suis pas la seule. Il a carrément mis de l'eau dans son vin. Curieusement, il ne ramène plus tout à l'argent et, quand il oublie d'être con, il est même assez drôle. Apparemment, Vanessa a réussi à le décrisper, et il a l'air vraiment amoureux. On a papoté ensemble après le boulot, et, s'il n'était pas mon patron, on pourrait peut-être devenir potes. J'hallucine de dire ça. Il veut me voir une dernière fois, et ensuite il a promis de me laisser tranquille. C'est dans son intérêt, de toute façon.

Mes conseils, c'est juste du feeling, je ne suis pas une pro. Et puis, à part sa coupe de cheveux, je ne vois pas trop ce que je pourrais faire d'autre.

*Samedi 21 mai*

Oliver a débarqué à 17 heures, au moins deux heures avant notre rendez-vous chez Sue et Duncan, dans leur maison au sud de la ville. J'ai toujours quelques réserves quant à cette histoire, et j'en ai fait part à Oliver en faisant les cent pas dans le salon, impatiente d'y aller.

— Il l'a traitée de tarée ! Peut-être qu'on ne devrait pas insister. J'aurais préféré un couple qui se respecte et qui soit plus stable sur le plan psychique ! ai-je lancé.

Oliver, sur le canapé, a réagi.

— Ce mec a été privé d'un plan à quatre, Phoebe ! Son texto rageur est tout à fait compréhensible. Ça ne veut pas dire qu'elle l'est. Je suis sûr qu'elle est très sympa… pour une tarée.

— OK, mais si elle nous zigouille tous les deux, ce sera ta faute.

Il a allumé la télé, et je suis allée me préparer. Je me suis retrouvée plantée devant mon dressing, espérant que la tenue idéale me saute à la gueule.

Au bout de vingt minutes, Oliver pointait sa frimousse à la porte.

— C'est bon, t'es prête ?

J'ai fait tourbillonner ma robe légère aux motifs fleuris, me sentant féminine en diable.

— Cool. Tu es magnifique. Je suis presque jaloux d'avoir à te partager.

Je tripotais nerveusement mon rouge à lèvres.

— J'ai du mal à croire qu'on va le faire. Et puis merde ! Allons-y avant que je ne change d'avis.

Cette fois, on n'a pas fait demi-tour. Et, après un quart d'heure de route, on était devant chez eux. Ils habitent dans une petite maison en briques, avec un jardinet impeccable et parsemé de statuettes de nains en tout genre. J'avais l'impression d'être Gulliver. J'ai frappé à la porte, retenant mon souffle. À travers la vitre translucide de la porte d'entrée, j'ai pu distinguer la silhouette d'un homme qui s'avançait vers nous. Oliver a posé une main rassurante sur mon dos.

— C'est parti, a-t-il murmuré.

Duncan, un Web designer grand et baraqué dans son tee-shirt blanc, nous a accueillis, avant de nous conduire dans le salon, où nous attendait la Sue, la tarée, une étudiante gracile d'une vingtaine d'années. Contre toute attente, elle nous a salués très chaleureusement en nous serrant dans ses bras chacun notre tour et en nous invitant à nous asseoir pendant que Duncan allait s'occuper du vin. Je commençais à me détendre un peu.

— Je m'excuse pour l'autre soir. J'ai un peu flippé. Ça me fait plaisir que vous ayez accepté de nous rencontrer. J'espère que vous ne l'avez pas mal pris.

— Oh, je vous comprends. Ne vous inquiétez pas, ça ne nous a pas dérangés une seule seconde.

Duncan est revenu avec une bouteille et s'est assis à côté de Sue.

— Je lève mon verre à cette soirée, a-t-il dit.

Très vite, nous discutions à bâtons rompus, et j'oubliai la raison de notre visite, jusqu'à ce que Duncan se lève et me tende la main. En jeune fille bien élevée et perspicace que je suis, je lui ai présenté mon verre. Il a éclaté de rire, l'a posé sur la table et m'a prise par la main pour me conduire dans la chambre. Je l'ai suivi, à court de mots, jetant un regard désespéré à Oliver. Merde, cette fois, je ne pouvais plus reculer.

La chambre était somptueuse. Les lumières tamisées et les bougies m'ont aussitôt rassurée. Au moins, j'échappais à la crudité d'un éclairage fluorescent qui aurait souligné les parties les moins avantageuses de mon anatomie.

On a commencé à s'embrasser et à se dévêtir comme si de rien n'était. Il savait très bien ce qu'il faisait, et je le laissai mener la danse avec plaisir. J'ai même réussi à enfiler la capote de monsieur avec la bouche sans perdre le moins du monde mon sérieux. Une vraie première. Y a pas à dire, je tiens le bon bout !

Ensuite, il m'a fait basculer sur le lit, ouvrant mes cuisses avec son genou. En deux temps, trois mouvements, je l'encerclai de mes jambes, et il me pénétra tout en douceur, en me demandant si tout allait bien. Difficile de faire la fine bouche.

— Plus fort ! Vas-y, baise-moi, encore plus fort.

La porte de la chambre s'est ouverte, et Oliver et Sue sont entrés, nus tous les deux. Oliver se tenait derrière Sue et la couvrait de caresses, son regard rivé au mien, même lorsqu'il a commencé à l'embrasser dans le cou.

Dix minutes plus tard, nous formions une sorte de gros tas informe et moite sur le lit. On s'embrassait tour à tour, sauf Oliver et Duncan, ce qui est bien dommage, parce que je suis sûre que ça m'aurait excitée, mais je sais qu'Oliver n'aurait pas supporté. Et je dois dire que de le voir cunnilinguer Sue tout en me faisant défoncer par Duncan, ça m'a fait halluciner. Et, malgré la petite voix à l'intérieur de ma tête, qui commentait tous les événements en direct – « Waouh, je suis en train d'embrasser une femme », ou alors « Waouh, il y a deux bites en érection, telles deux baguettes de sourcier, qui pointent dans ma direction ! » –, je ne me suis pas désunie, déterminée à ce que ce monologue intérieur saugrenu ne vienne pas me gâcher le plaisir de cet échange charnel des plus torrides.

L'épisode suivant restera à jamais gravé dans mon disque dur hardcore. Duncan s'est allongé, et je l'ai chevauché, légère et gracieuse, en dépit de ma maladresse naturelle. Toujours en pleine action, j'ai aperçu Oliver qui se profilait derrière moi et entendu un emballage de préservatif se déchirer. Une seconde plus tard, je sentais son doigt explorer mon cul, suivi de son sexe, et j'étais incapable de bouger. Ou de parler. Souffle coupé. Alors Sue a commencé à m'embrasser. Aucun doute, j'étais la reine de ce Sex Quartet, et jamais je n'avais vécu un truc aussi incroyable. Ni aussi enivrant. Et même si, parfois, je n'ai pas été très à l'aise, j'ai su résister à la panique et à mes préjugés de vierge effarouchée redoutant de se faire violer.

Satisfaits de nos prouesses, on s'est marrés tout le long du trajet du retour. Oliver, d'habitude si distancié, n'en revenait pas que tout se soit si bien passé.

— T'imagines, ça aurait pu être une vraie cata ! a-t-il lancé, hilare, en allumant le lecteur CD.

— Très juste. On aurait pu tomber sur des tarés, des serial-killers, ou pire. Oh, non, pas Radiohead, je t'en prie, Oliver, ça va nous casser notre délire.

— Et ça t'a plu quand je…

Je l'ai interrompu immédiatement.

— Alors là, je pense que ça va rester des mois au top de ma compil de fantasmes chaque fois que je ferai joujou avec mon pommeau de douche.

Il m'a souri, et un silence triomphant a accompagné la fin de notre trajet. Un autre défi relevé. Y a pas à dire, je deviens une vraie pro.

*Dimanche 22 mai*

En sortant de chez Oliver cet après-midi, j'ai rejoint la gare centrale de Glasgow, pour découvrir que mon train avait été annulé. De toute façon, je planais à 2000, et rien n'aurait pu entacher ma bonne humeur. Pas même le pire compliment balancé par deux bouffons en survêt, alors que je prenais un café au bar de la gare en attendant mon train.

BOUFFON NUMÉRO 1 : T'as vu la meuf ? On dirait Katy Perry.

BOUFFON NUMÉRO 2 : Sa mère, tu veux dire !

Je me suis retournée en les fusillant du regard.

— Le prenez pas mal, m'dame, il vous niquerait bien quand même.

*Regardez-moi ça ! Si c'est pas génial ! OK, mon grand, avale tes frites, enlève ton bas de survêt, retourne ta casquette, et je m'occupe de toi !*

J'ai juré d'arrêter, mais je n'ai pas pu m'empêcher de me tartiner de crème antirides avant d'aller me coucher.

*Mardi 24 mai*

Ce soir, j'ai décidé d'inviter Oliver au restau pour fêter son anniversaire. Avec un peu de chance, ça pourrait booster mon capital séduction et me donner le plaisir de finir la soirée au pieu avec lui. Comme il finissait tard, on s'est retrouvés en ville.

— Joyeux anniversaire ! T'as une mine de déterré, lui ai-je dit en le serrant dans mes bras. Tu es sûr que ça va ? T'as vu les poches que t'as sous les yeux ? ai-je insisté.

Il s'est passé la main dans les cheveux. Visiblement, il avait oublié de prendre une douche.

— Super, je te remercie. Je n'ai pas beaucoup dormi cette nuit. Les mecs du boulot m'ont traîné dans un bar lap-dance. J'ai une de ces gueules de bois ! Ça va me faire du bien d'ingurgiter du solide.

On est allés dans un restau grill, ce genre de lieu où l'on fait cuire devant vos yeux des gros morceaux de bidoche ou de poisson.

Je lui ai offert *Mort d'un séducteur*. Non seulement c'est un bouquin génial et excitant, mais en plus ça lui rappellera ce qui arrive parfois aux serial-baiseurs qui se tapent n'importe qui.

— Bon, alors, tu me racontes ta soirée ? lui ai-je demandé alors qu'il enfournait trois crevettes en même temps. T'as eu droit à une petite danse ? ai-je insisté.

— Ben, ouais. Franchement, ce n'est pas trop mon truc. Les filles sont adorables et tout, mais je trouve ça un peu froid, tu vois ce que je veux dire ? Ça manque d'âme.

— T'exagères. T'as une fille à moitié nue qui se dandine devant toi, et ça ne te fait aucun effet ?

— Bof. Elle sentait la transpiration.

— Stop ! Ça me suffit. J'ai déjà envie de gerber.

On a passé une nuit d'enfer, et il est déjà 3 heures du mat. Je suis malade comme un chien. Je me vide par tous les trous. Oliver m'a laissée ce matin en poussant les hauts cris.

— Putain, Phoebe, ça pue la merde !

Si je n'étais pas déjà au bord du gouffre, je me jetterais bien dans le vide pour oublier cette humiliation. Et l'intoxication alimentaire n'y est pour rien. Je crois que je ne pourrai plus jamais regarder Oliver dans les yeux. Les relents de ma vaginose, c'était déjà pas mal, et là, il se tape mes intestins en furie.

Je me sens dans un état épouvantable. J'irais bien me plaindre au restaurant, mais, avec ma chance habituelle, je ressortirais juste avec un repas gratuit.

*Mercredi 25 mai*

À mon grand soulagement, j'ai reçu un texto matinal d'Oliver, qui me demandait comment j'allais et si je pouvais désinfecter mon appart avant qu'il vienne s'occuper de moi. Génial ! Je ne l'ai pas dégoûté à vie. En même temps, il va falloir que je supporte ses blagues pipi-caca et ses petites humiliations toute la soirée. Quand j'ai appelé le boulot pour dire que j'étais malade, je suis tombée sur Kelly. Frank n'était pas encore arrivé.

— Est-ce que tu peux prévenir Frank que je suis malade et que je ne pourrai pas venir aujourd'hui ?

— Qu'est ce qui t'arrive ? a-t-elle demandé, en bonne chienne de garde.

— Intoxication alimentaire.

— Ah ouais ?

— Ouais.

— C'est un peu soudain, non ?

— Par définition, Kelly, une intoxication alimentaire, ça ne prévient pas.

— Tu sais qu'on peut avoir besoin de te joindre chez toi à n'importe quel moment ?

— Oh, je ne vais pas bouger. Dis à Frank de m'appeler s'il veut savoir à quel point tu es une employée modèle. Salut.

Ensuite, je me suis traînée sous la douche en envisageant de balancer une bombe de fumigation dans la salle de bains avant l'arrivée d'Oliver.

*Jeudi 26 mai*

Aujourd'hui, je me sens un peu mieux. Oliver a été adorable hier soir. Il n'a pas cherché à me tripoter et m'a préparé des litres de thé. Il a même dormi sur le canapé au cas où j'aurais rechuté. Rien à voir bien sûr avec mon choix de chaînes câblées et le direct de boxe de fin de soirée.

*Vendredi 27 mai*

Ce chieur de Frank a cru que je m'étais absentée pour éviter notre prochain rendez-vous. Ou plutôt le dernier, devrais-je dire. Il est toujours aussi égocentrique, mais, apparemment, j'ai réussi à le convaincre, parce que sa sœur a elle aussi été malade après avoir mangé dans ce restau. J'ai accepté de le voir lundi prochain pour en finir une bonne fois pour toutes avec cette histoire. Je pourrai enfin retrouver un semblant de normalité.

J'ai aussi eu la confirmation que Hazel était tout bonnement géniale. Ses parents ont une maison sur l'île de Skye, et on a décidé de tous y aller pour fêter mon anniversaire. Et même si ce n'est pas pour demain, je m'en fiche ! Elle dit qu'il y a de la place pour huit personnes, un poêle à charbon, et que c'est dans un coin paumé. On va pouvoir hurler comme des fous et faire la fête comme on veut. Les cadeaux d'anniversaire à l'avance, c'est vraiment chouette !

*Mardi 31 mai*

Mon trajet au boulot a consisté ce matin à m'empêcher de gratter l'énorme bouton de chaleur insupportable qui avait fait son apparition sur ma cuisse. Malheureusement, j'ai craqué lorsque le train est arrivé à la gare centrale, et je l'ai presque arraché à travers mon pantalon.

Je sais bien que ça ne se fait pas de se gratter en public, mais j'étais désespérée.

J'ai réussi à convaincre un concessionnaire automobile d'acheter un encart publicitaire. Visiblement, Frank était ravi.

— Bravo, on essaie de les avoir depuis des mois. Comment tu lui as fait changer d'avis ?

— Je lui ai fait une offre qui ne se refuse pas en lui accordant une importante remise.

— Bien. Tu pourras économiser sur un autre client pour équilibrer tes comptes. Est-ce que tu es libre ce soir ? J'aurais besoin de tes conseils.

— Oui, d'accord, mais c'est la dernière fois, Frank. Tu me l'as promis. Je crois que j'ai rempli plus que ma part du contrat.

— C'est vrai. Ça sera la dernière. Parole de scout.

Tout le monde est parti à 17 heures, et j'ai fait mine de traîner au téléphone pour éviter que Lucy ne s'attarde et ne pose trop de questions. Une fois seule, je suis allée rejoindre Frank dans son bureau et je me suis assise.

— Alors, en quoi puis-je t'aider ?

— Je me demandais s'il y avait quelque chose d'autre que je pouvais faire pour Vanessa.

— C'est-à-dire ?

— Eh ben, tu vois… Au lit, je voulais dire. Sexuellement parlant.

— J'y crois pas. *Sexuellement parlant*, ai-je répété en me marrant.

Il avait l'air gêné.

— Ne te moque pas de moi. Oh, je crois que j'ai besoin d'un verre.

Sur ce, il a sorti une bouteille de bourbon d'un tiroir et s'est précipité au distributeur pour me rapporter un Coca. J'aurais dû m'en douter. Il a des réserves, l'enfoiré !

À son retour, j'ai pris la cannette et j'ai versé un peu de Coca dans mon mug.

— Je ne vois pas vraiment ce que je pourrais dire, Frank. Tu devrais probablement me donner plus de détails, mais peut-être que tu as peur de m'effrayer.

Il a avalé son verre cul sec, et pur.

— Ben, rien de spécial. Seulement des trucs classiques. Rien à voir avec ta vie de débauche.

— Oh ! Un peu de respect…

— … Je voudrais juste savoir si je lui donne assez de plaisir.

J'ai tendu ma tasse pour avoir du bourbon.

— Tu devrais poser la question à Vanessa, tu ne crois pas ?

— Ça va pas, non ? Elle va penser que je ne sais pas ce que je fais.

— Et elle n'aurait pas tort.

— Fais gaffe à toi. Écoute, je vais te donner des détails, mais j'apprécierais que tu me donnes des conseils sans me regarder de haut. Allez, finis ton verre.

Une heure plus tard, on était bourrés comme des coings.

— Putain, Frank. Tu la mords seulement si elle te le demande. Ça ne m'étonne pas qu'elle n'ait pas été impressionnée. On n'est pas dans *Twilight*.

— Arrête de jurer comme ça. Je voulais juste faire preuve d'originalité. Tu as déjà ressenti ça, non ? L'envie irrépressible de baiser avec quelqu'un juste en le regardant. C'est incontrôlable. C'est exactement l'effet qu'elle me fait, et je sais que je ne devrais pas te le dire, mais, avec toi, je ressens la même chose, c'est dingue, non ?

On s'est regardés, et quelque part au creux de mon estomac, j'ai compris ce qui allait se passer. Je n'ai rien pu faire. Je ne sais pas si c'est à cause de l'alcool ou si c'est parce que, depuis quelque temps, il était remonté dans mon estime, mais, à cet instant, son désir était palpable. Tout comme le mien.

— Montre-moi comment tu embrasses, ai-je dit en le regardant par-dessus mon mug.

— Quoi ? Comment, enfin…

J'ai posé mon mug et je me suis penchée, approchant mon visage à quelques centimètres du sien. Il sentait l'alcool et ce déodorant que j'avais déjà remarqué.

— Fais-moi voir, ai-je murmuré.

Il s'est penché à son tour et m'a embrassée, un baiser sage et poli au début, avant que ses mains ne se mettent à explorer mon visage et mes cheveux.

J'ai reculé d'un pas, et nous nous sommes regardés, essayant de comprendre ce qui était en train de se passer. Une minute plus tard, j'avais enlevé mon haut et remonté ma jupe, et je lui sautais dessus, sur son fauteuil pivotant. Il m'a soulevée, a fait tourner le fauteuil en me faisant basculer sur son bureau. Complètement déchaînée, je me suis débarrassée de ma culotte pendant qu'il enfilait un préservatif.

Une seconde plus tard, il me pénétrait.

Ce fut intense, excitant et assez incroyable. On a baisé sur le bureau, et ensuite sur le sol, malgré la moquette qui nous labourait les genoux.

Intense, sensuel, et totalement… immoral. Putain de merde, qu'est-ce qui m'a pris ? Je ne suis même plus capable de prendre un verre avec mon patron sans me sentir obligée de m'envoyer en l'air avec lui ?

Il souriait tout en rajustant son pantalon.

— Aussi dépravé que je l'avais imaginé. La prochaine fois, on peut peut-être trouver plus confortable que mon bureau.

— La prochaine fois ?

Il croit sans doute qu'on va remettre ça. Il se prend pour qui ? J'ai reboutonné tant bien que mal ma chemise tout en essayant de trouver mes talons, qui avaient atterri sous le bureau.

— C'était une erreur, Frank. C'est trop compliqué.

— Tu n'as toujours pas répondu à ma question. Tu vois autre chose que je pourrais améliorer ? Même si, à voir ta tête, j'imagine que non...

— Non, c'était cool. À mon avis, la meilleure chose que tu puisses faire pour Vanessa, c'est d'arrêter de niquer à tout-va. Faut que j'y aille.

Je suis sortie de l'immeuble en courant avant d'attraper un taxi. Je ne sais pas pourquoi, mais, dans ma tête, j'ai entendu Christian Bale péter un câble comme sur le tournage de *Terminator*.

— Tu te crois où, Phoebe ? Tu viens de coucher avec ton patron ! Eh bien, bravo ! Bravo !

En tout cas, même si j'ai du mal à l'admettre, « cool » n'est pas vraiment le terme approprié pour ce qui vient de se passer. En fait, c'était incroyable. Cela dit, plus j'y repense, et plus je me dis que Frank n'a jamais douté de ses performances au pieu. Je me suis bien fait baiser. Pam Potter avait raison sur toute la ligne ; ça fait des semaines qu'elle voit venir le truc. Quelle enflure, ce type. Il joue les puceaux pour me faire croire que c'est moi qui contrôle la situation et m'attirer dans ses filets. J'ai envie de le tuer.

# Juin

*Mercredi 1er juin*

Je suis entrée folle de rage dans le bureau de Frank, qui s'excusait déjà.

— Je suis désolé, mais quand tu m'as demandé de t'embrasser, je n'ai pas pu résister.

— Espèce de salaud d'enfoiré. Tu as bien caché ton jeu en prétendant avoir besoin d'aide et d'être rassuré. Quelle connerie ! T'avais préparé ton coup, c'est ça ?

Il m'a regardée.

— Pas la peine de hurler. On en avait envie tous les deux, Phoebe. Ne me fais pas croire que tu n'y avais pas pensé ?

Je n'ai rien lâché.

— C'est la dernière fois qu'on en parle. Salue Vanessa de ma part.

Je l'ai planté là et suis retournée travailler.

À 19 heures, on avait déjà niqué deux fois dans les toilettes du personnel.

*Jeudi 2 juin*

Baiser avec mon patron ne figurait pas sur ma liste. Ça a beau être dur à admettre, je trouve ça excitant à mort. Je suis paumée. Je devrais trouver ça dégueu, ignoble, dégradant et embarrassant. Je parle de Frank, merde. Version améliorée ou non, il ne faut pas que j'oublie qu'il a trois ans d'âge mental, une montre bling-bling de merde, et qu'il se la pète en permanence. Ni que j'ai toujours eu envie de le poignarder avec la petite cuillère que je range dans mon tiroir, et qu'il m'a fait jouir deux fois sur la moquette de son bureau, et que depuis je m'enflamme dès que je pense à lui. Chaque fois qu'il passe près de mon bureau, j'ai des images de lui me pénétrant, de son souffle dans mon cou et de ses mains sur mon cul. Et même si je ne peux pas le sentir, nos parties de jambes en l'air me font beaucoup d'effet.

Le coup de fil qu'il m'a passé ce matin me fait dire qu'il ressent exactement la même chose.

— Phoebe. Retrouve-moi au parking de la gare demain après le boulot.

— Pourquoi ? ai-je demandé, faussement naïve.

— Parce que j'ai envie de te ramener chez moi, de te verser une coupe de champagne, et de te faire l'amour. Dans les règles de l'art.

« Dans les règles de l'art » ? L'enfoiré, il sait que je ne peux pas me défendre, avec tous mes collègues qui écoutent. En même temps, c'est vrai que je ne bloque plus autant sur Alex, ce qui est une bonne chose, c'est clair, mais j'ai quand même l'impression de jouer avec le feu.

*Vendredi 3 juin*

Si au moins j'étais comme toutes ces filles qui sont attirées par les mecs blindés de thunes, ça me faciliterait la vie ! Le mec, il aurait droit à la totale. J'imagine très bien la scène :

— T'as vu mes nénés ! J'ai bien mérité un petit cadeau !

Et lui, il répondrait :

— Tu es unique et incroyable. Tiens, voilà quelques euros. (Parce qu'il serait français, bien sûr.)

Ça doit être super cool de vivre dans le luxe et de se faire entretenir, mais j'ai toujours pensé que ce qui comptait, c'était l'esprit, et non la taille du portefeuille. Enfin, bref, après quelques papouilles dans la voiture de Frank à la sortie du boulot, on est allés dans l'appart qu'il vient juste d'acheter et qui a dû lui coûter une fortune ; la porte s'ouvre sur un hall d'entrée gigantesque, avec des portes tout autour et un immense salon au bout. Sans surprise, la déco était ridicule. Les murs sont couverts d'un mélange étrange d'art abstrait et d'art primitif, à l'image du tapis zébré étalé sur le sol, juste en dessous d'un chandelier suspendu au plafond. Sans parler des dizaines de statuettes en bois, éparpillées au milieu de meubles hyper minimalistes et d'un écran plat aussi grand que mon lit.

— Champagne ? a-t-il demandé tout en me débarrassant de mon manteau et me proposant de m'asseoir.

Je me suis enfoncée dans le canapé d'angle en hochant la tête, hypnotisée par la statue d'un dragon luminescent qui m'observait dans un coin.

— Visiblement, Frank, tu aimes… les grands espaces, et tu ne crains pas l'éclectisme.

— Oui, j'assume. Il est tout à fait possible d'apprécier des styles différents au même moment.

— Et dans la même pièce.

— Je me fiche pas mal des commentaires esthétiques de quelqu'un qui lit de la littérature de bonnes femmes. J'ai bien vu que tu cachais *Le Monde de Sophie* dans le tiroir de ton bureau.

J'ai eu du mal à ne pas éclater de rire.

— *Le Monde de Sophie* n'est pas de la… Laisse tomber. Tu as raison, Frank. Je suis incapable de comprendre ton monde. Mais quand je vois ce qui te touche vraiment, ça m'ouvre carrément les yeux.

— N'est-ce pas ? Mais, dis-moi, on n'est pas venus là pour parler littérature, si ?

Il a pris le verre que j'avais dans la main pour le poser sur un sous-verre en verre teinté.

— Tu veux peut-être qu'on oriente la conversation sur tes magnifiques sous-verre. J'ai bien fait de venir…

— Tu es une petite maligne, toi, hein ? a-t-il dit en me prenant la main pour que je me lève.

Pour qui il se prend, ce type ? Et sa petite amie, il l'oublie ? Je n'ai rien dit, bien sûr, et je l'ai suivi docilement dans la chambre, impatiente de voir si les murs étaient recouverts de miroirs et si quelques tigres s'y prélassaient. Tamisant l'éclairage, il a joué les romantiques, ce qui, au regard des précédents épisodes, lubriques et pour le moins bestiaux, m'a paru un peu étrange. À tout instant, je m'attendais à ce qu'il claque des doigts pour faire surgir de l'abat-jour la voix chaude et profonde de Barry White. Mais non, j'ai eu droit aux premières notes de l'insupportable *My Heart Will Go On*, de Céline Dion, en direct de sa stéréo.

— Ça ne va pas être possible. Éteins ça tout de suite !

— Je pensais que tu aimais cette chanson. C'est romantique…

— Tu te fous de ma gueule ? Ça me donne envie de me jeter à l'eau, alors que le bateau n'est même pas en train de couler…

— OK.

— … et n'a même pas quitté le port…

— OK. J'ai compris, Phoebe. Je vais mettre autre chose.

Dean Martin a supplanté Céline, mais, pour être honnête, lorsque Frank a commencé à me couvrir de baisers tendres et de caresses dans les cheveux, ça m'a carrément énervée.

— Laisse tomber la tendresse. Je n'ai pas envie de faire l'amour, je veux juste tirer un coup.

— Mais non. C'est beaucoup plus agréable, et tu…

— Ta gueule, Frank. Je ne t'ai pas demandé ton avis. C'est un ordre.

Il s'est figé. Du coup, il m'a saisie par les bras et m'a jetée sur le lit, et s'est mis à me baiser sauvagement, sans même prendre le temps d'enlever ma culotte. À un moment, d'ailleurs, c'était même un peu trop violent. Certes, je voulais bien me faire secouer, mais je ne lui ai pas non plus demandé de me défoncer les reins à coups de bite. L'avantage, c'est que ça n'a pas duré, et déjà je récupérais ma jupe, en espérant qu'il se désintègre devant mes yeux, plutôt que de rester là à me regarder me rhabiller.

— Tu es vraiment une énigme, Phoebe Henderson. Tu es bien trop chiante à mon goût, et pourtant il y a un truc chez toi qui m'attire irrésistiblement. Tant que tu n'ouvres pas la bouche, je veux dire, sinon, j'ai envie de t'étrangler.

*Mardi 7 juin*

Ce soir, on est allées boire des coups en ville avec Hazel et Lucy. Pour une fois, Lucy était à l'heure, et je suis arrivée la dernière. Pour un mardi, il y avait pas mal de monde dans le bar, mais je les ai repérées sans problème au moment où elles s'enfonçaient dans le canapé en cuir marron près de la fenêtre. Hazel était splendide. Visiblement, ses vacances lui avaient fait du bien. Elle avait un teint magnifique.

Elle m'a fait signe de la main pendant que Lucy levait un verre pour me faire savoir qu'elle m'avait déjà commandé à boire. J'ai serré Hazel dans mes bras avant de m'asseoir.

— Tu es resplendissante ! Le soleil t'a carrément éclairci les cheveux, et t'as bronzé, en plus ! Bon sang, je suis super jalouse.

Lucy, bloquant sur les taches de rousseur qui couvraient ses bras, en a rajouté une couche.

— Moi, je ne bronze jamais. T'as trop de la chance ! Si j'oublie l'écran total, ma peau se met à griller. Alors, dis-nous tout ! Vous vous êtes éclatés ?

Hazel a avalé une gorgée de son French Martini.

— C'était génial. Il fallait absolument que je me pose, et Kevin a vraiment assuré. Il s'est occupé de Grace pendant tout le séjour. Enfin, quand il ne dévalait pas les toboggans aquatiques. J'ai pris des tas de photos, mais je vous les montrerai un autre jour, les photos de vacances des autres, c'est toujours chiant. Et sinon, quoi de neuf, depuis mon départ ?

Je me suis abstenue de lui dire que je me tapais Frank depuis quelques semaines.

— Oh, pas grand-chose, tu sais. La routine…

— Et toi, Lucy ? Un truc croustillant à me raconter ?

Lucy n'a pu réprimer un sourire et a rajusté la bretelle de son soutien-gorge, qui glissait dangereusement le long de son bras.

— Ben, en fait, oui. J'ai rencontré un type qui bosse à la bibliothèque de mon quartier. Je lui ai dit que je voulais bien qu'il m'invite, s'il acceptait de faire sauter mes amendes.

Hazel n'en revenait pas.

— Franchement, Lucy, t'as vraiment un don. Moi, le mec de ma bibliothèque, il a au moins soixante balais, et il porte toujours un nœud papillon. Je préfère payer mes amendes.

— Lucy est une vraie sorcière, tu le sais bien, Hazel. Tu veux boire autre chose ? ai-je demandé.

Six cocktails plus tard, j'étais dans un taxi, en direction de chez Oliver, pour un petit impromptu.

Il m'a ouvert la porte en peignoir.

— Qu'est-ce que tu fous là ?

Je me suis marrée.

— Waouh ! Tu sais recevoir, toi ! Tu me laisses entrer ? Faut que je fasse pipi.

Je l'ai poussé ; et il m'a poursuivie jusqu'aux toilettes.

— Si tu restes là, tu vas me voir pisser, et je te rappelle, jeune homme, que ce rituel n'est absolument pas sur ma liste. Tu ferais mieux d'aller réchauffer les draps.

— Inutile. Il y a déjà quelqu'un qui s'en charge, Phoebe. Tu ne peux pas rester.

J'étais morte de rire à cause du bruit de mon urine dans la cuvette et de mon état d'ébriété avancé.

— Et c'est qui, cette veinarde ? Simone ? Je peux aller lui dire bonjour ?

— Juste une copine. Si j'avais su que t'allais débarquer, je me serais débarrassé d'elle plus tôt, mais là, tu vois, on était en pleine action, alors il vaut mieux que tu t'en ailles.

Je l'ai forcé à détourner les yeux lorsque je me suis essuyée, et j'ai remonté mes collants.

— OK. Retourne tringler ton mystère. Je vais choper un taxi.

Sur le trottoir, en attendant qu'un taxi se libère, je n'ai pas pu m'empêcher de mater la fenêtre de sa chambre. Je me suis rendu compte :

1) qu'il vaut mieux éviter de lever la tête quand on a trop picolé ;
2) que j'avais l'air d'une vraie conne.

Et même si, techniquement, il n'avait rien fait de mal, j'avais l'impression de m'être fait jeter. Bordel, mais qu'est-ce que j'espérais ? Qu'il vire sa greluche en pleine nuit parce que j'étais là ?

Eh ben, ouais. J'aurais bien aimé.

*Mercredi 8 juin*

Cette nuit, j'ai rêvé que j'offrais un café à des personnes qui ne le méritaient pas.

Malgré une gueule de bois carabinée, j'ai réussi à me traîner au boulot sans gerber partout dans le train. À la pause-thé, je me suis faufilée dans la salle de réunion pour poser un instant ma tête sur la table, luttant désespérément contre le sommeil et profitant de ce merveilleux moment de calme. Malheureusement interrompu par la porte qui s'est ouverte brusquement.

— Phoebe ! Je veux bien que tu viennes bosser habillée comme si tu n'avais plus de miroirs chez toi, mais là, tu dépasses les bornes. Il faut te ressaisir.

— Lâche-moi, Frank. J'ai le droit du travail de mon côté. Mon quart d'heure de pause, j'en fais ce que je veux.

Il a refermé la porte et s'est approché de moi.

— Sérieux, Phoebe, c'est encore moi le patron.

J'ai répondu en murmurant :

— Effectivement. Mais avoue que c'est difficile de prendre son patron au sérieux quand on a eu l'honneur de voir sa bite. Ce n'est pas la peine de beugler comme un putois, j'en ai pour une minute.

— Va avaler un café et un truc à manger, et retourne bosser. Je ne voudrais pas que l'on pense que je te fais des faveurs.

J'ai relevé la tête du bureau, puis suis allée me faire un café à la cuisine, après avoir croisé Kelly, qui, apparemment, jubilait d'avoir vu Frank me passer un savon.

— Quelle honte, Phoebe ! Frank n'a aucune raison de se mettre en colère.

Je suis retournée à mon bureau en sirotant ostensiblement un café noir. Dans le mug de Kelly.

À midi, je crevais la dalle, et j'ai retrouvé Lucy à la cantine. Elle avait le teint étonnamment frais. J'ai commandé plus de café et un petit pain au bacon, en insistant pour qu'on s'installe à l'écart. Encore une fois, je n'ai pu empêcher ma tête de se poser sur la table. Ce qui a fait marrer Lucy.

— Je crois que c'est la première fois que je te vois avec une telle gueule de bois. Moi, ça va, mais je me suis arrêtée au troisième cocktail. Je n'aurais jamais tenu le coup avec tous les shots que tu t'es envoyés...

— J'ai fait ça ? Je comprends mieux maintenant.

J'ai croqué une bouchée de mon petit pain au bacon.

— Je t'ai aperçue avec Frank, ce matin. Il y a un truc que tu me caches ?

J'ai failli m'étouffer.

— Comment ça un truc que je te cache ? Qu'est-ce que tu veux dire ?

— Visiblement, il t'a dans le collimateur. Tous les coups de gueule qu'il pousse, et la façon dont il te parle devant les autres. Si j'étais toi, j'irais me plaindre. C'est vraiment un enfoiré. En même temps, je ne sais pas si tu as remarqué, mais il a l'air tout guilleret depuis quelque temps. Il a dû se trouver une greluche. Je la plains...

Ouf, j'ai cru qu'elle avait découvert le pot aux roses.

— Oui, j'ai vu. Je ne sais pas ce qu'il me veut, mais, s'il continue son cirque, j'irai me plaindre à qui de droit.

J'essayai désespérément de changer de sujet.

— Je me dis qu'il va finir par se lasser et choisir une autre victime.

Si seulement c'était vrai, mais j'ai quelques doutes là-dessus. Il ne faut surtout pas que Lucy apprenne ce qui se passe entre nous. Je serais incapable de lui expliquer quoi que ce soit. Certes, Frank m'a manipulée, mais je suis loin d'être innocente, et c'est bien ça qui me perturbe le plus. Comment pourrait-elle comprendre, si je suis moi-même incapable de trouver une explication rationnelle ?

*Jeudi 9 juin*

Ce soir, j'ai appelé Oliver pour m'excuser de mon comportement de mardi. Il n'avait pas l'air de s'en soucier.

— Ça va, t'inquiète. Ça ne m'a pas dérangé.

— Et ton amie, ça ne l'a pas dérangée ?

— Non, pas vraiment. Elle t'a juste prise pour une tarée qui voulait utiliser mes toilettes. En tout cas, c'est ce que je lui ai dit.

— Ah, tu me rassures. Je ne savais pas que tu voyais quelqu'un.

— Parce que ce n'est pas le cas. C'est juste une connaissance. Enfin, tu vois, ces derniers temps, on ne s'est pas beaucoup vus, et les rares fois où l'on s'est croisés, tu semblais être ailleurs. En plus, depuis ton intoxication alimentaire, on n'a pas baisé une seule fois. Je me suis dit que t'en avais marre de ma gueule ou de la liste. Enfin, je ne sais pas…

Je comprends qu'Oliver se sente un peu rejeté. Ces derniers temps, c'était un peu le silence radio, c'est clair. Mais ce n'était pas volontaire. C'est juste que cette histoire avec Frank m'a carrément accaparée. N'empêche que je ne pourrai jamais lui dire que je me tape mon boss. Son ego ne s'en remettrait pas.

— Mais non, t'inquiète ! Le boulot me pèse un peu en ce moment ; cela dit je suis toujours d'attaque pour les défis suivants, si ça te branche, bien sûr. Il nous en reste encore trois.

J'ai deviné son sourire à l'autre bout du fil.

— Plus que jamais ! T'es dispo comment ?

— Tout de suite ?

Il a raccroché et sonné à ma porte un quart d'heure après. Il s'est jeté sur moi et m'a prise contre le mur du salon. À l'heure qu'il est, il dort comme un bébé dans mon lit, et je m'en voudrais de le réveiller pour un deuxième round. Avec Oliver, une fois, ce n'est jamais assez.

*Samedi 11 juin*

C'est l'anniversaire de Hazel. Elle a trente-neuf ans, et, vu sa gueule, ça n'avait pas l'air de lui faire plaisir.

— Je ne voulais rien faire. C'est Kevin qui a insisté pour que ma mère vienne s'occuper de Grace et que je puisse participer à cette comédie. Je n'ai pas envie qu'on me rappelle que je vais bientôt avoir quarante balais et que mon visage s'affaisse lamentablement.

La première chose que nous avons vue en entrant dans le restaurant, c'est l'immense banderole « Joyeux Anniversaire Hazel » qui traversait la salle à manger, recouverte de ballons de baudruche. Hazel a éclaté de rire.

— Putain, j'y crois pas ! Il a loué tout le restau ! Pourquoi j'ai accepté cette humiliation publique ?

— Parce que t'adores ça, au fond. Non seulement tu n'as pas à t'occuper de Grace, mais en plus tu vas picoler gratos, tu vas t'en mettre plein la panse, et à votre retour, Kevin et toi, vous allez baiser comme des bêtes. Trop dur, la vie…

Kevin l'a rejointe et a embrassé à pleine bouche ses lèvres roses.

— Merci, mon amour, a dit Hazel. Il paraît que ce soir on va baiser comme des bêtes ? T'es chaud, mon lapin ?

Adressant un clin d'œil à Lucy, Kevin s'est mis à hurler.

— Et comment !

On a laissé Kevin aboyer à la lune et on s'est installées à notre table.

— C'est un chic type, non ? a chuchoté Hazel.

— Tu en doutais ? Il est passé d'une vie de patachon au rôle de père avec mention, à l'instant où il a appris que tu étais enceinte. Tu as tiré le bon numéro.

Le buffet chinois était énorme. J'y suis retournée au moins cinquante fois, et j'ai même failli me battre avec un type pour le dernier beignet à la crevette. Kevin a offert un médaillon à Hazel. Mon cadre photo paraissait un peu minable à côté, mais bon, au moins, je ne lui ai pas offert une combinaison résille ouverte à l'entrejambe. Contrairement à Lucy, bien évidemment. Kevin a adoré. Bien plus que Hazel.

— Je vais avoir l'air d'une superhéroïne de bas étage, Lucy. Mais merci quand même.

On a quitté le restau vers 23 heures, laissant Hazel et Kevin rejoindre le *Citizen M*, l'hôtel qu'ils avaient réservé pour la nuit. J'y suis allée une fois avec Alex et j'avais adoré la déco, un mix d'*Ikea* et de *La Guerre des étoiles*. Alex, lui, n'avait pas supporté.

J'ai papoté avec Lucy en attendant un taxi.

— Demain, je repars à l'assaut de mon rat de bibliothèque. Il est un peu long à la détente, semble-t-il. Peut-être que je n'ai pas été assez claire, réfléchissait Lucy à voix haute.

On a partagé un taxi. Lucy en a profité pour flirter effrontément avec le chauffeur, histoire d'obtenir une remise et son numéro de téléphone. Il y a des jours, j'aimerais bien être à sa place.

*Lundi 13 juin*

Aujourd'hui, avalanche de messages.

**De :** Alex Anderson
**Pour :** Phoebe Henderson
**Sujet :** mail

Tu as reçu mon dernier mail ? Faudrait vraiment qu'on se voie. Juste pour parler.

Suivi de…

**De :** Frank McCallum
**Pour :** Phoebe Henderson
**Sujet :** Question

Je n'arrête pas de penser à toi. Je te fais le même effet ?

@inzepocket77 Quand est-ce qu'on se reconnecte ? Fais-toi plaise, ma jolie.

Et, pour finir, un texto d'Oliver.

T'as mangé mon Twix ?

Ils me soûlent avec leurs questions ! C'est un vrai interrogatoire, ma parole !

Lucy est passée après *EastEnders.* Elle revenait de la bibliothèque, dégoûtée que son bibliothécaire ait refusé de sortir avec elle et d'annuler son amende de £ 18.75.

— Eh ben, dis donc ! Ton retard était de combien de jours ? me suis-je exclamée.

— Plusieurs mois, des années, je n'en sais rien. Mais ce n'est pas le problème. Le problème, c'est qu'il ne veut pas sortir avec moi. T'y crois, toi ?

— Ben, je n'en sais rien. Peut-être que tu n'es pas son genre.

— Quand on s'habille en jean de la tête aux pieds, on ne fait pas la fine bouche.

— Il a dû se douter que tu allais le casser sur son look. Il ne veut pas prendre de risques.

— Mouais... Tu sais, je crois que j'aurais dû éviter d'emprunter en même temps *La Cloche de détresse* et *Le Dernier rivage*, et de les garder aussi longtemps. Les bouquins déprimants, ça n'a rien de sexy. La prochaine fois, je fonce sur le rayon littérature érotique et je choisis un truc du genre *Le Majordome ardent* ou *La Maîtresse du bandit.*

— Les classiques, y a rien de mieux. Choisis une couverture avec une nana bien gaulée. Faut lui faire comprendre que tu ne plaisantes pas.

N'importe qui d'autre aurait lâché l'affaire et serait passé à autre chose. Mais pas Lucy. Pour elle, c'est un nouveau défi à relever. Son bibliothécaire, elle n'en fera qu'une bouchée.

*Mercredi 15 juin*

J'ai entendu la voix de Frank qui m'appelait juste au moment où je sortais du bureau.

— Tu as besoin de quelque chose ? ai-je demandé.

— Je me disais qu'on pourrait se faire un petit point, tu vois le truc ? Histoire de prendre de tes nouvelles.

— Ben, j'ai un train qui m'attend, là. Mais sinon, ça va.

— Moi aussi. J'emmène Vanessa en vacances. Je viens de réserver les billets.

— Si c'est pas mignon ! Vous décollez quand ?

— Le 22. Retour prévu le 5 juillet.

— Deux longues semaines. C'est du sérieux.

— Juste une petite escapade, histoire de recharger les batteries.

Sa main qui remontait le long de ma jupe m'a rendue un peu taquine.

— Et le programme, c'est quoi ? Mini-golf ? Ou chasse à courre, peut-être ? Avec majordome et *tutti quanti* ?

— Très drôle, Phoebe. Et, en effet, j'ai choisi un lieu raffiné où on peut jouer au golf. Tout ce que tu détestes, j'imagine. J'espère que tu es jalouse. Vanessa, elle, sait apprécier les bonnes choses de la vie. En même temps, ce n'est pas le genre de fille à laisser son patron lui faire ça…

J'ai senti deux doigts qui s'immisçaient en moi.

Je l'ai tout de suite arrêté. Pour la première fois depuis le début de cette joyeuse bagatelle, j'avais l'impression d'être une merde.

J'ai repoussé sa main d'un geste violent.

— Ce qui prouve au moins que c'est une nana sensée, Frank. C'est cool, ça me fera aussi des vacances. Ça tombe bien.

— Si c'est ce que tu veux… On se verra à mon retour.

Et il s'est levé.

J'ai rajusté ma jupe et quitté son bureau, les joues en feu. J'ai le chic pour me retrouver dans des situations vouées à l'échec. Et le pire, c'est que j'en ai conscience. En même temps, l'inconnu, ça m'a toujours angoissée.

*Jeudi 16 juin*

— Comment allez-vous, Phoebe ? m'a demandé Pam ce soir, lors de notre séance.

J'ai tout déballé. Mes exploits avec Frank, et même son tout dernier manque de doigté, soulagée de pouvoir enfin cracher le morceau. Je ne lui ai épargné aucun détail.

— Au début, je crois qu'il voulait seulement que je l'aide avec sa copine, mais ensuite il s'en est servi pour me mettre dans son lit. Il a été plus malin que je ne le croyais. J'aurais dû vous écouter.

— Et pourtant vous poursuivez cette relation ?

— Ouais, je sais, c'est dingue. Il cache bien son jeu, ce petit salaud, mais on ne maîtrise plus rien, maintenant. Je ne sais pas pourquoi, mais on est irrésistiblement attirés l'un par l'autre.

— Et qu'est-ce qui vous attire chez Frank, Phoebe ? D'après ce que vous me dites, il n'a pas l'air de vous plaire ?

— Je le sais bien ! C'est précisément ce qui me perturbe ! Il ne me plaît pas !

— Essayez de réfléchir à ce qui vous attire en lui. Cela vous permettra peut-être d'y voir un peu plus clair.

Ce que j'ai fait. Sans succès.

— Nous reprendrons le sujet la prochaine fois. D'ici là, essayez de penser à ce que vous avez à gagner dans cette relation avec Frank.

J'ai quitté son cabinet, toujours aussi paumée, et j'ai acheté du curry sur le chemin du retour.

21 h 20. J'ai trop mangé. Ça commence à devenir une habitude, et ma ceinture implore pitié. Je penserai à Frank une autre fois. Je préfère me mater *The Good Wife* sous la couette.

22 h 15. Qu'est-ce que je lui trouve, à ce type ? On n'a rien en commun. C'est comme avec cet enfoiré d'Alex. À part la

thune et les apparences, ce faux-cul n'a rien à m'apporter. C'est complètement irrationnel.

00 h 13. Je n'y crois pas, c'est le double d'Alex ! C'est peut-être pour ça qu'il m'attire ! Putain ! Je ne pensais pas être aussi maso.

04 h 10. Et pourtant… faut se rendre à l'évidence. Je laisse entrer un nouvel Alex dans ma vie, alors que le premier n'en est même pas encore sorti. Fait chier. Faut vraiment que je tire ça au clair. Ça ne peut plus durer avec Frank.

*Vendredi 17 juin*

Ce matin, Lucy m'a appelée de son bureau alors que je n'en étais encore qu'à ma première tasse de café.

— Au fait, hier soir, je suis finalement sortie avec mon bibliothécaire.

J'ai levé la tête et l'ai vue faire signe de se taire à Kelly, qui voulait parler factures.

— Putain ! Tu ne perds pas de temps. Comment t'as fait ?

— J'ai emprunté *Histoire d'O* et *L'Amant de Lady Chatterley*. Il m'a charriée en disant que c'était du porno soft. Du coup, je lui ai rappelé qu'il n'était pas autorisé à commenter le choix des abonnés et qu'il devrait m'offrir un café s'il voulait se rattraper.

— Trop fort. Et ça s'est passé comment ?

— C'est juste un petit branleur qui se la pète, je me suis contentée d'un capuccino et de quelques biscuits. Il m'a avoué que, s'il m'avait résisté, c'est parce que j'étais trop maquillée à son goût. D'après lui, les « femmes au naturel » sont souvent plus intelligentes. Ça l'a surpris qu'avec une licence de droit je bosse encore derrière un bureau.

— Merde, j'y crois pas ! Tu l'as tué, j'espère. Il te faut un alibi ?

— Absolument pas. Mais peut-être bien que, tout à fait accidentellement, j'ai renversé mon café sur lui et me suis cassée sans payer quand il est allé se faire sécher l'entrejambe dans les toilettes. Mais, à mon avis, il respire encore.

— Il va falloir que tu changes de bibliothèque maintenant, non ?

— Eh ouais. Remarque, je ne perds rien au change. Quand tu penses qu'il portait un jean blanc. Merde, faut que je… Mince, y a Kelly qui est en train de me débiner auprès de Frank.

Je me suis retournée et j'ai vu Frank, le regard vide, qui fixait Kelly, en train de mimer avec force gestes du bras la manière dont elle venait de se faire jeter par Lucy. Quand je disais qu'ils étaient tous fous dans cette boîte.

*Samedi 18 juin*

Ce matin, Oliver m'a proposé une nuit à l'hôtel, un cadeau reçu pour un service qu'il leur avait rendu.

Je l'ai assailli de questions.

— Carrément ! C'est où ? Il y a une piscine ?

— Je ne crois pas. C'est juste à Édimbourg, mais je me suis dit que ça pourrait être sympa de changer d'air. Histoire de décompresser un peu.

— Et on peut partir quand ?

— Ce soir. Ça te dit ?

Dans la voiture encore, il faisait toujours autant de mystères quant à notre destination. Je me suis imaginé une auberge un peu louche où je serais incapable de fermer l'œil de la nuit, de peur que Gustaf, le Suédois qui dormait au-dessus de moi dans le lit à étage, ne souffre de crises de somnambulisme. J'avais tout faux. En fait, on allait passer la nuit au *Witchery*, l'un des hôtels les plus chic d'Écosse, et devant lequel, soit dit en passant, j'avais traîné un jour mes guêtres dans l'espoir d'apercevoir Jack Nicholson. Six heures de ma vie perdues à jamais.

J'étais hystérique lorsqu'il a garé la voiture.

— T'es sérieux ? On va vraiment dormir là ? C'est impossible, je ressemble à une clocharde !

Oliver s'est contenté de hausser un sourcil.

— Parce que tu crois que tu vas rester habillée longtemps ? J'avais d'autres projets pour toi.

Après les formalités d'usage, j'ai passé au moins cinq minutes à courir dans tous les sens comme une gamine de cinq ans. Dans les chambres – que dis-je, les suites ! –, on se serait cru dans un vieux manoir gothique. J'en pouvais plus !

— Alors, qu'est-ce que tu en dis ?

— Quand je pense qu'il y a des gens qui peuvent se payer ça ! Regarde la taille du lit, c'est énorme. Et la cheminée. Et la moquette, c'est somptueux. Sérieusement, Oliver, t'aurais pu trouver mieux que ce trou à rats.

— Ça te plaît ? m'a-t-il demandé en se marrant.

— Il manque bien une piscine, mais je crois que je pourrai fermer les yeux sur ce détail. C'est hallucinant !

Je rayonnais, caressant les coussins de velours.

— Moi qui avais imaginé une nuit ensemble dans un Première Classe de base, avec un tableau kitchouille accroché au-dessus d'un lit un peu miteux. Putain, j'ai l'impression d'être dans un roman de Bram Stoker. J'ai toujours rêvé de passer la nuit ici ! Regarde ! Une baignoire géante ! Champagne !

— Et j'ai réservé une table pour ce soir. Tu as pensé à prendre une robe ?

— Non, juste un bas de survêt et une casquette de base-ball, ai-je plaisanté.

J'ai sorti une petite robe noire de ma valise.

— Tu crois que ça va aller ?

— Ça te dirait un petit bain ? a-t-il proposé, après un rapide coup d'œil à ma robe.

Plus tard, on s'est préparés, et Oliver a sorti le grand jeu en enfilant son costume bleu nuit. Je n'ai pas l'habitude de le voir comme ça. Beau comme un dieu. Lorsqu'on a descendu l'escalier menant à la salle à manger, les autres femmes le dévoraient des yeux.

—Merde, Oliver, tu leur fais de l'effet. Tu es splendide, ai-je murmuré.

—Tout comme toi. Tu es magnifique, a-t-il renchéri avec un grand sourire.

Un serveur distingué nous a installés en plein milieu de la salle, à une table entourée de chandeliers opulents, de statues et de suspensions florales. J'en avais presque le tournis. On a commandé du vin, avant d'étudier les menus, salivant d'avance. Le serveur est revenu quelques minutes plus tard.

—Madame et Monsieur ont-ils choisi ?

—Tu sais ce que tu vas prendre ? a demandé Oliver.

—Non. À moins que l'on puisse tout goûter !

—Je crois que nous aurons besoin d'un peu plus de temps, merci.

Finalement, j'ai choisi les coquilles Saint-Jacques en entrée, et Oliver le *haggis*. J'adore ce truc, peu importe ce qu'il y a dedans ou comment c'est cuisiné. Je trouve ça incroyable.

—Pourquoi je n'ai pas pris le *haggis* ? me suis-je exclamée lorsque les entrées sont arrivées.

—Parce que tu es incapable de choisir, et que tu savais que j'allais te laisser goûter le mien. Mais je suis au regret de te dire que c'est bien trop délicieux pour être partagé. Ta petite manœuvre a échoué.

—Allez, juste une bouchée… Je te filerai une coquille.

—Ça ne m'intéresse pas. Tu as autre chose à me proposer ?

—Ah, ah. Très drôle. Sois sympa, fais-moi goûter. Tu as presque tout mangé.

Sourire aux lèvres, il m'a passé son assiette. Pendant que je finissais ses miettes, il a tendu le bras et planté sa fourchette dans les deux coquilles qu'il me restait encore, avant de les engouffrer.

— J'adore les coquilles Saint-Jacques, a-t-il dit, la bouche pleine.

— C'est pas juste ! Tu ne m'as laissé que des miettes ! Et en plus tu m'as menti.

— C'est vrai. J'ai du mal à résister aux coquilles. J'assume totalement, et je suis prêt à recommencer.

— Ben, dis donc, t'es vraiment un traître ! Tu mériterais qu'on t'arrête et qu'on te fusille.

On a fini par partager la suite du menu, se chamaillant pour savoir qui aurait droit au dernier bout de porc ou de poisson, et on a commandé une deuxième bouteille. À la fin du repas, j'étais complètement rassasiée et passablement pompette. Oliver a signé la note, et nous avons rejoint notre suite.

Après avoir allumé la cheminée, on a ouvert la bouteille de Jack Daniel's que j'avais judicieusement glissée dans ma valise. Oliver a desserré sa cravate et s'est assis près de moi en me caressant le visage. C'était chouette.

Il murmurait à mon oreille.

— C'est super romantique, non ? Le vin, la chambre… On touche la perfection… on est vraiment à plaindre.

J'ai éclaté de rire.

— Romantique ? Qu'est-ce que t'en sais, espèce de Casanova des Highlands ! Je te rappelle qu'avant le repas tu me sautais sur le sol de la salle de bains sans même prendre le temps d'enlever tes chaussettes. T'as oublié les roses et le clair de lune, mon gars !

— Touché. De toute façon, j'emmerde les romantiques, je préfère te tringler pendant un quart d'heure sur le sol que de passer deux heures à m'extasier sur le bleu incroyable de tes yeux…

— Verts. Ils sont verts.

— … ferme-la, ou de te dire combien je te trouve stupéfiante et unique, drôle à mourir et essentielle à ma vie.

Je le regardai, incapable de parler.

— Tu as marché ? a-t-il demandé, petit sourire au coin des lèvres.

— Quoi ? Non. Pas du tout.

— Arrête ton char ! T'as pas marché, t'as couru. On devrait s'installer ensemble, se marier et faire des tas de bébés. Qu'est-ce que t'en dis, Phoebe ? Et surtout prendre un chien !

— Enfoiré.

Une heure après, j'étais clouée sur le lit, tête dans le vide, et il me léchait langoureusement la chatte, sans romantisme aucun. Un week-end mémorable.

*Dimanche 19 juin*

On est rentrés à Glasgow dans l'après-midi en se chamaillant sur la politique, la musique et sur mes soi-disant ronflements nocturnes. Oliver m'a déposée chez moi, et j'ai défait ma valise en traînant des pieds, à la fois rassérénée par ce break et endolorie par nos ébats frénétiques. Je suis aux anges. Si Oliver n'avait pas accepté de devenir mon cobaye, je n'aurais jamais su combien il était merveilleux au lit. Je me demande ce qu'on va faire une fois ma liste achevée.

*Mardi 21 juin*

La vie amoureuse de Lucy semble reprendre du poil de la bête.

— Tu te souviens du restaurant karaoké où on est allés un soir, et de David, le vieux type bien gaulé ? Eh ben, on a rencard demain soir.

— Je croyais que tu ne touchais pas aux vieux.

— C'est l'exception qui confirme la règle.

— Mais on ne devait pas manger ensemble demain soir ?

— Si. Ça ne le dérange pas. Je mange avec toi, et après il me rejoint pour boire un verre. Ou baiser, qui sait ? Ça va être quelque chose. T'es sûre que tu ne te souviens pas de lui ? Bon, c'est vrai, t'étais complètement bourrée ce soir-là.

— Mais si, comment j'aurais pu l'oublier ?

J'ai fait un gros effort, mais ça m'est revenu. Il y a une éternité de ça, on s'était retrouvés un soir avec les collègues au *Bugsy*, un bar-restau karaoké, ambiance *speakeasy*. En dehors du karaoké, l'attraction principale était la thématique gangster de la carte des cocktails, avec des noms comme « L'Affranchi », « Le Bugsy », et surtout « Le Scarface », un truc à la framboise qui m'avait tellement retourné le cerveau que j'avais soûlé tout le monde au micro avec la bien nommée « *The Lady is a Tramp* ». Je me rappelle avoir bassiné brièvement David à propos de ma piètre performance, et aussi d'avoir perdu mes chaussures, juste après avoir commandé un « Henry Hill ».

Avec un peu de chance, il ne se souviendra pas de moi.

*Mercredi 22 juin*

Manque de bol, apparemment, je l'ai marqué. Il est venu me saluer pendant que je mangeais avec Lucy et m'a demandé deux fois si j'avais réussi à retrouver mes chaussures. Je me suis éclipsée rapidement à la fin du repas, laissant opérer le charme ensorceleur de Lucy.

Cela dit, j'ai eu le temps de remarquer qu'il portait une chaîne et un bracelet en or du plus mauvais goût. Beurk ! Un vrai tue-l'amour. Lucy est en stage de formation demain, mais elle a promis de passer en fin de journée pour tout me raconter.

*Jeudi 23 juin*

Frank s'est officiellement barré en vacances pour deux semaines, laissant les tarés diriger l'asile. C'est Maureen du service compta qui a tiré le gros lot et prendra les rênes, au grand dam de Kelly.

— Elle ne bosse même pas à notre étage, bon sang. Elle est incapable de gérer les urgences publicitaires. Il aurait dû donner sa chance à quelqu'un de notre bureau.

— Comme toi, par exemple ? a persiflé Brian.

— Et pourquoi pas ? J'en serais tout à fait capable, a-t-elle répondu, inspectant ses ongles devant son écran.

— Tu serais tout à fait insupportable. Maureen a bossé des années dans notre service avant de passer à la compta. Arrête de faire ta chieuse.

— Va te faire foutre, Brian.

Pendant qu'ils se prenaient la tête, tout le monde en a profité pour passer une ribambelle de coups de fils perso, moi la première.

— Salut, Oliver. Tu fais quoi ?

— J'ai pris ma journée. Je vais jouer au foot, et après je me fais masser. Et toi ?

— Mon boss est absent toute la semaine. J'appelle tout mon répertoire pour passer le temps. Je me fais chier.

— Et le prochain défi, c'est pour quand ? À part la branlette, t'as quelque chose à me proposer ? C'est bien plus marrant quand je participe. Enfin, pour moi, en tout cas.

— Ben, là, je n'ai pas la liste sous les yeux, mec, mais je suis sûre que je vais te trouver du travail de terrain, t'inquiète.

— Je ne supporte pas que tu m'appelles « mec ». Ce n'est pas du tout ton style. Bon, faut que je te laisse, je file taper dans le ballon. N'en profite pas pour fantasmer sur mon corps ruisselant de sueur.

C'est comme s'il lisait dans mes pensées.

— Je te hais, ai-je grommelé.

Lucy est passée comme prévu, avec une bouteille de rouge, pour débriefer sa soirée avec David.

— Alors, c'était comment ? ai-je demandé en m'escrimant sur le tire-bouchon.

— Pas top. Il était encore plus stressé que moi, mais le courant est bien passé.

— C'est un bon début, mais j'en veux plus.

— Eh ben, comme il bloquait un peu sur son ex-femme, j'ai dû détourner la conversation deux, trois fois, mais c'est un gentleman, et mon « Plutôt deux fois qu'une », lorsqu'il m'a demandé si je voulais boire un café chez lui, l'a scotché. Bref, il a un appart avec vue sur le fleuve. D'ailleurs, c'est tout l'immeuble avec vue sur le fleuve qu'il possède, sans compter le restau où on l'a rencontré, un cabinet de relations publiques et un bar à Londres, que son ex-femme continue de gérer. Bonjour le compte en banque ! Il a balancé ça comme si de rien n'était. Tu crois qu'il pourrait me payer une nouvelle paire de loches ?

— Donc, il est plein aux as. Et côté cul, c'était comment ?

— J'ai dû faire le premier pas en l'embrassant. Un baiser plus que sage, sans la langue, en mode bouche-à-bouche. Je m'attendais à ce qu'il allume une clope après nos ébats, ou qu'il me donne du « ma chère et tendre » en me baisant.

— J'y crois pas. Et t'as réussi à coucher avec lui ?

— Tout juste. Tu ne vas pas le croire, mais la première chose qu'il m'a dite, c'était : « N'attends surtout pas de miracles. Une fois, ça sera déjà pas mal. »

— Quoi ? Et il était sérieux ?

— Ben, ça m'a fait marrer, mais il avait l'air tellement sincère... D'autant plus qu'il en a rajouté une couche, du genre : « Ne te fais pas d'illusions, je ne plaisante pas. »

— J'en reviens pas ! Et c'était horrible ?

— Plutôt. Des tas de gémissements à contretemps, sans compter les « mon bébé » ou les « vilaine fille ». Si j'avais su, j'aurais picolé avant. On a tout de même fini par s'atteler à la tâche, mais j'ai bien cru qu'il allait me clamser dans les bras.

— Quelle horreur !

J'étais morte de rire, essayant d'imaginer la scène, lui pathétique et à bout de souffle, et elle le chevauchant sans pitié.

— Je ne te le fais pas dire. Mais ce n'est pas tout ! En me rhabillant, j'ai remarqué une photo encadrée de son ex sur la table de chevet. Elle avait assisté à toute la scène !

Il m'a fallu au moins dix minutes pour arrêter de rire. Ça me rassure de savoir que la vie sexuelle de Lucy est aussi barrée que la mienne.

*Vendredi 24 juin*

Oliver a eu une promotion d'enfer au boulot, et il est fou de joie. Je suis très contente pour lui, même si je lui en veux de ne pas m'en avoir parlé avant. Moi, je ne lui cache rien de ma vie professionnelle, de mes pauses-déjeuner à rallonge ou des problèmes gastriques de mes collègues, mais, apparemment, il y a des choses qu'il ne veut pas partager. Ça serait peut-être bien qu'on en parle.

On est allés au restau pour fêter l'événement. De retour à la maison, on s'est fait une session à rallonge sur la PlayStation 2 – oui, je sais, j'ai dix ans de retard.

Alors que je m'apprêtais à aller me coucher, il m'a enlacée par la taille.

— T'aurais pas pris du poids ? T'inquiète, ça me plaît bien, c'est tout doux et tout moelleux.

— N'importe quoi ! ai-je hurlé, essayant frénétiquement d'enlever mon débardeur en le passant par la tête.

Il a haussé les épaules en se mettant au lit.

— Ça m'est égal. Au moins, je ne risque pas une fracture de la main quand je te donne la fessée. Et je sais de quoi je parle, tu me connais. Mieux vaut se taper un cul douillet qu'un cul osseux.

Il a raison, j'ai bien pris quelques kilos, voire plusieurs, mais je ne supporte pas qu'on me le fasse remarquer, merci bien. Ce qui expliquerait pourquoi je suis en train de fredonner « Prosper

Youpla Boum, c'est le roi du pain d'épice », en me disant qu'il est temps que je me bouge les fesses.

*Samedi 25 juin*

Aujourd'hui, j'ai commencé le régime Atkins. Je n'avais pas le choix, à part du bacon périmé et deux pauvres œufs, il y avait que dalle dans mon frigo. Du coup, après le petit déj, je suis allée faire quelques courses et j'ai rempli mes placards de trucs pleins de viande, de graisses et d'œufs. Ce régime, c'est trop de la balle ! J'ai fait l'impasse sur les féculents, je me suis gavée d'huile de cuisson et shootée à la trempette, tout en me goinfrant de fromage et d'œufs au plat. Et, mis à part une haleine infernale, je me sens optimiste et mange tous les jours à ma faim. La grande classe !

*Dimanche 26 juin*

Bien que mon régime semble fonctionner, je sens que je fléchis un peu. J'ai réussi à perdre presque deux kilos, mais je commence à en avoir ras le pompon du poulet cuisiné industriel. Je rêve dc pâtes et de pain à l'ail. En plus, je n'ai vraiment pas de bol, le seul endroit où les effets du régime sont visibles, c'est autour de ma clavicule. Au moins, ça prouve qu'il reste encore des os sous la graisse. Je commence aussi à manquer d'imagination avec les œufs ; en même temps, les œufs, on ne peut pas faire grand-chose, à part un gâteau géant, je ne vois pas.

*Lundi 27 juin*

J'emmerde Atkins ! Ça m'a dégoûté à vie des œufs et du poulet, de tout ce qui a une tête ou sort d'un truc qui a une tête. C'est pas humain ! Si les célébrités réussissent à fondre grâce à ce régime, c'est sûrement parce qu'elles ont un cuisinier attitré qui épargne ce supplice à leur palais. Je n'ai qu'une chose à dire : Atkins, je te hais. Je retire ce que je disais hier, ce n'est pas du tout de la balle. Je me sens comme une merde. J'aurai à peine tenu trois jours. Fait chier ! Rendez-moi mes croque-monsieur ! Rendez-moi mon pain ! Adieu à la glucido-parano ! Je préfère encore bouffer de la merde, c'est moins déprimant. À midi, j'ai retrouvé Oliver au pub. Il avait déjà descendu la moitié de sa pinte à mon arrivée.

— Déjà en train de picoler ? Moi, je viens seulement pour la bouffe.

— Oui, maman, c'est bien de la bière, je l'avoue. J'en conclus que tu t'es remise à manger normalement ? Je suis content pour toi.

— Ouais, j'ai besoin de me faire plaisir, et tu sais ce qui me fait plaisir ?

— Les bites ?

— Non, tu ne devineras jamais. J'adore les féculents. Comment j'ai pu imaginer pouvoir m'en passer ?

— Ou avoir besoin de ce régime ?

— C'est ta faute. Tu m'as traitée de grosse ! Je n'ai jamais eu de problèmes avec le pain.

— Je n'ai jamais dit que t'étais « grosse ». D'ailleurs, j'aurais dû fermer ma gueule.

Il a regardé son sandwich avec méfiance avant de poursuivre.

— Bon sang, c'était censé être un compliment. Je ne m'attendais pas à ce que tu en fasses tout un fromage. Pour moi, tu étais au-dessus de tous ces trucs de midinettes.

C'est à se demander s'il me connaît vraiment.

— Tu m'excuseras, mais avec tous les sacs d'os que tu te tapes, je ne me sens pas très en confiance. Je ne fais pas le poids, elles sont bien trop minces pour moi.

— Tu as raison, Phoebe, j'apprécie les tailles mannequin, et j'assume totalement. Mais tu as un corps merveilleux. Et ton cul et tes seins sont divins. À ton avis, pourquoi je couche avec toi ?

— Parce que je te l'ai demandé ?

— Pas du tout. Parce que baiser avec toi, c'est le top, putain. Et tu sais quoi ? Entre un ventre bien en chair et des côtes saillantes, y a pas photo. Si tu ne te sens pas bien dans ta peau, je n'y peux rien. Mais si t'assumes, alors fais-toi plaise avec ton pain. Ça m'est complètement égal.

En retournant au boulot, je me suis rendu compte qu'il avait raison, encore une fois, et ça m'énervait un peu. C'est mon problème, c'est clair. Pas le sien. Les mecs n'en ont rien à foutre de prendre du bide, ils en sont même assez fiers. Alors que, pour une femme, c'est un signe d'échec, une difformité. Tout ça est ridicule. Et je suis ridicule. La Terre ne va pas s'arrêter de tourner à cause de quelques kilos superflus. J'emmerde les régimes !

*Jeudi 30 juin*

— Demain, on m'envoie au siège de la boîte pour former de nouvelles recrues, a annoncé ce soir Oliver, l'air de rien.

— Oh, c'est génial ! Et tu seras absent combien de temps ? ai-je demandé en allumant une clope.

— Un petit mois. C'est à Chicago. Je m'envole demain matin.

J'ai avalé ma fumée et bredouillé.

— Un mois ? À Chicago ? Mais… Mais…

— Mais quoi ? Je suis sûr que tu peux trouver quelqu'un d'autre pour te tenir compagnie. Tu n'as que l'embarras du choix.

— Ce n'est pas le problème. Je suis surprise, c'est tout.

— Tu pourrais en profiter pour faire un break pendant mon absence.

J'ai aussitôt repoussé cette idée.

— Ouais, c'est ça. Je vais rester plantée là à attendre que tu reviennes. Je pourrais toujours allumer un cierge ou me mettre à la poésie… Non, je sais, je vais enfiler une chemise de nuit blanche et errer dans la lande en hurlant ton nom, Oli…

Il m'a interrompue.

— J'imagine tout à fait le tableau… Arrête tes conneries.

Il est allé dans la cuisine, et je l'ai entendu ouvrir une bière.

— Tu boudes, Webb ?

Aucune réponse.

— Eh, Calimero, tu fais bande à part ?

Toujours pas de réponse.

— Bon, ben, si monsieur a ses règles, je vais y aller.

Il est revenu dans le salon en me tendant une bière.

— Tiens, c'est pour la route. Désolé, mais là, je n'arrête pas de penser au boulot. Je t'envoie un texto demain matin, avant mon départ.

Je l'ai laissé, un peu contrariée. Pourquoi il ne m'a rien dit avant, putain ? Et puis, je ne comprends pas pourquoi il fait la gueule, ce n'est pas lui qui se retrouve sans pote de baise pendant plus d'un mois, merde. Qu'est-ce qu'il peut être égoïste, parfois…

# Juillet

*Vendredi 1er juillet*

Oliver s'est envolé au bout du monde pendant plus d'un mois. Je me retrouve privée de mon pote et je risque sérieusement de me retaper Frank. J'ai chopé un *vanilla latte* et un croissant sur le chemin du bureau, soulagée qu'il soit encore en vacances, me laissant ainsi quelques jours de répit pour tenter de comprendre ce que je fous avec lui. À vrai dire, je n'en ai aucune idée. Depuis le début de cette histoire, je ne suis plus moi-même. Je commence à comprendre les accros au sexe. Quand je ne baise pas, j'ai l'impression qu'il me manque quelque chose, un peu comme lorsque j'oublie mon vernis à ongles ; je me sens nue et excessivement vulnérable. C'est pour ça que j'ai décidé de poursuivre ma quête sans Oliver. Après tout, j'ai déjà tenu six mois et j'ai vraiment l'impression d'avoir rattrapé le temps perdu. Normalement, le prochain défi est à ma portée, et qu'Oliver soit là ou non, ça ne change rien, je n'ai pas besoin de lui. Baiser avec un inconnu ; c'est anonyme, sans prise de tête – rien que du cul. Après le plantage intégral avec Richard, je ne veux surtout pas approfondir, c'est trop risqué.

Sans Frank, l'ambiance au boulot était assez relax. Avec Lucy, on a pu faire traîner la pause-déjeuner et la rallonger d'au moins une demi-heure, sous le regard de Kelly, qui a menacé de nous balancer à Frank dès son retour.

— C'est n'importe quoi, vous abusez carrément ! pestait-elle, mains sur les hanches.

— On fait ce qu'on veut, et c'est pareil pour toi. Si tu veux nous balancer à Frank, c'est ton problème, mais tu te fourres le doigt dans l'œil si tu penses que j'en ai quoi que ce soit à branler, a rétorqué Lucy.

Brian a applaudi, traité Kelly de gamine, avant de crier haut et fort qu'il allait nous acheter des bonbons. Brian, ce crétin de macho, s'est rattrapé !

*Samedi 2 juillet*

Je pensais avoir des nouvelles d'Oliver, au moins un petit mail pour me dire qu'il était bien arrivé, mais non, pas un signe. Bah, il doit encore faire la gueule pour rien. De toute façon, j'ai d'autres chats à fouetter. Il faut que je planche sur mon prochain défi. Pécho un type dans un bar, ce n'est pas très compliqué, mais ça veut dire passer la soirée à chercher un mec baisable, échanger des banalités, s'enfiler des litres d'alcool, et ensuite, après avoir conclu, se taper l'inévitable « On s'appelle » au moment de se séparer. Ça m'épuise d'avance. En plus, je ne veux surtout pas ramener de mec chez moi, je n'ai pas envie qu'il sache où j'habite et vienne me harceler ou débarque en pleine nuit parce qu'il a envie de tirer son coup, en étant persuadé que je n'attendais que ça. Des mecs qui veulent baiser, ce n'est pas ce qui manque. Moi, ce que je veux, c'est qu'il soit un minimum attirant, discret, et à peu près équilibré car je voudrais éviter autant que possible de finir dans le coffre d'une voiture. Du coup, j'ai balancé une annonce sur le Net.

> Femme, la trentaine, recherche homme attirant pour rencontre sans lendemain. *Safe sex* et discrétion souhaités.

En fait, j'aurais dû écrire : « Femme cherche homme pour plan cul pragmatique. Psychopathes et tueurs, s'abstenir. »

Cette fois, je ne veux prendre aucun risque.

16 h 50. Hazel est passée cet après-midi avec des muffins qu'un client lui avait offerts.

— Ils me détruisent l'estomac, je crois que je ne supporte pas les fibres. Cadeau.

— Sympa de me refiler un truc qui te fiche la courante, Hazel.

Après un café vite fait bien fait, elle a filé en ville récupérer Kevin et Grace au parc de jeux intérieurs de loisirs pour enfants.

— C'est Kevin qui s'y colle. Moi, je déteste ce genre de lieux. Les enfants des autres, je trouve ça insupportable. Si ça te dit de me rejoindre plus tard pour un japonais…

— C'est tentant, mais je crois que, pour moi, ça va être canapé-film-vodka ce soir. J'ai besoin de me retrouver pour décompresser.

Elle s'est resservi un café.

— Veinarde. Tu picoles pas mal en ce moment. Et l'alcool, tu sais, non seulement ça fait grossir, mais en plus ça fait déprimer.

— T'as remarqué ? Et moi qui pensais que c'était les féculents. C'est pour ça que je bois, pour oublier que je suis grosse.

— N'importe quoi. Tu bois parce que tu t'ennuies. D'ailleurs, tu exagères, tu n'es pas obèse. Tu as juste pris quelques kilos. Ce n'est pas une raison pour te bourrer la gueule ce soir parce qu'Oliver te manque, a-t-elle raillé.

— Il ne me manque absolument pas, et je n'ai pas du tout l'intention de me bourrer la gueule.

20 heures. Pas de film d'horreur, ce soir. J'ai envie de regarder un truc profond et intelligent. Elle arrache la gueule, cette vodka.

21 h 05. Je regarde le début de *Black Swan*. Ça part bien.

21 h 55. Ça me gonfle carrément.

22 h 19. Je laisse tomber, c'est trop chiant.

23 h 15. Je regarde *Zombieland*!

1 h 30. Vodka ! Vodka !

2 h 15. Il me manque grave, cet enfoiré.

*Dimanche 3 juillet*

J'ai émergé à 16 heures, avant de me recoucher aussitôt. J'ai fait une nouvelle tentative vers 19 heures et je me suis concocté un toast au fromage. Ensuite, je suis allée vérifier mes mails pour voir si on avait répondu à mon annonce. La vache ! Vingt-six réponses. Dont vingt-cinq photos de bites sans aucune de leur propriétaire. Je vais avoir du mal à choisir. Je m'en balance de leur queue. Ce qui m'intéresse, c'est la gueule et le corps qui vont avec. Le vingt-sixième message, sans aucune photo, provenait d'un « jeune et toujours fringant sexagénaire » de l'âge de mon père.

Faut que je trouve autre chose. C'est mort, putain ! Je viens d'envoyer un mail à Oliver. C'est bien plus drôle avec lui. Quand il est là, je suis en confiance, je me sens capable de tout, et je sais qu'il ne me juge pas. Je me dis que c'est pour ça qu'on est encore potes. Un autre mec m'aurait déjà lapidée ou noyée. Fait chier, ça va vraiment être chaud sans lui.

Ce mois de juillet me paraît déjà interminable. Je crois que c'est le moment de faire un break, et ça tombe bien, j'ai des jours de congés à prendre. Je ne pourrai pas aller bien loin avec mon compte en banque, mais une semaine à faire des trucs tranquilles chez moi devrait faire l'affaire.

*Lundi 4 juillet*

Vendredi soir, c'est soirée filles. On va danser et picoler toute la nuit. Rien qu'une fois, faudrait peut-être que j'essaie de me pinter la gueule à l'alcool de luxe, ça me ferait du bien. Mince, voilà qui ferait plaisir à Frank. D'ailleurs, j'ai posé ma demande de congés sur son bureau pour qu'il la signe à son retour. Je me demande comment ses vacances avec Vanessa se sont passées. Je parie qu'il lui a fait le coup du champagne et des petits chocolats au coin du feu. Trop romantique… J'espère qu'ils ont fondu. Les chocolats, je veux dire, pas Frank et Vanessa. Non, je retire. J'espère qu'ils ont fondu, eux aussi. Peut-être qu'ils ont loué une cabane perdue dans les bois. Et qu'il y avait des ours. D'énormes plantigrades affamés ! Cela dit, je ne sais même pas s'il y a des ours en Écosse. Je viens de vérifier. Il n'y en a pas. C'est la loose.

*Mardi 5 juillet*

Comme j'avais fini de bosser, je suis allée faire un tour sur Twitter. Un message m'attendait.

@inzepocket77 Tu fais la gueule ? Je suis libre la semaine prochaine. Ça te dirait qu'on se voie ?

Au moment où j'allais répondre, Lucy a surgi avec un café et s'est installée à côté de moi, le regard sur mon écran.

— Je me fais chier comme un rat mort. Tu fais quoi ? C'est qui ?

— Petite curieuse ! Un type sur Twitter. Il veut qu'on se rencontre.

— Oh, un vrai rencard ? Ou juste un petit coup qu'il pourra commenter ensuite sur Twitter ?

— Je ne le connais pas vraiment, alors baiser avec lui, ça voudrait dire…

Je me suis arrêtée au milieu de la phrase. Si j'avais été un personnage de dessin animé, une ampoule clignotante serait apparue au-dessus de ma tête.

— Ça voudrait dire quoi ? Allez, accouche ! a insisté Lucy.

— Baiser avec lui, ça voudrait dire que je peux barrer mon prochain défi. C'est nickel. Pourquoi je n'y ai pas pensé avant ?

— Tu viens juste de le faire.

— C'est parce que tu es là pour m'inspirer. Je vais lui dire que je suis à fond les ballons.

— C'est bizarre, mais tu as raison. Je suis née pour être une muse.

Je lui ai répondu pour lui dire que j'acceptais sa proposition. Ce n'est pas aussi anonyme qu'il le faudrait étant donné que j'ai déjà vu sa tronche et qu'on a échangé quelques twits, mais, après les réponses à mon annonce, je crois que ça va être chaud de faire plus anonyme. C'est l'occasion de relever un défi de plus. Et le mois de juillet vient à peine de commencer ! Je me surpasse. Finalement, ma liste est bien trop courte.

*Mercredi 6 juillet*

Quand je suis arrivée au bureau ce matin, Frank bassinait tout le monde avec ses vacances. Il me semble qu'il a parlé d'huîtres et d'hôtels cinq étoiles. Et même si je suis restée l'oreille collée au téléphone pour ne pas entendre ce qu'il racontait, j'imagine que notre Indiana Jones de service n'a pas manqué de chevaucher son tapis volant et d'occire quelques dragons pendant son séjour.

**De :** Frank McCallum
**Pour :** Phoebe Henderson
**Sujet :** Content de me voir ?

Je suis de retour. C'était génial. J'ai signé ta demande de congés à contrecœur... Tu as des projets excitants ?

J'ai pensé à toi... et même beaucoup. Faut que je réussisse à t'oublier. Ça ferait du bien à tout le monde.

**De :** Phoebe Henderson
**Pour :** Frank McCallum
**Sujet :** Re : Content de me voir ?

Tu ne me paies pas assez pour des vacances excitantes. Et tu as raison, ça ferait du bien à tout le monde. Je te suggère donc de tout arrêter. Ça réglera le problème.

**De :** Frank McCallum
**Pour :** Phoebe Henderson
**Sujet :** Re : Content de me voir ?

OK pour moi.

Je n'ai pas répondu, et les mails ont cessé. Ce qui m'a soulagée, tout en me contrariant. Bizarrement.

21 heures. J'ai décidé de rattraper mon retard dans tous les livres que j'ai à lire, histoire d'oublier un peu mes tarés de soupirants et de canaliser mes hormones. Je suis au lit, pelotonnée avec *Le temps n'est rien* d'Audrey Niffenegger, et pour l'instant c'est le meilleur bouquin que je lis depuis des siècles. Je sais bien que les histoires à l'eau de rose, c'est passé de mode, mais y a rien de mieux que deux amants qui ne peuvent pas vivre l'un sans l'autre et qui s'embrassent encore dans les règles de l'art.

23 heures. Waouh, ça me manquait, la lecture. Je suis capable de rester toute une journée dans la tête d'un autre. J'adore lire.

Minuit. Impossible de lâcher ce bouquin. Je me suis fait du café pour tenir jusqu'au bout. Ma vie est une comédie à deux balles.

3 heures. Je suis toute tourneboulée. Henry meurt à la fin. C'est nul, la lecture.

*Vendredi 8 juillet*

Aujourd'hui, au boulot, j'étais tellement crevée que j'ai fait semblant d'être malade pour partir plus tôt. Frank n'avait pas l'air convaincu, j'ai dû en faire des tonnes sur mes pertes menstruelles et lui raconter des histoires horribles de caillots pour qu'il se décide enfin à me jeter de son bureau. J'ai fait une sieste, et j'ai hâte d'être à ce soir pour qu'on puisse faire la fête et se lâcher entre filles. Frank n'a fait aucune allusion à notre histoire, il semblerait que les choses reviennent à la normale. Ce qui me gêne, c'est que même si on réussit à s'ignorer et à se limiter à une relation professionnelle, je vais avoir du mal à oublier qu'on s'est vus à poil sous toutes les coutures.

Toujours pas de nouvelles d'Oliver, je me dis qu'il est déjà accro à une splendide brindille américaine, une Brandy ou une Clammy, et qu'ils sont en train de se peloter dans les tribunes d'un stade de base-ball en s'enfournant des hot-dogs bien membrés.

Je l'emmerde… Je vais me déhancher toute la nuit avec Lucy, ça va être le délire.

*Samedi 9 juillet*

On s'est éclatées hier soir, ça faisait des siècles que je n'avais pas dansé.

Je suis passée chez Lucy pour me préparer. Sa douche est beaucoup mieux que la mienne, et, avec son fer à lisser, au moins, je ne risque pas de me brûler les pointes, contrairement au truc que j'utilise d'habitude.

— Je porte mes bottes de motard et ma petite robe patineuse, a déclaré Lucy.

Je me suis marrée.

— Ça veut dire que ça va être branché, c'est ça ? Impec, j'ai mon jean et mes Converse. Je ne veux surtout pas avoir mal aux pieds.

— Cool ? J'ai envie de rock et de nanas tatouées. J'en ai plein le cul des minets en Fred Perry. On se boit un verre de rouge avant d'y aller ?

J'ai marmonné un oui un peu étouffé par le haut noir que j'étais en train d'enfiler, mon préféré, celui avec les manches transparentes. Je savais très bien qu'on n'allait pas se contenter d'un verre.

Une bouteille de chardonnay plus tard, on a sauté dans un taxi, qui nous a déposées au *Cathouse*, le quartier général des rockeurs sur le retour, des ados emos et de tous ceux qui naviguent entre les deux.

On a dansé et picolé, picolé et dansé, et j'ai remarqué que 700 gin tonic me rendaient complètement débile. On dirait que j'attire les petits jeunes en ce moment, c'est inouï.

À un moment, un mec d'une vingtaine d'années, complètement déchiré et clopinant avec une chaussure en équilibre sur le bout du pied, a tenté de me draguer.

— Tu veux voir à quelle distance j'envoie balader ma pompe ?

Assez loin, en fait. C'est la meilleure technique d'approche que je connaisse.

Le champion du monde de lancer de pompe m'a abreuvée de compliments éthyliques, mais je n'ai pas flanché. Même son : « Tu as un corps hallucinant » ne m'a pas donné envie de le ramener chez moi, encore moins le fait qu'il ait dû me le répéter au moins cinquante fois. C'était plus du tout crédible. On a quand même échangé un baiser sur le trottoir, et j'ai halluciné quand il s'est mis à glousser niaisement en me touchant les seins. Les mecs de mon âge, apparemment, je ne leur fais plus aucun effet. Ils préfèrent les filles plus jeunes. Alors que les types de vingt ans, ils craquent sur les vieilles. Cela dit, après le plantage avec Richard, je crois que je préfère m'amuser avec un mec de mon âge.

Malheureusement, la fin de soirée n'a pas été à la hauteur de mes espérances. Lucy a dégoté un vrai clodo, carrément craignos, et on a fini chez lui – je ne sais même pas comment il s'appelle. Je me suis effondrée sur son canapé, ivre morte, et, à 7 heures, j'ai été réveillée par le son de leurs ébats, découvrant avec horreur le trou à rats dans lequel on avait atterri. J'ai failli me barrer en hurlant. C'était immonde. Et encore, je suis sympa, je ne pensais pas que c'était possible de vivre dans une telle crasse. Le sol était jonché de cendres et de déchets, et il y avait des restes de bouffe moisie sur toute la vaisselle. Je n'ai même pas osé ouvrir le frigo de peur qu'il soit gardé par Zuul, le Cerbère de la Porte des Enfers. Bon sang, comment c'est possible de vivre comme ça ?

— Y avait même pas de draps. Je ne suis jamais tombée aussi bas ! s'est exclamée Lucy dans le taxi qui nous ramenait.

Elle m'a fait promettre de ne plus jamais parler de cette histoire, et a passé le reste du trajet tête dans les mains, à répéter en marmonnant :

— Putain, quelle déchéance ! Quelle déchéance !

En fin de compte, Lucy est aussi paumée que moi, et franchement, à sa place, je serais dans le même état. Je n'aurais pas aimé me réveiller sur un matelas miteux, à côté du type à l'origine de la prochaine épidémie de peste.

*Dimanche 10 juillet*

J'ai retrouvé Hazel et Lucy au *Blackfriars*, un pub du quartier historique de Merchant City. Hazel était impatiente qu'on lui raconte notre soirée.

— Alors, votre petite soirée de vendredi, c'était comment ? Je serais bien venue, mais le *Cathouse*, c'est pas mon truc.

Lucy a croisé mon regard.

— Eh ben… pas mal. Phoebe, parle-lui du type avec la chaussure.

Hazel s'est marrée en m'écoutant raconter mon aventure avec le lanceur de pompes.

— Et tu as réussi à rester sage, Phoebe ? Il avait l'air mimi, pourtant.

— Je confirme. Mais, tu sais, les mecs trop jeunes, j'ai ma dose. Je ne comprends pas pourquoi ils flashent autant sur les nanas qui pourraient être leur mère, ai-je répondu.

— C'est une tradition ancestrale. Ils aiment les femmes qui ont de l'expérience, c'est parce qu'on est moins coincées. C'est plutôt flatteur, non ?

Lucy a enfourné son hamburger.

— Et ils sont plus reconnaissants, aussi. Enfin, vous voyez, ils savent apprécier un néné à sa juste valeur. En même temps, ils s'enflamment pour un rien, a-t-elle précisé.

J'ai marmonné un truc, regrettant d'avoir pris des pâtes plutôt qu'un hamburger.

— J'ai passé l'âge de jouer à touche-pipi. Oliver, lui, ne ricane pas niaisement quand il me touche les seins.

Hazel en était déjà à son deuxième gin. Elle était d'humeur joyeuse.

— C'est peut-être parce que « Tu as vraiment un corps hallucinant, mec ». Les hommes ne bloquent pas sur les mêmes choses que nous. Là où ils voient une paire de loches ou de fesses, nous on voit de la cellulite.

— Pourquoi tu ne sors pas officiellement avec Oliver ? Tu passes ton temps avec lui, a fait remarquer Lucy.

— Oliver, mon petit ami ? Sûrement pas. Question relations, il est aussi nul que moi. Si on se mettait ensemble, ça gâcherait tout. On est bien comme ça.

J'ai vu Lucy et Hazel échanger un regard complice.

— Si tu le dis, a ironisé Lucy.

*Lundi 11 juillet*

Avec Oliver à l'autre bout du monde, mon histoire avec Frank apparemment terminée, et sans le moindre éphèbe à l'horizon, j'ai passé la journée à mater le cul de Stuart. Pour en discuter ensuite par mail avec Lucy. Avant de faire la même chose avec le principal intéressé. Et comme je n'avais plus rien à faire, j'ai observé un pigeon débile sur le toit de l'immeuble d'en face. Mon manque d'ardeur à la tâche n'a pas échappé à Frank.

**De :** Frank McCallum
**Pour :** Phoebe Henderson
**Sujet :** Requête

Phoebe, je sais que tu es en congé vendredi pour une semaine, mais si tu pouvais te mettre au boulot, ça m'arrangerait.

Je l'ai ignoré.

**De :** Frank McCallum
**Pour :** Phoebe Henderson
**Sujet :** Re : Requête

Ne m'oblige pas à te faire venir dans mon bureau, Phoebe.

**De :** Phoebe Henderson
**Pour :** Frank McCallum
**Sujet :** Re : Requête

Pour quoi faire ? Je croyais qu'on avait arrêté, t'as déjà oublié ?

**De:** Frank McCallum
**Pour:** Phoebe Henderson
**Sujet:** Re: Requête

C'est ce que tu crois. Je t'observe en ce moment même en train de mâchouiller ton stylo, et ça m'excite tellement que, si je me levais, ma bite viendrait percuter le pigeon que tu regardes depuis plus d'un quart d'heure. Je te ramène chez toi.

Du coup, Frank m'a déposée à la maison et, forcément, on a craqué. Visiblement, on a du mal à mettre un terme à cette histoire. Ça me rend tarée. D'après lui, la direction péterait un câble si ça se savait. C'est ce qu'il m'a dit en grognant alors qu'il était sur moi. J'ai roulé sur le côté et on a fait les petites cuillères. J'adore cette position.

— Sans déc, faut vraiment qu'on arrête, ai-je dit, gémissante.

Il m'a retournée sur le ventre.

— Calmons le jeu, alors. On s'est bien amusés, mais (*accélérant le rythme*) bon sang, ce que c'est bon, je pourrais continuer toute la journée.

Au bord de l'orgasme et sans voix, on a dû interrompre momentanément la conversation.

Ensuite, on s'est mis d'accord pour décréter que c'était la dernière fois. Au fond, je ne suis même pas sûre de l'apprécier, et je suis à peu près certaine qu'il pense la même chose de moi.

— Ça va ? Pas trop dur ? m'a-t-il demandé en partant.

Je me suis gardée de saisir la perche qu'il me tendait en évitant toute allusion salace.

— Bien sûr, aucun problème. C'est plus sage. De toute façon, je te déteste.

Il a éclaté de rire.

— Moi non plus.

*Mardi 12 juillet*

Aujourd'hui, la routine du bureau a été égayée par la visite d'une femme qui a demandé à voir Frank. Quelques minutes plus tard, il nous présentait officiellement Vanessa, sa petite amie. La mystérieuse Vanessa existait donc vraiment. C'est une femme très élégante, jolie et svelte, qui doit approcher la quarantaine. Frank l'a embrassée devant toute l'équipe, et on s'est mis à glousser comme des préados. L'heureux couple s'en est allé main dans la main, et Frank a pris soin d'éviter mon regard quand ils sont passés près de moi. C'est sans doute sa manière de mettre officiellement fin à notre liaison. Il avait l'air très heureux, et ça m'a soulagée. Les choses étaient beaucoup plus simples quand il se contentait d'être le patron chiant et détesté, et non le type à peine moins exaspérant auquel j'ai fini par m'attacher. J'espère sincèrement que leur histoire va marcher.

*Mercredi 13 juillet*

Alex m'attendait à la sortie du boulot. C'est vraiment un enfoiré. Ça ne lui était pas arrivé depuis le début de notre histoire, et je ne pensais pas qu'il oserait. Il était planté devant la porte, l'air de ne douter de rien, clope au bec, sachant pertinemment que je ne pourrais l'éviter. Dommage qu'il n'y ait pas de porte tambour, j'aurais pu retourner illico à mon bureau sans m'arrêter.

— Putain de merde ! Qu'est-ce que tu me veux, Alex ?

— Juste parler, Phoebe. Tu ne réponds pas à mes mails.

— Ça devrait te suffire pour comprendre que je n'en ai pas envie, non ? ai-je rétorqué en faisant demi-tour.

— Tu vois quelqu'un ?

— Ça ne te regarde pas.

— Ça veut dire non, alors. Écoute, j'ai besoin qu'on parle de certaines choses. S'il te plaît. Juste un dîner, ce que tu veux, je ne sais pas, a-t-il imploré, essayant de me rattraper.

Je me suis arrêtée net, hors de moi.

— Non, je te dis ! Ça ne m'intéresse pas. Casse-toi.

Il s'est barré, hochant la tête de droite à gauche. Tout comme moi. Pour qui il se prend, bordel ? Pourquoi il me demande si je vois quelqu'un ? Il sait très bien que, si c'était le cas, je ne me serais pas privée de le lui balancer à la gueule !

*Vendredi 15 juillet*

Premier jour de vacances ! Une semaine entière à glander, c'est ma seule priorité. Et j'ai reçu un mail d'Oliver ! Internet, c'est formidable.

**De :** Oliver Webb
**Pour :** Phoebe Henderson
**Sujet :** COUCOU !

Alors, quoi de neuf ? Je suis coincé ici à former des gamins de vingt ans, une bande de petits minets aux sourires agaçants. Une fille du marketing m'a proposé d'aller boire un verre avec elle et j'ai dû fouiner dans les fichiers de la boîte pour m'assurer qu'elle était bien majeure. J'ai failli accepter, mais je me suis dit qu'il valait mieux que je contrôle ma bite dans le cadre du boulot. Enfin, bref, j'ai hâte que tu me racontes tes mésaventures sexuelles, je suis chaud comme la braise. Prépare-toi, tu vas souffrir à mon retour – te voilà prévenue.

Il devait être 2 heures du mat quand je l'ai reçu, du coup, je lui répondrai demain. Ça m'a tellement fait plaisir que j'ai préféré aller me coucher avant qu'un truc ne vienne casser mon délire.

*Samedi 16 juillet*

Je me suis fait épiler les sourcils et manucurer en vue de mon rendez-vous de ce soir avec l'inconnu @inzepocket77, qui, dans la vraie vie, s'appelle Scott. Comme je voulais être sûre d'avoir envie de coucher et de voir la gueule qu'il avait, je lui ai donné rendez-vous en ville pour prendre un verre.

J'étais complètement speed en arrivant dans le bar. C'était autre chose que de ramener chez moi un type dragué au hasard après une nuit de picole. Ce plan cul était prémédité et planifié à jeun. Je me suis donc retrouvée seule dans ce bar avec mes bottes de salope et mon jean moulant. C'est le premier défi qui me faisait autant flipper.

En arrivant, j'ai cherché des yeux un visage qui ressemblait à celui que j'avais vu sur Twitter, mais, avec le monde qu'il y avait, c'était mission impossible, un peu comme dans une version alternative de *Où est Charlie ?* Je me suis dit qu'il finirait par me trouver, et je suis allée m'asseoir à une table. En voyant le serveur arriver, j'ai fouillé dans mon sac pour trouver mon porte-monnaie.

— Qu'est-ce que je vous sers ?

— Un gin citron vert, s'il vous plaît. Sans glaçons.

— Pas de souci. Ensuite, on va chez moi ?

— Je vous demande pardon ?

J'ai posé mon sac et détaillé la version 3D et souriante du minuscule portrait Twitter que je connaissais : un type de ma taille, lunettes branchouilles, cheveux blonds et courts.

— Scott ? Ça alors ! Tu bosses ici ?

— Je suis le manager. Le service se termine dans une demi-heure, mais avec le monde qu'il y avait, je me suis dit que j'allais filer un coup de main en attendant que tu arrives. En tranche ?

— Je te demande pardon ?

— Le citron vert.

Je me suis marrée, désarçonnée par la situation.

— Oh, ah. Avec plaisir.

Il m'a tendu un verre en repoussant mon billet.

— Offert par la maison. Donne-moi cinq minutes, et je suis à toi.

J'ai pris mon verre en laissant échapper un profond soupir de soulagement. C'était un type normal, avec un boulot normal. Et, à première vue, il était baisable.

Il est revenu et s'est assis à côté de moi.

— Enfin ! T'es toujours partante ? a-t-il demandé en s'enfilant son whisky.

— Eh ben, dis donc, t'es du genre subtil à ce que je vois. Mais oui, c'est toujours OK, ai-je répondu en riant.

— Cool. Finis ton verre, alors. Je n'ai pas l'intention de passer le reste de la soirée à picoler sur mon lieu de travail, et d'être trop bourré pour pouvoir baiser avec toi, parce que je peux te dire que ce n'est pas l'envie qui m'en manque.

J'étais bouche bée. J'ai à peine eu le temps de finir mon verre que déjà il m'entraînait vers la sortie et hélait un taxi.

On s'est retrouvés chez lui. Il habite au rez-de-chaussée d'un immeuble traditionnel à Shawlands, un quartier réputé pour ses parcs magnifiques, ses étudiants fauchés, et la quasi-impossibilité de pouvoir s'y garer.

On était à peine entrés dans son appart qu'il m'embrassait déjà. J'ai répondu à son baiser, et il a enlevé ma veste, me poussant vers un salon plongé dans l'obscurité.

— Visiblement, c'est la routine pour toi ? ai-je fait remarquer alors qu'il cherchait l'interrupteur.

— Ben, ouais. Faut bien que Twitter serve à quelque chose.

La lumière s'est allumée sur un salon incroyablement bordélique. J'ai failli lui demander s'il venait d'être cambriolé, mais j'ai pensé qu'il valait mieux éviter de se moquer d'un inconnu avec lequel j'étais sur le point de coucher.

— Si tu le dis. Moi, je n'en sais rien, c'est une première.

— À une soirée mémorable, alors, n'est-ce pas ?

Je n'ai jamais vu un type se foutre à poil aussi vite. Je n'ai même pas eu le temps de finir de déboutonner mon pantalon qu'il était déjà devant moi, bite au garde-à-vous. J'ai défait la fermeture Éclair de mes bottes.

— Je veux que tu te penches sur ce canapé avec tes bottes. Tu peux enlever ton jean, mais les bottes, tu les gardes.

Il est allé s'occuper de la musique le temps que j'enlève mes bottes, que je quitte mon jean, grimace en voyant la marque qu'il m'avait faite sur le ventre, et remette mes bottes, enfin prête à passer à l'action. Je me suis retournée et me suis accrochée au canapé, craignant le pire. Ensuite, il m'a prise par-derrière sur les riffs infernaux de Jimmy Page. On ne peut pas dire que j'aie pris mon pied. Il m'a baisée en adaptant son rythme en fonction de celui de chaque morceau, allant même jusqu'à chanter sur « *Kashmir* ». J'espérais juste que « *When the Levee Breaks* » ne soit pas sur sa petite compile, ça m'aurait dégoûtée à vie de l'un de mes morceaux préférés. Aux dernières notes de *Moby Dick*, c'était plié. Pour m'empêcher de rire, je me suis mise à pousser de violents gémissements et à contracter mes muscles vaginaux, histoire qu'il termine plus vite. Je n'avais qu'une hâte, en finir avec ce défi à la con. Moi qui pensais que ça allait être dangereux, sexy et excitant, eh ben, je suis tombée de haut. Une vraie douche froide.

— OK, c'était cool. Twitter est un cadeau du ciel, a-t-il dit en me regardant me rhabiller.

— C'est clair, ai-je répondu.

*Je désactive mon compte dès que je rentre chez moi.*

— Tu peux m'appeler un taxi ? Faut que j'y aille.

1 h 25. Je suis rentrée depuis deux heures, j'ai pris une douche, et là je suis couchée, et en train d'enlever certains morceaux de Led Zeppelin de ma bibliothèque iTunes. C'est étrange, je viens de relever un nouveau défi, et ça me laisse de marbre. C'était le dernier de mes défis en solo. Il ne me reste

plus que le bondage, le voyeurisme et un dernier jeu de rôles avec Oliver, quand il sera de retour. Avec lui, c'est beaucoup plus fun. L'autocongratulation, ce n'est pas trop mon truc.

*Dimanche 17 juillet*

J'ai passé la journée à écouter les Flaming Lips, dans une sorte de transe mélancolique. Chaque fois que j'ai le blues, évidemment, Alex revient hanter mes pensées. Depuis l'autre jour, quand il est venu m'attendre à la sortie du boulot, j'ai du mal à faire abstraction.

Je ne supporte pas qu'il sache que je suis célibataire. Je suis sûre qu'il va se dire que c'est parce que je n'ai pas réussi à l'oublier. Peut-être qu'il a raison, et tant que je ne n'aurai pas rencontré quelqu'un, je n'y arriverai pas. Et même si je n'ai pas du tout l'intention de tomber amoureuse, je me dis que ça pourrait le dissuader pour de bon. Il aurait plus de mal à me harceler s'il savait que j'avais un mec costaud à mes côtés. Ça pourrait le calmer. Peut-être qu'il est temps que je sorte de nouveau sérieusement avec quelqu'un. Moi qui pensais en avoir fini avec mes rêves de vie à deux… Merde, on dirait bien que j'ai réussi à me faire changer d'avis. Reste à savoir si je suis prête à retenter le coup.

*Mercredi 20 juillet*

**De:** Phoebe Henderson
**Pour:** Oliver Webb
**Sujet:** RE: COUCOU!

Mon cher Oli (oui, je sais que tu détestes que je t'appelle comme ça, mais comme tu es à l'autre bout du monde, je m'en fiche). Ci-dessous, une liste de mes aventures:

1. J'ai lu des tas de mots écrits sur des pages. Je crois qu'on appelle ça la lecture.

2. J'ai couché avec un type rencontré sur Twitter. Je peux donc rayer mon défi « coucher avec un inconnu ». C'était tellement à chier que j'ai supprimé mon compte. De toute façon, Stephen Fry ne fera jamais partie de mes *followers*. Surtout, n'oublie pas de me rapporter des cadeaux. Des tas de cadeaux. Ne t'avise pas de revenir les mains vides, comme après ton séjour au Canada. Tes excuses à deux balles, tu peux te les garder, sache que j'adore les cadeaux. Te voilà prévenu. J'arrive presque au bout de ma liste, et il va falloir que je me trouve un autre passe-temps. Je crois que je vais me remettre à chercher un petit ami. Tu crois que je fais la connerie de ma vie ?

Reviens vite. Mon vagin crie famine.

**De :** Oliver Webb
**Pour :** Phoebe Henderson
**Sujet :** Re : HELLO !

Je vois que tu es bien occupée, alors que moi, je passe mes journées dans une salle de formation en compagnie d'une femme incroyablement sexy, certes, mais malheureusement mariée. Il ne me reste plus qu'à disparaître à jamais en me contentant de ma main gauche. J'aurai été ravi de te rencontrer, adieu, Phoebe. Alors comme ça, tu veux te caser ? Tu crois trouver un type assez taré pour sortir avec toi ? T'es bien trop zarbe. Tes oreilles pointues, moi, ça me fait délirer, mais je ne suis pas sûr que quelqu'un ait envie de se coltiner un gnome. En tout cas, je te souhaite bonne chance. J'attendrai tes soupirants sous le porche avec mon *gun* quand ils viendront te voir.

Ton vagin me manque aussi. Bien plus que toi, même si tu me manques un peu. Mais pas tant que ça.

**De :** Phoebe Henderson
**Pour :** Oliver Webb
**Sujet :** Re : HELLO !

Ta gueule. Je suis un super coup. Je sais jouer au backgammon, et sur eBay je n'ai que des compliments. Ce sont des qualités non négligeables. Faut juste que je trouve quelqu'un capable de supporter mes mèches folles. Et si je te manque à la folie, c'est parce que tu n'as encore trouvé personne pour te taquiner la bite. Quant à mes oreilles, je les trouve méga super cool.

*Vendredi 22 juillet*

Ce matin, je suis tombée sur une promo détente d'enfer. Massage intégral pour 15 livres. J'ai réussi à décrocher un rendez-vous ce midi.

Vu de dehors, *Betty Beauté* ressemblait terriblement à un salon de coiffure pour retraités, coincé entre un hard-discount et une boulangerie. Et, à l'intérieur, c'était minuscule. Il y avait un canapé, un comptoir, une étagère avec des produits de beauté, et une grande porte coulissante grise et un peu inquiétante, au fond de la boutique.

J'ai souri à la brune derrière le comptoir, qui a posé son magazine et s'est levée.

— Salut. Vous avez rendez-vous ?

— Oui, à midi. Au nom de Phoebe Henderson.

—Ah, oui, Phoebe. Je m'appelle Betty. Nous allons passer l'après-midi ensemble.

Elle a pris ma veste et je l'ai suivie jusqu'à la porte grise, toute proche.

—Par ici.

Je n'avais jamais vu de porte aussi peu accueillante. Elle me rappelait celle de la boucherie de mon enfance. Je me demandais ce qui se cachait derrière. Je m'attendais à me faire assommer par Leatherface dans son grand tablier. Elle a ouvert la porte, et, contre toute attente, je me suis retrouvée face à une salle de soins des plus luxueuses, légèrement éclairée par des bougies parfumées et quelques guirlandes électriques. Rien à voir avec *Massacre à la tronçonneuse*.

—Waouh ! C'est magnifique ! me suis-je exclamée en admirant les fleurs fraîchement cueillies dans un coin de la pièce.

Après un petit questionnaire général sur ma santé, j'ai pu me déshabiller sur une musique de flûtes de pan.

—Sonnez-moi quand vous serez prête.

En me déshabillant, j'ai commencé à me détendre. J'avais presque oublié cette sensation. Je me suis allongée sur la table de massage et me suis couverte d'un drap blanc avant d'appuyer sur la sonnette qui se trouvait près de moi.

Elle est entrée, et la séance a commencé. Je me souviens de ses mains sur mes jambes et sur mes bras, mais, lorsqu'elle est passée au dos, j'ai dû sombrer, parce qu'ensuite je me souviens juste de m'être réveillée, le nez dans ma bave. Je me suis excusée, et ça l'a fait rire.

—Ne vous en faites pas, ça arrive très souvent. Est-ce que vous avez des problèmes aux sinus ?

—Oh, mince, j'ai ronflé ?

—Oui. Nous faisons aussi des séances de bougies Hopi, si vous le souhaitez. Vous devez avoir un petit excédent de cérumen. Ça devrait vous aider.

Du coup, pour un supplément de 10 livres, elle m'a enfoncé des bougies de cire d'abeille dans les oreilles, et les a fait brûler. Ça m'a tout de suite fait de l'effet. J'ai ressenti une sensation de détente, une sorte de pétillement dans l'oreille, et, alors que la bougie se consumait dans mon crâne, je me suis laissée aller à une nouvelle sieste.

Après avoir fini les deux oreilles, elle m'a proposé de me montrer la quantité de cérumen qu'elle venait d'extraire, mais j'ai refusé – beurk. Malgré les ronflements, je suis sortie fraîche et dispose, en ayant retrouvé le calme d'un être humain normal.

J'ai passé la soirée sur Internet, à chercher des infos sur le sionisme et sur la meilleure façon de vidanger un radiateur. J'ai aussi maté de vieilles photos de Christian Slater, ce qui m'a ramenée à mes quinze ans, l'époque où je me collais littéralement aux posters de lui accrochés au mur de ma chambre, et où je snobais les garçons de mon âge. L'époque aussi où j'étais sûre de rencontrer un jour le prince charmant et de vivre heureuse avec lui jusqu'à la fin des temps. Dix-sept ans plus tard, je n'en suis plus du tout aussi sûre. Je crois que mon cœur est brisé depuis si longtemps que je n'ai plus le mode d'emploi. Oliver avait raison, je suis un peu zarbe. Pas du genre difforme ou obsédée par les régimes, non, juste un peu décalée. Il faut juste que je tombe sur un type à qui ça plaît.

J'ai appelé Lucy.

— Mais bien sûr que tu vas le trouver, bécasse ! Désormais, tu es une guerrière du sexe. Tu peux te taper qui tu veux.

— Ouais, c'est clair, j'ai pas mal progressé au pieu. Ça peut aider, mais, du coup, je mets peut-être la barre un peu haut. T'imagines, si le prochain mec que je trouve refuse de baiser au sommet d'une falaise, je vais être super déçue.

— Arrête d'angoisser. Les mecs aventureux, ce n'est pas ce qui manque. Oliver n'est pas le seul. Ils vont tomber comme des mouches, fais-moi confiance.

— Et tu peux me dire où je suis censée rencontrer tous ces types ? Dans les bars, j'ai l'impression de chasser la viande fraîche. Tout le monde est là pour tirer un coup.

— Internet ! Si un type dépense sa thune sur un site de rencontres, j'imagine que ce n'est pas juste pour baiser ? C'est très à la mode en ce moment.

— Oui, c'est logique. Peut-être que tu as raison.

Cette idée me plaît bien. Les sites de rencontre, je veux dire. Ça pourrait être drôle.

*Dimanche 24 juillet*

En fait, c'est carrément flippant. Pour la première fois, j'ai mis en ligne de vraies photos de moi et de vrais détails sur ma vie, espérant ne pas avoir trop l'air d'une conne. Hazel m'a aidée à choisir les photos.

— T'es bien sur celle-ci.

— Tu déconnes, j'ai la gueule d'un cheval.

— Oui, mais un cheval heureux.

— Oh, génial. J'imagine déjà l'annonce. « Femme au visage chevalin souhaite rencontrer homme ridiculement frisé pour conversations pleines d'humour et relations intimes profondes. Tolérance exigée envers mèches rebelles, potes débiles et ex-partenaire de baise à l'humour corrosif. »

— Moi, je répondrais.

— Pfff. Je vais finir seule avec mes chats et un abonnement à *Nous deux*. Ce n'est pas gagné.

*Lundi 25 juillet*

Aujourd'hui, retour au boulot. J'avais des tonnes de mails à lire et autant d'appels à passer. J'aurais dû prendre deux semaines de vacances. Il y avait deux mails d'Alex, qui apparemment ignorait que j'étais en congé. Je les ai effacés sans prendre le temps de les lire, pour éviter d'être tentée de lui répondre : « Faut que je te fasse un dessin, connard ? », écrit en Comic Sans 72 pt.

En rentrant, j'ai acheté une pizza et je me suis installée devant l'ordi, impatiente de jeter un œil aux profils des mecs célibataires et sérieux de ma région, sûrement trop occupés à s'occuper des autres pour avoir le temps de trouver une petite amie par des moyens classiques.

22 heures. Merde, c'est plus difficile que ça ne paraît, ces sites ! Vu les tarifs, faut au moins qu'ils me trouvent Josh Groban et sa chevelure de rêve. Bizarrement, les profils que j'avais repérés avant de m'inscrire semblent tous avoir disparu et été remplacés par des types qui s'évertuent à poser devant leur grosse cylindrée, fiers comme s'ils venaient d'inventer la machine à remonter le temps. Je me demande aussi pourquoi la plupart se contentent d'un : « Si tu veux en savoir plus, n'hésite pas à me poser des questions. » Ils ne se foulent pas, les gars ! Je pensais qu'ils étaient censés me faire la cour en redoublant de charme et d'esprit. Je ne vais pas faire le boulot à leur place. Cela dit, la dernière fois qu'on m'a courtisée, c'était avec mon père, déguisé en fantôme pour Halloween.

*Mardi 26 juillet*

Les messages de célibataires potables ont commencé à arriver…

Bonjour, Phoebe, vous avez reçu un message de John !

Salut. Moi, cé Joh, et j'ai bien aimer tes fotos. J'adore ta bouche. Répons moi.

*Dans tes rêves.*

Bonjour, Phoebe, vous avez reçu un message de Paul !

C'est la première fois que je fais ça, mais, après tout, on n'a qu'une vie. Je suis timide, mais pas quand on me connaît. J'ai de meilleures photos, mais pas sur cet ordi. J'aime les jeux vidéo, le football et les gadgets. Et je ne sors jamais sans mon cuir noir.

Un autre ordi ? T'en as combien, mec ? Tu te crois dans *Matrix* ? T'en aurais pas un réservé aux photos sur lesquelles on voit tes dents, par hasard ? Ça m'arrangerait.

Ça tourne au ridicule.

*Mercredi 27 juillet*

Frank ne nous a pas lâchés cet aprèm, il essayait de nous motiver sur nos objectifs en nous offrant une bouteille de vin à chaque nouveau client signé. Treize contrats plus tard, il se rendait compte de sa connerie et filait au supermarché.

J'en ai profité pour vérifier ma boîte mail, et – ô surprise ! – j'ai découvert un mail à peu près décent. Au moins, ce type maîtrise l'orthographe. C'est déjà ça.

Salut ! Je m'appelle Alan. Comme je suis censé avoir l'air cool, mais qu'en général ça foire, je vais être bref. Si vous êtes libre un soir de la semaine prochaine, ça vous dirait de prendre un verre/un café/de dîner en ma compagnie, histoire de me ridiculiser en personne ?

J'ai cliqué sur son profil, m'attendant à découvrir la tronche d'un hobbit, mais, contre toute attente, il était plutôt mignon, avec un léger duvet de barbe. On dirait que j'ai trouvé la perle rare ! Je lui ai répondu pour lui dire que j'étais libre dimanche prochain, puis j'ai envoyé sa photo à Lucy pour me la péter.

Elle m'a appelée direct.

— C'est un adepte de Photoshop, non ? Elle n'est pas du tout naturelle, sa photo. Son visage est bien trop symétrique.

— Quoi ? Mais ce n'est pas logique. Pourquoi il aurait retouché sa photo, alors qu'on va se rencontrer ?

— Peut-être parce qu'il espère que sa personnalité te fera oublier sa gueule de gros mytho.

— Lâche-moi. Je suis déjà amoureuse.

*Samedi 30 juillet*

J'ai reçu un nouveau message d'Alan, me disant qu'il avait hâte de me rencontrer demain. J'ai appelé Lucy pour qu'elle me conseille une tenue.

— Cette robe rouge à fleurs. Celle que je t'ai empruntée il y a des siècles et sur laquelle j'avais mis du dentifrice.

— Elle ne me va plus, et tu ne feras croire à personne que c'était du dentifrice.

— Très drôle. Bon. La robe bleu nuit avec le col blanc, alors. Tu es très jolie avec. Où est-ce qu'il t'emmène, le sieur Symétrie ?

— Au *Red Onion*. Apparemment, il est intolérant au gluten, et ils ont un menu spécial. C'est cool, leurs fruits de mer sont à tomber.

— Son intolérance au gluten, c'est de l'intox, tout comme sa gueule.

— Tais-toi. Je suis tout excitée. C'est beaucoup plus intéressant que de passer son temps à mater des photos de bites pour un défi.

— Ça se discute, regarder des photos de…

— Faut que j'y aille.

— OK, amuse-toi bien et, surtout, ne lui fais pas manger n'importe quel pain.

— Je ne vais pas nourrir un canard ! Mais merci pour ton aide. À plus…

Je suis un peu stressée. Lui aussi, il pourrait être déçu.

*Dimanche 31 juillet*

18 heures. J'ai passé plus de temps que prévu sous la douche. Il me reste une heure et demie, le temps de me préparer pour mon rendez-vous avec mon nouvel époux.

18 h 30. Je me suis servi un gin et j'ai allumé une clope, avant de me sécher les cheveux, tête en bas, pour un max de volume. Résultat, on dirait que je viens de me faire agresser. Il m'a fallu vingt minutes de plus pour tout aplatir, et encore dix pour tout coiffer vers l'arrière. Y a des jours, je rêve d'être chauve.

19 heures. Plus qu'une demi-heure, il est temps de choisir une tenue. La seule question qui m'intéresse, c'est de savoir si le mec va vouloir coucher avec moi. Même si, en général, c'est la nana qui décide.

Si on baise, il faut que mes dessous soient assortis et, bien sûr, propres. En temps normal, je m'en fous complètement, autant que de m'épiler. Ce qui me fait penser qu'il me reste encore ça à faire. On ne sait jamais, je pourrais avoir envie de faire plaisir à Alan. Du coup, rasoir en main, j'ai enlevé mon peignoir, et je me suis aperçue que ma région pubienne laissait carrément à désirer. Dans ma tête, j'entends les premières notes de *Monster*, la chanson de The Automatic.

19 h 10. Je me précipite sur ma crème dépilatoire et, comme je n'ai pas vraiment le temps de peaufiner, je décide de me faire la totale, et de me raser les jambes pendant la pause. À la fin de la première jambe, j'ai les parties intimes qui commencent à me picoter. Rien de grave, je peux gérer les picotements. Mais, au

milieu de la seconde jambe, je me jette sous la douche en hurlant : « Bordel de merde, aidez-moi à virer cette putain de crème ! »

19 h 15. Plus qu'un quart d'heure, et les piqûres ont muté en brûlures au troisième degré. Je ne peux même plus m'asseoir.

19 h 25. J'ai annulé mon rencard avec Alan, et je suis assise sur des sachets de légumes surgelés. Une petite macédoine pour mon minou. Putain, plus personne ne va vouloir de moi.

J'ai dû mentir à Alan. Je lui ai dit que j'avais fait un malaise, en espérant qu'il veuille bien reporter. De toute évidence, il s'est dit que j'avais changé d'avis, et même s'il a fait semblant de comprendre, il doit déjà être en train de dessiner la moustache d'Hitler sur la photo de mon profil et de chercher une autre nana.

Oliver m'a envoyé un texto, disant qu'il rentrait tôt (youpi !) et qu'il était vexé que je ne sois pas dispo le jour de son retour. De toute façon, vu mon handicap passager, on ne pourrait pas faire grand-chose. J'ai déjà du mal à m'asseoir sur le canapé, alors le reste ?

Bon sang, qu'est-ce que ça brûle ! Qui a prétendu que les femmes étaient plus sexy quand elles s'épilaient ? Le problème, c'est qu'on ne nous demande jamais notre avis. Un jour il faut qu'on ait la foufoune sauvage, et le lendemain il faut tout couper et s'enfiler des putain de strass et de bijoux dans la fouffe. C'est désespérant.

# Août

*Lundi 1er août*

Je me suis arrangée avec Alan pour reporter notre rendez-vous à demain. Évidemment, je ne lui ai pas raconté ce qui s'était vraiment passé, mais, heureusement, l'incendie de mon bas-ventre semble s'être résorbé assez rapidement. Plutôt la jungle que ce désastre. Oliver doit passer mercredi, apparemment avec un cadeau. J'espère qu'il a pensé à autre chose que sa bite parce qu'en ce moment je ne supporte pas qu'on me titille. C'est trop tôt. Il a failli s'étouffer de rire au téléphone lorsque je lui ai fait part de mes malheurs.

— Trop drôle, et t'as un pansement ?

— Ferme-la et raconte-moi plutôt ton aventure américaine, ai-je répliqué, désireuse de changer de sujet.

— Hmm. C'était cool. J'ai passé mon temps à bosser, mais, tu me connais, j'ai quand même réussi à rencontrer une fille.

— C'est un peu vague. Des nanas, il y en a des millions à Chicago. Tu peux préciser ?

— Elle s'appelle Ruth, elle est mannequin à Londres. Elle arrive dans deux jours.

— Un mannequin, tu dis ? De Londres ? Ça devait être chaud, dis-moi…

— Ben, non. Il fallait qu'elle soit à Londres le lendemain de notre rencontre. Mais on a bien accroché. Du coup, on s'envoie des sextos, pour entretenir la flamme, tu vois ce que je veux dire ?

— Épargne-moi les détails. Donc, elle débarque de Londres ? Ça va un peu vite, tu ne trouves pas ?

— Pas vraiment. T'es pas la seule à avoir des rencards.

— Touché. Ça pourrait être pas mal, finalement. Un petit rendez-vous à quatre, ça…

— Aucune chance. Je me la joue perso sur ce coup. Bon, faut que j'y aille, j'ai encore du mal avec le décalage horaire.

Clic.

*Grrr* ! Il aurait pu éviter de me dire qu'elle était mannequin ! Il a mis la barre très haut, l'enfoiré. Je vais lui faire croire qu'un des mecs que je vois est spationaute. Ou le Christ ressuscité.

*Mardi 2 août*

Hier, j'ai pris un taxi pour rentrer du boulot, histoire de gagner du temps avant ma deuxième tentative avec Alan. J'ai gardé la même stratégie : ma robe bleue, dîner au *Red Onion* et charme irrésistible pour emballer l'homme au visage plus que parfait.

Il m'attendait devant le restaurant, se balançant nerveusement dans ses mocassins marron. Au début, je ne l'ai pas vraiment reconnu. Devant moi, j'avais un type frisant la calvitie et aux joues creuses, rien à voir avec la photo. Heureusement, il a souri, et j'ai reconnu sa dentition impeccable. J'ai vite compris que la photo de son profil ne datait pas d'hier. La version que j'avais sous les yeux devait avoir la quarantaine bien tassée. Je ne comprends pas pourquoi il avait besoin de faire ça en sachant pertinemment qu'on allait se rencontrer en pleine lumière. J'aurais dû écouter mes potes.

Bâillonnant la Phoebe superficielle et vacharde, je l'ai embrassé sur la joue et l'ai suivi à l'intérieur, décidée à passer une bonne soirée, quoi qu'il arrive.

On nous a installés dans la mezzanine, et on a commandé un apéro en étudiant le menu. L'éclairage était tamisé, et l'atmosphère suffisamment intime.

—Je te conseille le poisson. Leur bar est excellent. Tu as choisi ? ai-je demandé en souriant.

—Frites allumettes et steak.

Il a confirmé son choix d'un petit mouvement de tête, en remontant les manches de sa chemise noire.

—Tu es magnifique ce soir, a-t-il ajouté.

J'ai rougi.

—Merci. C'est très gentil. Je vois que tu as travaillé ton look, toi aussi.

C'est le moins qu'on puisse dire. Mais bon, même s'il était peut-être plus âgé que je ne le pensais, lorsque nos assiettes sont arrivées et que nous avons commencé à manger, je me suis dit que tout n'était pas forcément perdu. Jusqu'à ce que je remarque son assiette, dans laquelle il avait à peine picoré.

—Y a un problème avec ton plat ?

—Euh… non, c'est bon. Très bon, même, c'est juste que j'ai un léger problème avec la nourriture.

—Mais tu as bien pris le menu sans gluten, non ?

—Oui. Mais il y a un autre truc.

—Ah bon ? Tu piques ma curiosité. Raconte-moi tout, ai-je dit en riant.

Il a froncé les sourcils, et son vrai visage est apparu.

—En gros, avant j'étais obèse, du coup, depuis, j'ai du mal à manger en public… à manger tout court, d'ailleurs. Autant que tu le saches tout de suite.

D'un air grave, il a rivé ses yeux sur moi, guettant ma réaction. Je l'ai regardé, puis j'ai regardé le sol… et enfin son assiette.

—Waouh… OK… Et du coup, ton assiette, tu ne vas pas la finir, si ?

Pendant que je mangeais ses frites en imaginant le châtiment divin qui n'allait pas tarder à s'abattre sur moi, je me suis demandé pourquoi un type atteint de phobie alimentaire invitait une fille au restau pour un premier rendez-vous. Et surtout pourquoi il avait besoin de lui en parler !

Heureusement, aucun autre délire phobique ou traumatisme d'enfance n'est venu interrompre la fin de mon repas. En revanche, pour la suite, c'était mort.

— Ça te dirait d'aller boire un verre ailleurs ? a-t-il demandé en enfilant sa veste noire.

J'ai menti.

— Ça ne va pas être possible. Faut que je me lève tôt demain. En tout cas, merci pour ce charmant repas. C'était cool de te rencontrer.

Il a eu un petit rire incrédule.

— Alors comme ça, on s'arrête là ? On ne va pas se revoir ?

— Je ne crois pas, non. T'es sympa, mais je doute qu'on puisse aller plus loin. Désolée, Alan.

— C'est parce que je t'ai dit que j'étais obèse.

— Euh... non. C'est juste que...

Il a mal réagi.

— Oh, ne te fatigue pas. Avec les femmes, c'est toujours les mêmes salades. Toutes des salopes. Je me casse. J'espère que tu as apprécié ton repas.

J'étais sur le cul, mais pas assez tout de même pour me priver de lui balancer à la tronche le fond de ma pensée lorsqu'il s'est éloigné sur le trottoir.

— Sûrement plus que toi, espèce de psychopathe !

Je me suis calmée en me disant que ce n'était peut-être pas une bonne idée de hurler sur un type complètement instable au beau milieu de la rue. Je suis même allée me planquer dans une impasse.

J'ai raconté ma soirée à Lucy par texto dans le taxi qui me ramenait chez moi.

Un vrai désastre. Je suis tombée sur un cinglé. Et la photo, c'était bien lui… mais en 2002.

MDR. C'est pas la fin du monde. Je t'avais dit que ce n'était pas une bonne idée, les sites de rencontre.

Si tu me balances encore un MDR, je vais me fâcher. Et je te rappelle que c'était ton idée, pas la mienne.

Ah, ouais. Et ça change quoi ? Ça fait toujours un détraqué de moins. Il te reste les 20 000 autres. Tu vas bientôt trouver l'âme sœur, je le sens.

Beurk ! Heureusement que je vois Oliver demain. Putain, il m'a manqué, cet enfoiré.

*Mercredi 3 août*

Oliver a pensé à me rapporter un cadeau de Chicago. Sage décision. J'ai eu droit à un énorme paquet, contenant un sac rempli de trucs piqués dans des hôtels, et un plus petit avec un bandeau et des sangles pour poignets.

— Ça fait plaisir de voir que, même au bout du monde, tu continues à investir dans mon projet. Tu prends des risques.

Il a arboré un large sourire.

— Le bondage est bien sur ta liste, non ? À moins que tu ne préfères me jeter maintenant que tu cherches un petit ami, nul au pieu, mais qui accepte de t'entendre chanter comme une casserole.

— Et Ruth, alors ? Ça m'étonnerait qu'elle apprécie beaucoup notre petit arrangement…

— Je ne pense pas lui en parler.

— Tant mieux, parce que j'ai bien l'intention d'aller au bout de cette liste. Et puis, tu adores mes vocalises, ça t'aide à te lever le matin. C'est parti pour le bondage, baby ! Et n'oublie pas non plus notre dernier jeu de rôles. Tu y as pensé ?

— Je vais y réfléchir, mais là, vu que ça fait un mois que je n'ai pas baisé, je te conseillerais d'enlever ton jean vite fait, je suis au bord de l'explosion. Je te préviens, ça va être bestial.

J'ai obéi en pensant un instant qu'il allait me dévorer. On aurait dit un condamné à mort avalant son dernier repas. Il a balancé mes jambes sur ses épaules et m'a pénétrée tellement profondément que j'en ai eu le souffle coupé. Ce fut bref et intense, contrairement à la seconde session, qui a duré au moins une heure.

*Jeudi 4 août*

Aujourd'hui, Hugo Beale, le directeur de la publicité à Londres, a débarqué pour voir Frank. Tout le monde a affiché un comportement exemplaire, y compris Lucy, qui, pour une fois, est arrivée en avance.

— Ce type me donne la chair de poule. Son sourire dissimule une nature de tueur.

Elle avait raison. C'est un homme grand et mince, élégant et charismatique, ce qui n'empêche pas que ses employés de Londres, qu'il terrorise tout en les envoûtant, l'ont surnommé « Satan ».

Il est arrivé à 11 h 30, s'arrêtant un instant pour nous remercier chacun notre tour de notre minuscule contribution au vaste empire du *Post*, avant de disparaître avec Frank pour déjeuner au *Malmaison*.

— Je me demande pourquoi il est là, s'est interrogée Lucy.

Elle a vérifié qu'ils étaient bien partis avant de sortir sa lime à ongles.

— Si ça se trouve, la tête de Frank va tomber.

Lucy a secoué la tête.

— Ils vont parler licenciements, c'est sûr. Le mois dernier, à Manchester, dix-sept directeurs des ventes ont été virés.

Tout le monde la regardait.

Elle s'est marrée.

— Je plaisante ! Pas de panique. Le service des ventes de Manchester n'a même pas dix-sept employés. C'est juste la petite visite annuelle qu'il rend aux directeurs régionaux.

Stuart a éclaté de rire, au grand dam de Kelly.

— Ce n'est pas drôle, Lucy. On ne s'amuse pas avec la vie des autres. Des gens qui…

— … « ont besoin des autres » ?

— Quoi ? s'est exclamée Kelly, interloquée.

— « Sont les plus heureux du monde »… Barbra Streisand, tu connais ?

Pendant que je rigolais comme une baleine à l'écoute de la version de « *People* » chantée par Lucy, Kelly est sortie du bureau comme une furie, en bonne tragédienne qu'elle est. Lucy a fait une révérence et est retournée derrière son ordi comme si de rien n'était. Ça m'a donné envie de revoir *Funny Girl*.

Frank et Hugo sont revenus deux heures plus tard en offrant du vin à tout le monde, avant qu'Hugo nous gratifie d'un petit discours de motivation, essayant vainement de se rappeler nos prénoms, et visiblement très pressé de retrouver sa capitale.

Après le départ d'Hugo, un peu avant 17 h 30, j'ai entendu Lucy et Frank se disputer dans le bureau de Frank. Chaque année à cette époque, Lucy se paie des vacances en solo, une semaine de soleil et mer, iPod vissé aux oreilles. C'est une sorte de rituel, et, cette fois, elle veut aller en Grèce. Frank rechignait à signer sa demande de congés sous prétexte que le délai était trop court.

— Frank, tout le personnel sera présent la semaine prochaine, j'ai vérifié le planning.

— Peut-être bien, mais tu n'appartiens pas au service des ventes. Il me faut du temps pour remplacer quelqu'un à un poste administratif.

— On a déjà eu cette discussion l'an dernier quand je suis allée en France, et l'année précédente lorsque j'ai réservé un voyage à Rome à la dernière minute. Normalement, Maureen s'occupe de la partie calculs, et Kelly des rapports.

— Eh bien, pas cette année, a-t-il rétorqué, obstiné.

— J'ai déjà effectué ma réservation. Je pars.

— Je vais donc devoir te virer. Tu ne me laisses pas le choix, a-t-il dit en se levant, indigné.

— Tu m'as dit la même chose l'an dernier. Alors, très bien. Vire-moi.

— Quoi ?

— J'ai dit « vire-moi ». Si tu préfères trouver quelqu'un d'autre, lui faire passer un entretien, l'embaucher et le former, alors ne te gêne pas.

Elle a croisé les bras, tapotant de ses doigts son avant-bras.

Il s'est rassis.

— C'est ce que tu m'as dit l'an dernier, non ?

— J'ai noté mes jours sur le planning. À la semaine prochaine.

Elle est sortie de son bureau et m'a adressé un clin d'œil en passant près de moi. J'ai eu envie de grimper sur mon bureau et de l'applaudir, mais je ne suis pas aussi intrépide qu'elle, et la dernière fois que Frank a menacé de me renvoyer, on s'est retrouvés à forniquer dans son bureau. Du coup, je suis restée sagement assise en me préparant à partir.

En rentrant chez moi, j'ai vérifié mes mails. J'en avais deux d'Alan-le-gravos. Le premier, c'était pour me montrer des photos de lui à l'époque où il était obèse, histoire que je me rende compte de tout le poids qu'il avait perdu. Quant à l'autre, c'était pour m'inviter une seconde fois. À aucun moment il ne s'excusait de sa crise psychotique. Ma réponse est restée ferme, mais polie. Je lui ai dit que je n'étais pas intéressée, non merci, et que les débiles mentaux, ce n'était pas mon truc. En ajoutant que j'en avais rien à foutre de ses photos avant/après. J'y suis peut-être allée un peu fort, mais merde, qu'il me lâche la grappe, putain.

*Samedi 6 août*

— T'es réveillée ? Ça te dit qu'on fasse un truc ?

— Oliver ? ai-je marmonné.

J'ai jeté un coup d'œil à mon réveil, qui indiquait 8 heures.

— Pourquoi tu m'appelles au milieu de la nuit ? ai-je demandé.

— La journée s'annonce magnifique, Miss Ronchon, il fait beau et le soleil brille. Allons faire un tour. Je passe te prendre dans une heure.

Deux heures plus tard, on était coincés dans un bouchon, en direction de la mer.

— Putain, fait chier ! On dirait que toute l'Écosse s'est donné rendez-vous ici, a pesté Oliver, en frappant le volant de ses poings.

— Apparemment, ai-je répondu, en allumant la radio. Cool, j'adore cette chanson.

— Depuis quand tu aimes les Girls Aloud ?

— Depuis la sortie de ce titre.

— Tant que tu ne chantes pas, ça me va.

— Pourquoi ?

— Je t'explique. *Primo*, je déteste cette chanson. Et *deuxio*, tu chantes en do minable.

— Je ne te permets pas. J'ai un réel talent de chanteuse. De toute évidence, tu manques d'oreille. Et de goût musical. Détester cette chanson, c'est comme détester le bonheur.

Vingt minutes plus tard, on arrivait à la plage, et on s'est garés sans aucun souci. Je suis sortie de la voiture en respirant l'air marin, ce qui m'a immédiatement ramenée aux promenades sur la plage de mon enfance avec mes parents.

— Ça fait des années que je n'ai pas mis les pieds ici. Je devais avoir sept ans. Je mangeais des glaces et j'écrivais mon nom sur le sable. J'ai même fait un château de sable et déposé un crabe mort dans les petites douves qui l'entouraient.

— C'est horrible.

— Ferme-la. Ce n'est pas moi qui l'avais tué.

— J'adorais les plages de Dublin. Ma tatie vivait près de Dollymount, et j'y passais mes week-ends avec mes cousins avant qu'on déménage à Glasgow. On jouait tout le temps au foot.

— Ça a l'air cool. J'adorerais aller à Dublin un jour.

— Je t'emmène avec moi la prochaine fois que j'y retourne. On pourra rester chez Megan. Tu te rappelles quand elle m'a rendu visite l'an dernier ? Tu as passé plus de temps avec elle que moi.

— J'adore ta sœur. Elle est tellement jolie. Est-ce qu'il y a des vilains petits canards dans ta famille, Oliver ?

— Oui, mon cousin Colin. Il n'a pas été gâté par la nature. Mais, à mon avis, il a été adopté. Cela dit, il est super drôle et il est monté comme un âne. Du coup, il se tape quand même plein de nanas.

J'ai étalé ma serviette bleu vif sur le sable et je me suis assise.

— Mon Dieu, c'est le paradis ici, ai-je murmuré.

J'ai fermé les yeux, visage face au soleil.

Oliver s'est installé à côté de moi et a enlevé ses baskets.

— À qui tu souris ? a-t-il demandé.

— Au soleil. Sur mon visage. Ça me rend heureuse.

— T'es trop mimi, c'est grave. Je vais faire trempette.

— On est en Écosse, t'as pas oublié ? L'eau est glacée, ne te fie pas au soleil.

— Ouais, je sais, mais, à la plage, on se doit de faire trempette. C'est la loi ! a-t-il fanfaronné.

Il a ouvert les sandwichs.

— Tiens, je t'ai pris poulet et maïs.

— Mon préféré. T'es trop sympa.

— Je sais. Pendant que tu manges, je vais patauger.

Il a remonté son pantalon aux genoux et a traversé la plage pour rejoindre la mer. J'ai commencé à manger en regardant les familles jouer avec leurs enfants et en lançant des regards noirs aux mouettes qui tournaient déjà autour des miettes de mon sandwich comme des vautours. C'était une journée parfaite. En jetant un œil au bord de l'eau, j'ai vu Oliver sortir son téléphone et taper des messages, sourire aux lèvres. Mon humeur a viré brusquement. J'ai senti que je commençais à bouillonner intérieurement et, jalouse, je me suis dit qu'il devait envoyer un texto à sa Ruth. Putain, ça faisait à peine cinq minutes qu'on était là, et il avait déjà la tête ailleurs.

Mon téléphone s'est mis à vibrer dans ma poche.

L'eau est glacée. Ramène tes fesses et viens me réchauffer.

Je me suis levée et j'ai marché vers lui en évitant soigneusement les bouts de coquillages. Je me suis arrêtée quand j'ai eu de l'eau glacée jusqu'aux chevilles.

— *Brrr !* Je n'arrive pas à croire que tu aies réussi à me faire venir jusqu'ici. Je ne sens plus mes pieds !

Il a souri.

— Ma mère disait toujours que l'eau salée, c'est bon pour les pieds. Et pour l'âme. Ça enlève toutes les mauvaises énergies, tu vois le truc ?

Ça m'a fait rire.

— La mienne aurait pu dire exactement la même chose. Je suis sûre que ça vient du fait qu'elles sont toutes les deux nées dans les années 1960, c'est…

Mon analyse débile s'est vue interrompue par Oliver qui a soudainement posé sa main sur ma nuque, attiré mon visage vers le sien, et m'a embrassée. Un baiser ferme, puis tellement langoureux que tout mon corps s'est mis à frissonner de plaisir. J'ai posé une main sur son visage, répondant fougueusement à son étreinte.

D'habitude, nos baisers étaient réservés aux préliminaires, mais, aujourd'hui, il y avait autre chose. L'impatience et la fébrilité avaient cédé la place à la magie d'un couple s'enlaçant au bord de l'eau, sous un ciel d'été, indifférent aux mouettes qui chiaient allégrement sur leurs draps de bain tout propres.

Vers 18 heures, la météo s'est tout à coup rappelé qu'on était en Écosse, et il a commencé à faire plus que frais. J'ai souri intérieurement lorsque Oliver m'a emmitouflée dans son haut à capuche. On a rassemblé nos affaires et on est retournés tranquillement jusqu'à la voiture, longeant de petites boutiques de souvenirs un peu désuètes, quelques *Bed and Breakfast* et deux ou trois bars.

J'ai poussé un cri de joie lorsque j'ai aperçu un poster de la fameuse crème glacée de Cadbury dans la vitrine d'un bar.

— Des glaces ! Attends-moi ici.

Je me suis précipitée à l'intérieur et j'ai commandé deux cornets, préparés avec dextérité par une vieille dame pourtant à moitié aveugle.

— Ça vous fera 2 livres, mon garçon, a-t-elle dit en me tendant les cônes.

*Mon garçon ?*

J'ai voulu protester, mais la crème glacée commençait déjà à fondre le long du cornet. J'ai préféré m'échapper avec mes deux glaces.

— Ne t'avise pas d'en mettre partout dans la voiture, ça risque de m'énerver, a dit Oliver.

Il a pris une glace et a passé sa langue le long du cône.

— Et si j'en fais tomber sur mes seins ? l'ai-je provoqué, les yeux rivés sur sa langue.

Il a haussé un sourcil.

— Alors là, ça ferait plus que m'énerver. Je t'emmène chez moi. C'est décidé.

— Cool. J'ai envie de toi. Appuie sur le champignon, chauffeur.

Il a démarré la voiture et on s'est mis en route. En approchant de Glasgow, il s'est soudain mis à hurler.

— Putain ! J'avais complètement zappé… Ruth arrive ce soir ! Je suis censé la récupérer à l'aéroport à 23 heures.

Après cette journée magnifique, c'était la grosse claque. J'ai répondu en faisant la moue.

— Ben, ça craint. Ça ne fait rien, ai-je répondu.

Je pensais exactement l'inverse.

— Si elle n'était pas venue en avion, j'aurais annulé, mais là, c'est trop tard.

— Ce n'est pas grave, crois-moi. De toute façon, j'ai des tonnes de trucs à faire. Une prochaine fois, peut-être.

Il m'a déposée, et je me suis retrouvée chez moi, passablement irritée qu'il m'ait préféré Ruth.

Comme j'avais inventé les « tonnes de trucs à faire », je me suis déshabillée pour me glisser dans ma grenouillère jaune, et je suis allée régresser sur le canapé, télécommande en main. J'ai allumé la télé, mais les chaînes de merde succédaient aux chaînes de merde, et j'avais envie de pousser des hurlements de frustration. Je me suis juré que plus jamais je ne resterais seule un samedi soir en grenouillère.

*Dimanche 7 août*

Je me suis inscrite sur un nouveau site de rencontres, horriblement cher, mais plein de mecs sexy. J'ai choisi l'abonnement d'un mois, je n'ai pas envie de passer six mois à attendre devant mon écran que mon prince charmant daigne se connecter. Faut pas pousser. En tout cas, après seulement deux heures, j'avais déjà pris deux rendez-vous. Hazel était sciée lorsqu'elle est passée prendre le café avec Grace.

— Tu as fixé tes rendez-vous deux jours de suite ? Mais pourquoi ?

— Parce que je n'ai pas du tout envie de perdre mon temps avec ça, et puis je n'avais rien de prévu vendredi et samedi soir. Autant être productive, non ?

— J'imagine que oui. Et les rencards avec une seule personne, c'est passé de mode ? Et la passion ? Et le romantisme ? T'en fais quoi ? a-t-elle demandé en donnant à Grace une cuillère et une tasse en plastique pour qu'elle s'amuse.

— Le romantisme et la passion, ce n'est pas ce qui m'intéresse, Hazel. Ce que je cherche, c'est un petit ami. De toute façon, les trucs dont tu me parles, ça ne dure jamais bien longtemps, si tant est que ça existe. Je veux juste partager ma vie avec quelqu'un qui me plaise.

Elle a eu un petit sourire.

— Et qui te débarrasse d'Alex ? Je suis sûre qu'Oliver serait ravi de te faire ce plaisir.

— Je n'en doute pas, mais là, il sort avec un mannequin. De toute façon, Alex sait très bien que, Oliver et moi, on est juste des potes. Il faut qu'il sache que je suis passée à autre chose, à la fois physiquement et psychologiquement.

Hazel a posé Grace sur le sol pour qu'elle soit plus à l'aise pour jouer.

— À mon avis, Alex hésiterait à te harceler s'il savait que tu étais avec Oliver. J'imagine que, pour la plupart des mecs, Oliver est assez impressionnant.

— Ça ne marcherait jamais. Alex ne croirait jamais qu'un type comme Oliver puisse coucher avec moi. Il saurait tout de suite que je ne dis pas la vérité.

— Euh… Phoebs ? Mais c'est la vérité, non ? Tu couches bien avec lui.

— Oui, mais ça ne compte pas. Il a juste accepté de m'aider pour ma liste. C'est un service qu'il me rend.

Hazel a pris un air triste.

— Phoebe, tu ne peux pas dire que ça ne compte pas. C'est fou comme tu te sous-estimes. Oliver est plus que ravi de coucher avec toi ; il ne te baise pas par pitié.

Elle a jeté un bref coup d'œil à Grace de peur que le mot « baise » ne la fasse se désintégrer.

— Je trouve ça super que vous vous voyiez… Tant que vous le faites pour les bonnes raisons.

Lorsque Grace a commencé à piquer du nez, Hazel est partie, me laissant à mes réflexions. Je sais bien que tout ce qu'elle m'a dit part d'un bon sentiment, mais je suis assez grande pour savoir ce qu'il me faut. Enfin, il me semble.

*Lundi 8 août*

En arrivant au boulot, un mail de Lucy m'attendait.

**De :** Lucy Jacobs
**Pour :** Phoebe Henderson
**Sujet :** Hello !

Il fait vingt-huit degrés ici, putain de sa race ! L'hôtel est magnifique – en plein sur la plage –, je vais avoir du mal à rentrer. Il n'est que 8 heures du mat, et je suis en train de siroter un cocktail à l'ananas. Pas la peine de me répondre, ma boîte mail est hors-service jusqu'à la semaine prochaine. Je voulais juste me la péter avec la météo.

Bises, bye bye!

J'ai rejoint la salle de réunion, essayant de ne pas monter ma jalousie après ce mail.

1. Frank nous a annoncé que Lucy avait pris une semaine de congés et que Kelly s'occuperait des rapports.
2. Kelly a soupiré en fourrageant dans ses papiers.
3. Frank est revenu sur les chiffres de vente de la semaine. Kelly s'est plainte d'une insupportable surcharge de travail en l'absence de Lucy.
4. Frank a demandé à Kelly d'arrêter de se plaindre, faisant remarquer qu'elle aurait juste à appuyer sur quelques touches en fin de journée.
5. Kelly a soupiré. Frank a soufflé.
6. L'estomac de Brian s'est mis à ronronner. J'ai failli m'étouffer de rire.
7. Frank a quitté la pièce.

C'est un miracle que la boîte n'ait pas encore coulé. On est vraiment une bande de nazes.

Ensuite, soirée dorlotage. Il fallait que je m'occupe de moi en prévision de mes deux rencards du week-end prochain. J'avais besoin de m'épiler les sourcils, d'un soin du visage, et de me débarrasser de ce poil qui a décidé de pousser sur mon gros orteil. Je venais d'appliquer mon masque de beauté et commençais à me vernir les ongles lorsque le téléphone a sonné.

— Salut, quoi de neuf?

—Salut, Oliver. Pas grand-chose. Je m'occupe.

—On peut savoir à quoi ? C'est sexuel ? Raconte.

—Pas du tout. Je me vernis les ongles et j'essaie de redonner un coup de jeune à ma tronche pour mes deux rencards de la semaine. Ça te va ?

—Tu t'es couvert le visage de ce truc vert ? Mince, ça me fait toujours flipper. Quand ça sèche, on dirait Dana fuyant le chien démon dans *SOS Fantômes*.

—Arrête de me faire rire, c'est justement en train de sécher, ai-je pouffé.

—Mais attends, t'as bien dit deux rencards ? C'est du sérieux, dis-moi…

—T'as remarqué ? Je débourse une fortune, j'ai bien l'intention d'en avoir pour mon argent.

J'ai changé le téléphone d'oreille pour me vernir les ongles de l'autre main.

—À propos, j'espère que tu n'as pas oublié le défi bondage. Ni notre ultime jeu de rôles, t'as une idée ? ai-je demandé.

—Ben, non. Je me concentre plutôt sur le bondage à vrai dire, et sur tous les trucs dégueu que je vais pouvoir te faire subir.

—Par exemple ? J'espère que tu n'as pas l'intention de me cogner ou de me faire couler de la cire brûlante sur le corps.

—Tu verras bien, a-t-il dit en se marrant. De toute façon, tu n'es pas la seule à avoir un week-end chargé. Ruth a décidé de prolonger son séjour de quelques jours.

J'ai posé mon vernis à ongles.

—Ça ne te dérange pas de parler de tout ça avec moi alors qu'elle est avec toi ?

—Pour l'instant, je suis seul.

—Donc, tu vas être inaccessible jusqu'à quand ? Cette meuf pourrit ma vie sexuelle, Oliver. Et là, elle est où ?

— Elle fait du shopping. On l'attend samedi à Londres pour un *shooting*, donc une semaine à peine. Dimanche, je bosse, tu n'as qu'à m'appeler lundi.

— Je n'y manquerai pas. Mais attends… ça devient sérieux entre vous ?

— Faut que j'y aille.

Il a raccroché sans répondre. Il va falloir qu'on s'active pour les défis si on veut les finir avant qu'il épouse cette greluche de Ruth ; quelle fouteuse de merde, celle-là.

Du coup, il est pris toute la semaine, et en plus Lucy est en vacances. Putain de merde, qu'est-ce qu'ils sont égoïstes, mes potes.

*Vendredi 12 août*

Je suis bonne à battre. J'ai passé une soirée atroce. Pour mon premier rendez-vous, j'ai eu la mauvaise surprise de me retrouver invitée à un spectacle d'hypnose à la mords-moi-le-nœud, un véritable enfer. Matthew n'a rien voulu savoir, il a même trouvé ça inventif. Mais moi, à l'exception de Derren Brown, les mecs qui se donnent en spectacle, ça ne m'a jamais fait rêver.

Matthew s'est avéré être un jeune gars tout ce qu'il y a de plus banal, un autre truc à ajouter au *top ten* de la liste de mes bêtes noires (juste après les hypnotiseurs). Cela dit, il avait une veste super cool et il m'a fait des compliments sur mes cheveux, ça a suffi à me faire espérer qu'il m'offre un coup à boire. Pas de bol. On est passés devant le bar sans s'arrêter (quel enfoiré !) pour s'installer directement à nos places. Heureusement, j'étais en bout de rangée, et je pouvais me précipiter au bar au cas où ça aurait tourné au cauchemar. À la quarante-cinquième minute du spectacle, je riais poliment aux gesticulations d'un pauvre bougre qui se prenait pour un poulet, quand l'hypnotiseur a tourné la tête et dirigé sa grosse moustache sur l'obèse qui faisait semblant de roupiller à côté de l'homme-poulet.

— Quand j'aurai compté jusqu'à trois, vous vous réveillerez et vous penserez que vous êtes Superman, se précipitant pour sauver une damoiselle en détresse… Un, deux, trois !

Mon rire poli s'est transformé en rictus d'horreur absolue lorsque Superman a remonté l'allée à toute vitesse et, tel un pompier aguerri, m'a jetée en travers de ses épaules, pour me transporter sur scène, jupe au vent et culotte à la vue de tout le public. Se voir ridiculiser par deux cents personnes sur les épaules d'un gras-double, ce n'est pas du tout mon genre d'humour. Ni se faire dire par un hypnotiseur sur le retour qu'il me trouvait à son goût, sous les yeux de mon cavalier, qui se pissait limite dessus tellement il se marrait, avant d'aller au bar bavasser sur ma culotte. Il a pouffé de rire pendant tout le trajet retour, et j'en ai profité pour lui dire le fond de ma pensée, non, je ne voulais pas le revoir, mais merci quand même, j'adore être humiliée.

Après coup, je me dis que je devais planer le jour où j'ai décidé d'enchaîner deux rendez-vous coup sur coup. J'aurais dû prévoir un temps de récupération. Je suis trop conne !

*Samedi 13 août*

J'ai mis un point d'honneur à demander à Craig, mon second rendez-vous, ce qu'il avait prévu pour la soirée. Après le fiasco intégral d'hier soir, pas question de prendre le moindre risque. On s'est mis d'accord pour se retrouver en ville, dans un petit bar assez tendance, et je suis arrivée dix minutes en avance pour éviter d'être la débile qui tourne en rond, cherchant désespérément quelqu'un qui voudrait bien ressembler à une photo à peine entrevue. La photo ne mentait pas sur l'âge, contrairement à celle d'Alan, mais sur la taille et le poids. En gros, il faisait ma taille, mais le double de mon volume. Rien à voir avec l'athlète d'un mètre quatre-vingt qu'il prétendait être. Bonne fille, je lui ai laissé sa chance en acceptant un verre, et on s'est assis. Craig avait quarante et un an, il était agent de change et adorait s'écouter parler. Il s'est répandu pendant des heures sur sa vie de merde, ce qu'il faisait, ce qu'il pensait, et me posait des questions uniquement pour le plaisir de me contredire en expliquant ses raisons. Et comme il ne crachait pas sur le whisky, il a vite été bourré et s'est mis à radoter sur une certaine Mia, étudiante en sciences politiques de vingt-cinq ans, qui l'avait jeté pour une raison tout à fait incompréhensible. J'ai tenu jusqu'au troisième verre.

— Pourquoi tu t'en vas ? On s'entendait bien, non ? a-t-il marmonné.

— Ne le prends pas mal, Craig, mais t'as disserté sur Mia toute la soirée. Faut que t'arrête de bloquer sur elle si tu veux rencontrer quelqu'un.

— Oh. Ah ! C'est donc ça. Je comprends ce qui se passe. En fait tu voudrais être à la place de Mia.

— Quoi ? Qu'est-ce que tu racontes ? me suis-je exclamée, complètement sidérée.

— Tu es jalouse. Tu voudrais être à la place de Mia.

— Ce que je voudrais, je vais te le dire, putain, c'est qu'elle soit à ta place. Je suis sûre qu'elle, au moins, elle a des trucs intéressants à raconter.

Je suis sortie du pub en poussant un cri de rage, avant d'attraper le dernier train, en compagnie de tous les losers de la ville.

C'est bien plus chaud que ce à quoi je m'attendais. J'ai eu droit à un ex-obèse anorexique et acariâtre, un mec qui se marre quand il voit une culotte de fille, et un gros frustré. Au moins, avec Oliver, les choses sont claires. Une vraie perle, ce mec ! Apparemment, je suis nulle en psychologie en ligne. Au moins, avec Oliver, je sais exactement à quoi m'en tenir. Pourquoi les mecs ne sont-ils pas tous comme lui ?

*Lundi 15 août*

Lucy est rentrée ! Elle était à son bureau lorsque je suis arrivée au boulot ce matin. Elle portait une robe d'été et avait encore plus de taches de rousseur que d'habitude. J'ai hurlé en la voyant.

— Tu m'as manqué ! C'était comment ? T'es rentrée quand ?

— L'avion a atterri à 1 heure du mat… Je suis vannée, mais c'était génial. Je n'ai pensé qu'à ma gueule. J'ai fait la grasse matinée, larvé au soleil, à peine parlé à qui que ce soit, et je me suis gavée de trucs hallucinants. T'aurais adoré. Je t'enverrai des photos quand j'aurai le courage de les mettre sur mon ordi.

Frank aussi avait l'air ravi de voir Lucy. Kelly lui a pris la tête avec la paperasse toute la semaine. Il est passé voir Lucy avec un café servi dans un mug vert et s'est montré très affable.

— Tu as l'air en forme. Si tu veux bien passer dans mon bureau à 10 heures, on fera le point sur cette semaine.

— Eh ben, dis donc ! Le vrai Frank aurait-il disparu ? l'a-t-elle titillé en riant.

Il lui a jeté un regard noir.

— Ah, je me disais aussi, a-t-elle ajouté, impassible.

— Allez, les filles, il est temps de se remettre au boulot, a-t-il rappelé.

Il a posé la tasse de café sur le bureau de Lucy et a disparu.

— À vos ordres, patron, a-t-elle répliqué.

Puis elle a soulevé la tasse de café et l'a balancée à la poubelle.

— J'ai bien fait de revenir.

Vers 15 heures, je me suis rappelé que j'avais dit à Oliver que je lui enverrais un mail. Ruth est censée être repartie à Londres, le laissant enfin libre de poursuivre son travail d'orfèvre en ma compagnie.

**De :** Phoebe Henderson
**Pour :** Oliver Webb
**Sujet :** Hello

Mes deux rencards étaient horribles. Épouvantables. Ruth est déjà partie ? Vous avez passé une bonne semaine ? Si tu pouvais dire non, ça me remonterait le moral.
Bisous,
P.

**De :** Oliver Webb
**Pour :** Phoebe Henderson
**Sujet :** Re : Hello

Semaine géniale. Et, ouais, elle est retournée à Londres. Ruth est super. J'ai vraiment envie de la revoir. Pour ce qui est de tes rendez-vous, tu m'excuseras, mais je t'avais prévenue. Les rencontres en ligne, c'est carrément chelou – t'as pas besoin de ça.

**De :** Phoebe Henderson
**Pour :** Oliver Webb
**Sujet :** Re : Hello

Waouh, t'es trop gentil ! Et sinon, elle s'installe chez toi ? T'es amoureux ? T'as envie de l'épouser ?

**De :** Oliver Webb
**Pour :** Phoebe Henderson
**Sujet :** Re : Hello

Tu m'as déjà vu amoureux ? En tout cas, puisqu'elle est partie, on va pouvoir s'attaquer au bondage. SHLACK ! Au fait, c'était un claquement de fouet.

Un fouet ? Putain, je me demande ce qu'il me réserve.

*Mardi 16 août*

21 heures. Je suis plongée dans le bondage, et je ne sais plus où donner de la tête. Internet regorge de grosses méchantes en tenues de cuir et de mecs complètement affolés, et ça ne m'aide pas du tout. À part attacher Oliver au lit ou lui broyer les poignets, je ne vois pas. Peut-être que je trouverai l'inspiration en matant des films sado-maso et bondage.

21 h 45. Argh ! Des pinces-étaux !

21 h 45. OK, j'ai compris. C'est mort. Y a pas moyen que je fasse ça.

J'ai appelé Oliver.

— Bon sang, mais qu'est-ce que tu es en train de regarder ? Comment ? Non, Phoebe, je n'ai pas l'intention de te torturer le clito. Écoute, calme-toi, et arrête de regarder des vidéos SM. Je sais ce qu'il te faut.

Une demi-heure plus tard, il m'envoyait un lien vidéo.

Pas de souffrance, ni de bâillons, et surtout pas de saloperie de pinces-étaux. Il est d'accord pour tester la soumission, une première pour lui, et que moi, j'endosse le rôle de domina. Je vais pouvoir donner de la voix. J'adore ça !

*Mercredi 17 août*

En m'habillant pour le défi de ce soir, j'ai compris deux choses :

1) Enfiler un corset sans aide est un défi en soi.

2) J'étais tout excitée de retrouver Oliver et nos petits jeux coquins.

J'ai mis une autre couche de rouge vif sur mes lèvres, avant de foncer préparer la chambre, en tirant de temps à autre sur mon string noir, qui s'obstinait à me rentrer dans les fesses.

Mes draps rose framboise avaient cédé la place à des draps de satin noir, empruntés pour l'occasion. Et j'avais parsemé la pièce de petites bougies pour créer une atmosphère gothique. Je finissais de remonter la fermeture de mes cuissardes lorsque la sonnette a retenti. J'ai répondu, bandeau et sangles à la main.

Putain, ouf, c'était Oliver.

— Waouh, Phoebe, tu…

— Ferme-la et va dans la chambre, ai-je ordonné d'une voix ferme.

Une fois dans la chambre, je lui ai ordonné de se déshabiller lentement devant moi. Je dois avouer que le voir se dévêtir un peu nerveusement m'a carrément excitée. Il était là, devant moi, nu comme un ver. Bon sang, je bloque sur sa bite.

— Phoebe ? Phoebe ? Et maintenant ?

— Hein ? Ah, ouais. Allonge-toi sur le lit. Ferme les yeux.

J'ai attaché ses mains aux colonnes du lit et lui ai bandé les yeux en rajustant rapidement mon string.

— Reste là. Tu n'as pas intérêt à bouger, bordel.

Sur ce, je suis allée dans la cuisine fumer une clope, prétendant que cela faisait partie du scénario, mais, en fait, je me demandais bien par quoi j'allais poursuivre. Il fallait que je trouve autre chose que les pipes et les cris. Et puis, j'avais vraiment besoin de ma dose de nicotine. Ma brève et néanmoins instructive immersion dans l'univers bondage m'avait fait comprendre que jamais je ne serais une domina capable de fouetter des culs, broyer des couilles ou étouffer son mec en s'asseyant sur sa tronche. Je ferais ce que je pourrais. Je suis retournée dans la chambre avec une tasse d'eau froide et une d'eau chaude, que j'ai posées sur la table de nuit. Oliver gigotait un peu, se demandant ce que je pouvais bien foutre. Alors, successivement, je l'ai sucé à chaud, puis à froid, un truc que j'avais vu sur le Net. Pas mal, non ? J'imagine que oui, vu les gémissements inhabituellement forts qu'il poussait.

Ensuite, j'ai léché minutieusement chaque parcelle de son corps, en lui répétant qu'il était un sale petit vicieux. Il a commencé à se débattre.

— Arrête ça tout de suite ! ai-je hurlé.

Je me suis penchée pour murmurer à son oreille.

— Écoute-moi bien, c'est moi qui décide, ici, je fais tout ce que je veux. Si tu crois que tu vas pouvoir me toucher, tu te mets le doigt dans l'œil.

Alors je l'ai embrassé sauvagement et je me suis empalée sur lui. Je l'ai baisé très lentement, et j'ai même pu lui mettre un doigt dans le cul. J'étais un peu gênée, mais j'ai assuré en détournant les yeux, comme pour la scène finale des *Aventuriers de l'arche perdue*.

À la fin, il m'a demandé de le détacher.

— J'ai besoin de te toucher, a-t-il dit.

J'ai obéi, et nous nous sommes fait des câlins sur le lit en écoutant Johnny Cash. Des câlins, putain ! Oui, je sais, les dominas évitent les câlins et n'écoutent pas Johnny Cash ; elles préfèrent Rammstein, ces grosses salopes !

*Vendredi 19 août*

La journée a été interminable. Je n'arrivais à joindre personne, on aurait dit que tous les clients étaient en vacances ou déjà rentrés chez eux. Du coup, je me suis tourné les pouces et j'ai regardé le temps passer en attendant l'*happy hour*. Avec Lucy, on a prévu de se retrouver à Merchant City pour s'enfiler des cocktails à prix réduit. J'ai réussi à trouver une table en terrasse, pendant que Lucy commandait. Soulagée d'être enfin sortie du boulot, je me suis débarrassée de mes pompes et j'ai fait gigoter mes orteils sous la table en savourant mon mojito à moitié prix. Lucy me racontait en long et en large sa dernière aventure avec un arboriste à la carrure de bûcheron, capable de la soulever d'une seule main quand ils baisaient, lorsque j'ai senti que l'on me tapotait l'épaule. C'était James, le névrosé du flageolet. J'étais sur le cul ! Sur les six cent mille habitants que compte Glasgow, il fallait que je tombe sur un ex, fantôme du temps passé.

— Phoebe ! J'y crois pas. Bon sang, ça fait une éternité. Comment tu vas ?

On était ensemble il y a dix ans, mais il n'a pas changé. À part ses cheveux peut-être, qui virent carrément au gris, mais ça lui va plutôt bien. On était bien ensemble, jusqu'à ce que je me rende compte que, sous la splendide façade, se dissimulait un type insipide qui ne pensait qu'à ses couilles. Un vrai casse-burnes.

— Ça va. Et toi, James ?

Je me suis levée pour le prendre dans mes bras.

— Incroyable. Et qu'est-ce que tu deviens ? Excuse-moi, James, je te présente ma pote Lucy.

Il s'est assis sur la chaise vide à côté de Lucy en lui serrant la main.

— Toujours dans le bâtiment, mais, depuis que mon père a pris sa retraite, c'est moi qui suis aux manettes. Et toi ?

— Vente d'espaces publicitaires ! C'est l'enfer. Et sinon, t'es marié ?

— Non. Et toi ?

— Non.

— Cool. On a sûrement des tas de choses à se raconter. Ça te dit de venir dîner chez moi demain soir ?

Du coin de l'œil, je voyais le large sourire de Lucy, du coup, par nostalgie surtout, et un peu par curiosité, j'ai accepté son invitation.

— Super. Je te file mon numéro. Envoie-moi ton adresse par texto et je passerai te prendre. Faut que je me sauve, désolé, j'ai rendez-vous avec un client et je suis à la bourre. Ravi de t'avoir rencontré, Lucy.

Sur ce, il a disparu.

Lucy a avalé une gorgée de vin.

— Il est mimi. Tu vas te le taper. J'en suis sûre, Phoebe. C'est clair comme de l'eau de roche.

— Pas forcément, ai-je répondu. Si on n'est plus ensemble, c'est pour une bonne raison, non ?

— C'est vrai, je ne vous connaissais ni l'un ni l'autre à l'époque, mais, maintenant que je l'ai vu, je peux te dire que c'est une vraie bombasse !

— Il est canon, t'as raison, ai-je confirmé avec un sourire niais.

En dix ans, c'est sûr que j'ai changé. Ça ne peut qu'être pareil pour lui. Peut-être que c'est un signe ! Quand j'ai dit que je voulais un petit ami, je n'ai pas précisé que ça ne pouvait pas être un ex… Pourquoi ça n'a pas marché, déjà ?

*Samedi 20 août*

Ce soir, James est passé me prendre. On a pris un truc à bouffer sur la route et on a passé le trajet à papoter du bon vieux temps en se reluquant éhontément. Je sais que j'ai dit que c'était un vrai connard, mais apparemment il a changé. Je suis un peu dure parfois. En tout cas, il était toujours aussi craquant. Je l'ai suivi dans la cuisine pour préparer les assiettes, et quand j'ai attrapé un verre sur une étagère, il m'a embrassée par surprise. Beurk ! C'était horrible, mou et visqueux, comme s'il me léchouillait le visage. Je me suis libérée en douceur de ses babines et suis tranquillement retournée dans le salon, en essayant de me rappeler s'il embrassait déjà ainsi quand on était ensemble, ou si j'avais effacé ce détail de ma mémoire. Il faut dire que je manquais d'expérience à l'époque. On a commencé à manger, et en moins d'un quart d'heure je me suis souvenue de pourquoi j'avais pris la meilleure décision de ma vie en le larguant. Il a prononcé le mot « couilles » au moins sept fois (j'ai compté), il mangeait la bouche grande ouverte, et lorsqu'il m'a dit que sa petite amie, avec qui il était depuis trois ans, était à un mariage en Inde, j'ai failli faire une attaque et je me suis barrée rapidos sans oublier de l'insulter et d'embarquer les chips aux crevettes. Pourquoi je me serais gênée ?

*Lundi 22 août*

Aujourd'hui, on m'a livré des fleurs au bureau. À moi ! Des fleurs ! Un énorme bouquet de lys roses au parfum merveilleux et attaché par un gros nœud.

C'est la première fois que ça m'arrive, et je suis sûre que tout le monde a pu voir mon visage confus.

Kelly s'est levée de son bureau.

— Elles sont pour toi ? Elles viennent de qui ? Tu as un admirateur secret ?

— Aucune idée. Je n'ai pas encore lu la carte, ai-je répondu, un peu agitée.

Je te demande pardon. Alex XX

Mon cœur a flanché et mon visage viré au rouge. Tout le monde dans le bureau me regardait, impatient de connaître l'expéditeur.

— C'est ma mère qui les a envoyées, il n'y a pas d'admirateur mystérieux. Juste ma mère.

Lucy s'est approchée et m'a pris la carte des mains, l'a parcourue et l'a remise dans sa minuscule enveloppe. Elle souriait.

— Que d'attention. Je vais trouver un vase.

Je ne les ai plus jamais revues.

Lorsque Oliver est passé ce soir, j'étais tellement énervée qu'on s'est pris la tête.

— C'est pas ma faute s'il t'a envoyé des fleurs. Pourquoi tu t'en prends à moi, bordel ?

— Parce que je n'ai personne d'autre sous la main, et parce que toute cette histoire d'excuses, ça me fout la haine. J'ai cru que c'était toi qui me les avais envoyées. Merde, t'aurais pu m'envoyer des fleurs !

— Et pourquoi je t'offrirais un bouquet de merde ? T'es malade. Regarde-toi, tu transpires avec ton gros pull.

J'ai poussé un grognement de frustration et j'ai enlevé mon pull. Je me suis retrouvée en jean et en soutif, les cheveux en bataille.

— Monsieur est content ?

— T'es vraiment une salope sexy. Ferme ta sale bouche, a-t-il ordonné.

Il m'a jetée sur le sol et on a baisé comme des bêtes sauvages. À la fin, je me suis excusée. Non pas parce que j'étais une salope sexy, mais parce que j'étais une vraie connasse.

— Il veut juste te retourner le cerveau, c'est tout. Tu veux que j'aille lui parler ?

— Non, surtout pas. Il serait trop content de voir que ça m'atteint.

— Ne le laisse pas te malmener, Phoebe. Plus jamais. T'es beaucoup trop bien pour lui, j'espère que tu en as conscience.

J'ai regardé Oliver droit dans les yeux.

— Je sais. Mais, parfois, je me demande si ce blaireau n'était pas l'amour de ma vie. Et ça me déprime grave.

Il est resté silencieux jusqu'à ce que je me lève pour aller aux toilettes.

— Qu'est-ce qui va se passer après ta liste ? On va tout arrêter ?

— J'imagine que oui.

Un court instant, j'ai espéré qu'il me donne une raison de continuer. Mais non. Il n'a aucune raison de le faire. Il est avec Ruth maintenant.

*Jeudi 25 août*

Je me suis finalement décidée à répondre à Alex. Je lui ai envoyé un texto pour lui dire, encore une fois, que ça ne m'intéressait pas. J'ai été tentée de le balancer à Miss Nibards, mais je suis sûre qu'il me ferait passer pour une tarée en disant que je me suis moi-même envoyé le bouquet. Quand je pense que cette année j'étais censée me débarrasser du passé pour repartir à zéro, je me dis que ce n'est pas gagné. Il s'accroche à mort, l'enflure.

*Mardi 30 août*

On dirait que le vent tourne ! Le rencard de ce soir était génial. Il s'appelle Barry, et je l'ai trouvé sur Internet. Je n'en reviens toujours pas et je m'attends à tout instant à voir surgir l'hypnotiseur à la noix qui, d'un claquement de doigts, va le transformer en gros crétin.

Nous sommes allés dîner, puis boire des cocktails, et ensuite il m'a embrassée sur le quai de la gare avant que je prenne le dernier train. Dix minutes après, il m'envoyait un texto pour me demander si je voulais bien le revoir. Trop cool ! Il était timide, drôle, et avait un boulot intéressant, en gros, l'inverse des types sur lesquels je tombe d'habitude. Je crois que je suis mordue.

Oliver m'a appelée lorsque j'arrivais près de chez moi, et je lui ai tout raconté.

— Barry ? Comment tu peux t'enflammer pour un type qui s'appelle Barry ?

— Merde, c'est quoi ton problème, Oliver ? Pour une fois que j'ai un rencard génial, il faut que tu me casses.

— Je plaisantais, Phoebe. C'est pas comme si on ne se connaissait pas, bordel ! Chaque fois que je suis sorti avec une nana, tu ne t'es pas gênée pour te payer ma tronche ! La fameuse Sandra, Ruth… sans parler de Tash, la fille du lycée, tu t'en souviens ? Tu l'avais baptisée comment, déjà ?

Il attendait une réponse.

— Le trou, ai-je répondu sans me démonter.

— C'est ça. Et quand je suis sorti avec Joanne il y a deux ans, tu t'es empressée de me rappeler que ça rimait avec « banane ». On n'arrête pas de se chercher, Phoebe, pas la peine de t'emballer comme ça.

— OK, je m'excuse, mais je ne t'ai jamais vraiment vu prendre au sérieux les filles avec qui tu sortais, alors fallait pas t'attendre à ce que moi, je le fasse, bon sang. Sache que ce mec, il me plaît, alors, pour les blagues, on verra plus tard, d'acc ?

— Très bien. Comme tu voudras. Bon, je te laisse. Rentre bien.

Je me sens conne. Je ne sais pas pourquoi sa remarque m'a autant dérangée. Je crois que je voulais juste qu'il soit un peu content pour moi. L'autre truc qui me dérange, c'est de ne même pas avoir eu envie de ramener Barry à la maison, mais, en même temps, la voix de la raison me dit que, pour une fois, c'est peut-être bien d'y aller mollo. Mon ouverture d'esprit actuelle, en mode « libre accès à tous les étages » n'a rien à voir avec l'ancienne Phoebe, qui n'aurait jamais eu l'idée de coucher dès le premier soir, et qui est pourtant toujours là quelque part, sachant très bien que les mecs ne prennent pas au sérieux les filles trop faciles.

Je me demande si je vais réussir à contrôler mes pulsions et mon tempo. Peut-être que je devrais me faire enlever la libido avec la pince du Dr Maboul. C'est ma seule chance.

# Septembre

*Jeudi 1er septembre*

Je revois Barry samedi prochain. Chaque fois que je prononce son nom, je prends une voix sensuelle, histoire de prouver à Oliver qu'il avait tort. Je suis sûr que Barry aime le cul, mais, cette fois, je vais me la jouer cool et éviter de lui sauter dessus pour l'enfourcher comme une voleuse de vélo.

J'ai parlé à Lucy de cette volonté de retenue autour d'un sandwich pendant la pause.

— Je ne vois pas l'intérêt d'attendre. Et si tu tombes amoureuse de lui et te rends compte seulement après coup qu'il est nul au lit, t'imagines ? Tu veux ma tomate ?

J'ai pris sa tomate et l'ai transpercée avec ma fourchette.

— Putain, Lucy, j'ai juste l'intention de patienter un peu, je n'attends pas la nuit de noces.

— Eh ben, ne traîne pas trop, sinon ton vagin va se refermer, a-t-elle fait remarquer le plus sérieusement du monde.

— J'en ai marre de parler de moi. Et toi, ta vie amoureuse, c'en est où ? L'arboriste est toujours dans le paysage ?

— Kyle ? On dirait bien. Je le revois samedi.

— C'est cool comme prénom, Kyle. Plus que Barry, ai-je dit d'un air rêveur.

— C'est juste un nom. Kyle est trop sexy. D'après lui, je suis une force de la nature, a-t-elle dit avec un petit sourire.

— Genre tsunami ?

Elle s'est marrée.

— Probablement. Tu sais, un jour, je suis sortie avec un mec qui s'appelait Nigel. C'est bien pire. Je voulais l'appeler « N », mais il n'était pas d'accord. Ton Barry, tu n'as qu'à l'appeler « Baz », ou « B », je ne sais pas, moi, t'as qu'à trouver un truc si ça te dérange tant que ça.

— Je m'en fichais complètement avant qu'Oliver se foute de ma gueule, et maintenant je bloque.

— Vous êtes pires que des gosses, tous les deux ! Ne fais pas attention à ce qu'il dit et fais-toi plaisir. Si ce Barry te plaît vraiment, ça n'a aucune importance. Quelle heure est-il ?

J'ai jeté un œil à mon portable.

— Presque 13 heures. Il faudrait qu'on y aille, non ?

Lucy a avalé une dernière gorgée de Coca light et attrapé sa veste grise sur le dossier de sa chaise.

— Je compte sur toi demain pour un compte rendu détaillé de ta soirée, même s'il ne se passe rien de cochon.

— Aucun risque. Je serai d'une sagesse exemplaire. J'en suis tout à fait capable.

— Et si c'est lui qui fait le premier pas ? Tu vas le jeter en lui disant que tu préfères attendre ?

Alors, mains sur la poitrine, elle s'est mise à hurler, de manière spectaculaire.

— Oh non, Barry, je t'en prie. Il ne faut pas. Pas ici. Pas maintenant !

— Et alors ? Je ne vois pas où est le problème ? ai-je répondu, gênée par tous les regards qui s'étaient braqués sur nous.

— Je ne te crois pas ! a-t-elle répondu en me tenant la porte pour sortir.

Elle était morte de rire.

— À la seconde où il va te toucher, tu vas lui bondir dessus comme s'il était un ballon sauteur des années 1970.

Elle me connaît trop bien. En rentrant, j'ai dû me taper un épisode de « *Putain, je ne trouve pas mes clés !* » devant la porte de mon appart, sous une pluie battante. Et, bien sûr, c'est seulement après avoir vidé rageusement mon sac par terre que je les ai retrouvées dans la doublure de la poche de mon manteau.

Après une longue douche bien chaude, pelotonnée dans le canapé, je mangeais des fraises en riant aux éclats devant un DVD de Dylan Moran, qu'Oliver avait oublié de récupérer. Ce type est un génie, j'adore son humour cynique et absurde, ce qui confirme mon penchant pour les Irlandais spirituels aux cheveux bruns. J'aurais dû le préciser dans mon profil de célibataire.

*Samedi 3 septembre*

Comment j'ai pu imaginer qu'une petite sieste avant mon rendez-vous allait me faire du bien ? J'ai pioncé sur le canapé tout l'après-midi, et me suis réveillée à 18 heures, la tête dans le pâté et avec des marques d'oreiller sur tout le visage. Ça voulait dire qu'il ne me restait plus qu'une heure avant de retrouver Barry, juste le temps d'une douche rapide, mais pas de me raser les jambes ou de me faire un shampoing. D'un autre côté, ça tombait bien, avec mon poil aux pattes, j'éliminais le risque de coucher avec lui, même en étant bourrée.

Vingt secondes à peine après que j'ai quitté l'appart, il s'est mis à pleuvoir. J'ai dû me réfugier sous un Abribus et appeler un taxi. Y avait pas moyen que je me pointe à un rencard en puant l'odeur des bus.

Je suis arrivée avec cinq minutes de retard et, comme il n'était pas là, j'ai eu le temps de filer aux toilettes pour voir si la pluie n'avait pas ruiné mon brushing. Heureusement, aucune boucle rebelle n'était apparue pendant le déluge. En revanche, ma robe était trempée. J'ai tenté de la faire sécher sous le sèche-mains, tout en me repassant une couche de rouge à lèvres. Résultat, lorsque j'ai jeté un dernier regard dans le miroir, j'avais un rouleau de papier toilette accroché au talon de ma botte et du rouge à lèvres sur les dents. J'assure grave.

Je suis retournée au bar, j'ai commandé un whisky Coca et je suis allée m'asseoir toute seule à une table.

À 19 h 30, il n'était toujours pas arrivé, et j'en étais à mon deuxième verre. J'avais fini par sécher et je crevais la dalle. Je l'ai appelé, mais ça sonnait dans le vide. J'aurais pu acheter un paquet de Pringles super cher, mais j'aurais vraiment eu l'air d'une pauvre fille à grignoter mes chips toute seule dans un bar un samedi soir. À 20 heures, c'était officiel, on venait de me poser un lapin. À ma table, deux des chaises avaient été prises par des gens qui, eux, avaient des amis. Je me sentais comme une conne, et même pire. L'humiliation totale. Alors que je tentais de le joindre une dernière fois, j'ai senti une main sur mon épaule.

— On dirait que tu viens de te faire poser un lapin, pas vrai ?

Je me suis retournée brusquement et me suis retrouvée face à Alex. Mon cœur a fait un aller-retour violent et sonore de ma bouche à mon estomac.

— Qu'est-ce que tu fous là ? Tu as décidé de me suivre ? ai-je rétorqué d'un ton cassant.

Il a levé les yeux au ciel.

— C'est une façon de voir les choses. En fait, je suis avec Rob. Tu te souviens de lui ? a-t-il demandé.

Il a désigné un mec bourré en jean moulant accoudé au comptoir.

Et merde, Rob ! Je ne l'ai jamais supporté, ce type, un compositeur méga super snob qui détestait tous les groupes à l'exception de Radiohead, il nous bassinait grave avec sa fixette sur Tom York. Et, s'il me supportait, c'est parce que j'étais fan des Flaming Lips, un autre groupe qu'il « tolérait ». Et, en plus, je suis sûre qu'il aurait voulu que je le remercie.

— Bien sûr, comment pourrais-je oublier Rob ! ai-je répondu, peu enthousiaste. Tu peux me dire ce que tu me veux, Alex ? Je t'ai déjà dit que ça ne m'intéressait pas. J'en ai rien à cirer de tes bouquets et de tes mails, alors dis-moi ce que tu cherches, bordel.

Il s'est assis à la place qui aurait dû être celle de Barry, s'il avait daigné se montrer. Je le hais.

— Je veux qu'on parle, Phoebe. Accorde-moi cinq minutes, pas plus, et ensuite je te laisse tranquille.

— Pas question.

— S'il te plaît. Et puis, visiblement, tu n'as rien de mieux à faire.

J'ai eu la bêtise d'hésiter, et les cinq minutes se sont transformées en trois heures d'échange acharné et arrosé, qui avait apparemment fait fuir Rob.

— Et ta fiancée ? ai-je bafouillé. Tu l'as laissée à la maison ? Ses nibards sont trop lourds pour que le balai décolle ?

Il a baissé les yeux.

— Elle est à Manchester pour un enterrement de vie de jeune fille. Tu sais, entre nous, ça ne…

— Putain, j'en étais sûre ! C'est donc ça, tous ces mails ! Qu'est-ce qui se passe ? Elle ne te suffit plus ? ai-je lancé d'une voix triomphante.

J'ai attendu qu'il finisse sa pinte.

— Non, ce n'est pas ça… Enfin, c'est depuis qu'on s'est croisés dans ce magasin l'autre jour. Tu as tellement changé. Écoute, Phoebe, tu me manques. J'ai été débile. Je sais que je ne peux pas changer le passé, mais si c'était possible, je le ferais, et, bon…

Je ne lui ai pas laissé le temps de finir sa phrase.

— Ne gaspille pas ta salive, Alex. C'est de l'histoire ancienne. On est passés à autre chose tous les deux.

Il m'a regardée droit dans les yeux.

— Tu es passée à autre chose, Phoebe ? Parce que moi, je n'en suis pas sûr. Je ne pense pas.

Il a posé sa main sur la mienne, et je ne l'ai pas repoussée. J'avais envie de pleurer. Non seulement parce que j'avais picolé et que j'avais la dalle, mais en plus parce que, quelque part, j'avais toujours espéré qu'il me dise un jour que je lui manquais, tout comme il venait de le faire.

Évidemment, dans un état normal, j'aurais mis des lunettes de soleil et pris mes cliques et mes claques en déclarant : « Désolée, Alex, mais faut que j'y aille. Le devoir m'appelle. » Eh ben, pas du tout. J'ai fait ce que n'importe quelle fille paumée et bourrée aurait fait dans la même situation. Je l'ai suivi à l'hôtel et nous avons couché ensemble – et je n'étais même pas épilée.

*Dimanche 4 septembre*

Ce matin, je me suis réveillée à côté d'Alex. Il dormait encore paisiblement, dos tourné et une jambe hors du lit.

J'ai bloqué sur sa nuque. Ses cheveux bruns étaient beaucoup plus courts qu'avant, et ses épaules toujours aussi larges, avec ce petit poil agaçant qui pointait sous un tatouage que je ne connaissais pas, un truc en calligraphie chinoise. J'ai essayé de deviner ce qu'il pouvait bien vouloir dire, « Guerrier », « Paix », « Faucheur d'âmes » ou bien… « Susan » ? Mon estomac s'est noué à la pensée que j'étais comme elle désormais. J'étais devenue l'autre femme. Je me suis assise dans le lit, en proie à un profond sentiment de dégoût.

— Où tu vas ? a grogné Alex.

— Lève-toi, ai-je répondu sèchement. Il est temps de partir.

Il a attrapé sa montre sur le sol.

— On a la chambre jusqu'à 11 heures, et il n'est que 8 heures. On a tout le temps.

— Comme tu voudras, mais moi, j'y vais.

Je me suis levée et je suis allée à la salle de bains, en marchant sur un tas de vêtements enchevêtrés, témoin de notre nuit de débauche, dont certaines images, Alex me déshabillant, m'embrassant, me caressant, me sont revenues progressivement à l'esprit, lorsque j'ai refermé la porte et fait couler la douche. Il a frappé à la porte.

— Tu veux un peu de compagnie ?

— Non.

Ignorant ma réponse, il est entré, et j'ai compris Hazel, qui râlait de ne pas pouvoir prendre sa douche en paix. Il m'a enlacée par la taille, murmurant à mon oreille.

— Cette nuit était phénoménale.

— Ah ouais ? J'étais trop bourrée pour m'en souvenir.

— Tu peux me croire. Je suis tellement content que tu m'aies pardonné.

J'ai repoussé ses bras.

— Je n'en suis pas si sûre. La nuit dernière est à mettre sur le compte de l'alcool. Maintenant, si tu veux bien me laisser prendre ma douche…

Il m'a de nouveau attirée contre lui, à côté de la douche qui coulait.

— Pas question, la nuit dernière restera gravée à jamais dans nos mémoires.

Une nouvelle fois, je me suis libérée de son étreinte.

— L'éternité, c'est trop long pour moi. Je ne veux garder aucun souvenir de toi ! J'en ai trop bavé avec ceux de la dernière fois, je ne sais pas si tu t'en rends compte…

Il a baissé le couvercle des toilettes et s'est assis.

— Phoebe, on est bien ensemble. L'année qui vient de s'écouler m'a fait prendre conscience que j'avais commis une erreur monumentale, et je ne parle pas seulement de ma liaison, mais aussi du fait que je n'aie même pas essayé d'arranger les choses. Je ne pouvais pas savoir que tu allais autant me manquer.

Et là, il s'est mis à pleurer. Putain, il pleurait comme une madeleine, et moi, je ne disais rien, complètement désorientée, dans la vapeur qui commençait à envahir la salle de bains. Du coup, moi aussi, j'y suis allée de mes larmes.

Je suis rentrée chez moi vers midi, complètement vidée. J'avais laissé Alex à l'hôtel en lui disant que j'avais besoin de temps pour réfléchir, avant de sauter dans un taxi. J'ai branché mon portable, déchargé depuis la veille, et il s'est tout de suite mis à sonner. C'était Barry.

— Je suis désolé, Phoebe. Ma sœur a eu des contractions, et j'ai dû l'emmener d'urgence à l'hôpital. Elle n'a personne d'autre. Et j'ai oublié de prendre mon portable. Je m'en veux énormément. J'espère que tu ne m'as pas attendu trop longtemps.

J'ai menti.

— Non. Je me suis dit qu'il avait dû se passer un truc, t'inquiète.

— T'es sûre ?

J'ai pris une longue inspiration avant de répondre.

— Mais oui. Un petit bébé, alors ? Comme c'est excitant !

— Tout s'est bien passé. Écoute, je suis en train d'y retourner avec quelques vêtements, mais je peux t'appeler plus tard, si ça te va. On pourra fixer un autre rendez-vous.

J'ai réussi à conserver une voix faussement enjouée.

— Pas de problème ! À plus.

Et je suis allée m'effondrer sur mon lit. Alors que Barry aidait à mettre une nouvelle vie au monde, j'essayais d'en ressusciter une d'entre les morts, une que je croyais avoir définitivement laissée derrière moi. Je suis complètement paumée.

*Lundi 5 septembre*

J'ai invité tout le monde à manger un rôti ce soir. J'ai dit que la viande que j'avais dans le frigo ne tiendrait pas jusqu'à demain, mais, en fait, je ne voulais surtout pas rester seule. Lucy est arrivée la première, avec un dessert fait maison.

Elle l'a balancé négligemment sur le plan de travail, avant de fouiller mon placard pour trouver un verre à vin.

— Et voilà ! Tarte fine au citron et à la betterave. J'ai trouvé la recette sur Internet. Je l'ai faite samedi, et, après plusieurs tentatives ratées, je pense que c'est à peu près comestible.

On aurait dit un poumon écrasé recouvert de sucre glace.

— Waouh ! J'en perds mes mots ! me suis-je exclamée.

— Je sais, t'as vu ?

Oliver et Hazel sont arrivés au moment où j'arrosais les asperges d'un filet de beurre. Mes talents culinaires m'épatent encore. Oliver a jeté sa veste sur mon lit et posé sans façon une deuxième bouteille de vin rouge sur la table.

— Ça sent divinement bon, Phoebe. C'est la première fois que je mange un rôti un lundi soir.

Ça m'a fait rire.

— Moi aussi. Mais allez-y, asseyez-vous, je vous l'apporte.

Nous avons commencé à manger, et mon espoir d'oublier Alex pour une soirée a été réduit à néant lorsque Hazel a demandé comment s'était passée ma soirée.

— Alors, raconte ! Il s'appelait Barry, c'est ça ? Tu t'es éclatée ?

J'ai répondu en bredouillant.

— Il n'a pas pu venir. Sa sœur a accouché et il fallait qu'il soit là. Je l'ai attendu comme une débile pendant une heure, jusqu'à… mais bon, on est censés remettre ça mercredi.

— Jusqu'à ce que quoi ? Qu'est-ce que tu nous caches, fillette ? a demandé Oliver en remplissant les verres.

Je suis devenue rouge comme une pivoine et je me suis levée.

— Jusqu'à ce qu'Alex se pointe, et on a fini à l'hôtel.

Plus personne ne disait rien. Puis Lucy a éclaté de rire.

— Alors, là, tu nous cloues le bec. Et il s'est passé quoi exactement ?

Mon visage devait parler pour moi.

— Putain, Phoebe, c'est pas vrai ! À quoi tu pensais ? Et sa petite amie, elle était où ? a hurlé Lucy.

— Je n'étais pas en état de penser. J'avais picolé et je croyais qu'on m'avait posé un lapin. Et il m'a dit que je lui manquais et que… je n'ai pas du tout envie de parler de ça.

Je suis partie en courant dans la cuisine, suivie par Oliver.

— Tu te compliques vraiment la vie, Phoebe, tu ne crois pas ?

Il a posé son verre sur le plan de travail avant de poursuivre :

— Ce type te transforme en épave, et toi, qu'est-ce que tu fais ? Tu te jettes dans ses bras dès qu'il claque des doigts. Tu as perdu la mémoire ? Et s'il te demande d'aller te pendre, tu vas le faire ?

— Ça ne s'est pas passé comme ça ! ai-je protesté.

Je savais pourtant qu'il n'avait pas tout à fait tort.

— C'était une erreur. Et puis, de toute façon, qu'est-ce que ça peut te faire ? On n'est pas ensemble.

Il a eu l'air blessé.

— Non, Phoebe, on n'est pas ensemble, Dieu merci. Je ne comprends pas. Tu couches avec moi, tout en essayant de commencer une histoire avec le fameux Barry, et là, tu te retapes Alex ? C'est hyper destructeur, t'es en train de merder, Phoebe, tu t'en rends compte, j'espère…

J'ai ouvert la bouche, incapable de penser à une réponse. Il avait raison. Il a quitté la cuisine en me lançant un dernier regard.

— On est potes depuis un bout de temps, Phoebe, mais si tu penses vraiment que ça m'est égal, que ça ne me touche pas, alors, méfie-toi, ça pourrait bien devenir le cas.

Sur ce, il est rentré chez lui. Jamais je ne me suis sentie aussi insignifiante.

Lucy et Hazel ne savaient plus où se mettre et ne disaient pas un mot. Puis Hazel s'est lancée :

— Et sinon… t'as pris ton pied ?

J'ai soupiré.

— Tu ne peux pas savoir à quel point j'aurais aimé que ça soit pourri. Je ne veux pas dire que c'était génial, mais je m'en fiche, c'était Alex.

Je suis retournée dans le salon et Lucy m'a fait un câlin.

— J'espère que tu sais ce que tu fais, a-t-elle dit d'une voix douce.

Conclusion, en dépit de tous mes efforts culinaires, la soirée a tourné au fiasco intégral. Lucy et Hazel sont parties à 22 heures, et je me retrouve assise sur mon lit, essayant de démêler le flot virevoltant de mes pensées. Il faut que je me calme, que je me concentre. Au début de l'année, j'avais l'impression de savoir ce que je voulais et où j'allais. Et, aujourd'hui, tout s'est fracassé et je suis complètement paumée. En plus, je suis censée voir Barry mercredi soir. Je rêve de tout laisser tomber et de rester couchée jusqu'à la fin mes jours. J'espère que ça ira mieux demain.

*Mardi 6 septembre*

Lucy m'a apporté un petit crème ce matin, et on a papoté avant le début de la réunion.

— Il n'y avait plus de vanille, du coup, je t'ai pris caramel. Comment tu te sens ?

J'ai haussé les épaules.

— Bien, j'imagine. J'ai rendez-vous avec Barry demain soir, et je me dis que je ferais mieux d'annuler. Je crois que je ne suis pas en état.

Lucy s'est marrée.

— Je crois au contraire que c'est exactement ce qu'il te faut. Il est blanc comme neige ! Tu n'as pas couché avec lui, il n'y a aucun passif entre vous, et surtout il ne t'a jamais fait de mal. Disons que toute cette histoire avec Alex, ça n'est qu'une folie passagère. Sors avec Barry et vois s'il fait partie des gentils. T'as vu ça, je le canonise déjà.

— Saint Barry ?

— J'en sais rien, mais je me dis que ça serait dommage de ne pas tenter le coup, tu ne crois pas ?

J'y ai réfléchi tout l'après-midi, même si je sais qu'elle a raison. Comme toujours. Je vais essayer d'être juste et de faire taire mes a priori. Et puis, c'est seulement notre deuxième rencard, il a bien droit à sa chance avant que je le raye définitivement de la liste.

*Mercredi 7 septembre*

Ce deuxième rendez-vous avec Barry a plutôt bien commencé, si l'on considère que, cette fois, il ne m'a pas posé de lapin. On s'est retrouvés à l'*Italian Kitchen* sur Ingram Street, un petit restau tranquille où j'ai mes habitudes. On s'est installés à l'étage, près d'une fenêtre, à distance acceptable d'une soirée d'anniversaire, des soixante ans je crois, qui battait déjà son plein.

Je sirotais lentement un verre de vin. Autant éviter d'être pompette avant d'avoir commandé. J'ai parcouru la carte, sachant déjà ce que j'allais prendre, des ravioles de homard, suivies de linguine aux gambas.

Barry a fait signe au serveur de venir prendre notre commande.

— Normalement, je ne mange jamais italien au restau. Je me dis toujours que ce n'est pas la peine de payer pour un truc que je peux faire facilement à la maison. Mais je dois dire que cet endroit est divin. Leurs linguine aux gambas sont exceptionnelles.

— C'est ce que j'ai choisi ! me suis-je exclamée, tout excitée.

J'étais ravie d'être tombée sur un mec qui aimait manger.

— J'adore les fruits de mer, ai-je ajouté.

— Moi aussi, a-t-il dit en se marrant lorsque le serveur s'est approché. Les dames d'abord, a-t-il précisé.

Le dîner était très agréable, et on a parlé de tout, même de nos boulots super chiants.

— Donc, si j'ai bien compris, tu contactes des entreprises et tu leur vends des espaces publicitaires ?

— Tout juste. Ça ne va pas chercher bien loin.

— Et si on te dit non ?

— En général, c'est ce qu'on me répond. Dans ce cas, je passe à quelqu'un d'autre. Bon sang, j'ai vraiment un boulot assommant. Et toi ? C'est quoi, au juste, un ingénieur agréé ? Qu'est-ce que ça fait ?

À ce moment-là, la moitié de la salle a entonné « *Happy Birthday* » en l'honneur des soixante ans de Mary, qui était ronde comme une queue de pelle.

— En gros, je fais des tubes.

— Comment ? Excuse-moi, mais ils font un de ces boucans… Des tubas, tu disais ?

— Ah, non, des tubes… Des tuyaux, quoi. Qu'on met autour des câbles, pour l'automobile, ou l'aviation, ce genre de choses. C'est pas très glamour dit comme ça, si ?

— Et c'est intéressant ?

— Non.

— Dans ce cas, on a tous les deux des boulots chiants. On devrait commander un tiramisu pour fêter nos choix de carrière pathétiques.

Après le repas, Barry m'a aidée à passer mon manteau, et on a pris un dernier verre dans un pub près du restau. Ensuite, il m'a raccompagnée à la gare et m'a embrassée pour me souhaiter bonne nuit. Une fois encore, il n'a même pas tenté de m'inviter chez lui. Mais ça me va. C'est beaucoup plus sain. Il me courtise dans les règles de l'art, contrairement à Alex que je me suis tapé dès notre deuxième rencard, et c'est bien plus convenable. On a prévu de se revoir mardi. Je n'ai pas eu de réponse au texto que j'ai envoyé à Oliver tout à l'heure. C'est toujours à lui que j'ai envie de raconter mes soirées quand elles se passent bien, mais on dirait que je l'ai vraiment foutu en rogne. Plus que d'habitude, je veux dire.

*Jeudi 8 septembre*

Ce matin, au boulot, Lucy m'a suivie jusqu'aux toilettes tant elle mourait d'envie de savoir comment s'était passée ma soirée avec Barry. J'ai à peine eu le temps de me laver les mains que déjà elle m'assaillait de questions.

— Comment ça s'est passé ? Tu l'as appelé « B » finalement ? Et t'as eu des nouvelles d'Alex ? Et Oliver, il te reparle ? Raconte-moi tout !

— Putain, Lucy, t'en es à ton combientième café ?

— Je ne compte même plus.

Mains dans le séchoir, je hurlais.

— Le rendez-vous s'est bien passé ! Je n'ai eu de nouvelles ni d'Alex ni d'Oliver, et, pour info, non, on n'a pas baisé. On s'est contentés de se raconter nos vies en profitant de la gastronomie italienne.

— Pouah ! Avec Vincent, on a baisé toute la nuit. Une véritable orgie.

— Il sort d'où, ce Vincent ? Et Kyle, t'en as fais quoi ? Je n'arrive plus à te suivre ! me suis-je exclamée devant le miroir en donnant du volume à ma pauvre crinière.

— Kyle s'est envolé à Perth pour le boulot, et je ne suis pas du style à attendre les mecs. Vincent est l'un de ces professionnels de la théorie de la conspiration, je n'ai rien contre, mais ce matin j'ai dû me taper une conférence sur l'usage du fluor par les nazis dans les camps de concentration, alors que j'essayais de me brosser les dents. En tout cas, ça ne l'a pas dérangé d'utiliser mon dentifrice au fluor juste après.

— Eh ben ! Si tu le laisses faire, tu vas le retrouver la tête dans ton frigo, à analyser tes *Vache qui rit*, en disant que c'est une conspiration des Illuminati.

— Je sais. Il me soûle, mais il est couvert de tatouages, et tu sais combien j'aime les biceps tatoués. Et les grosses queues. On a tous les deux pris un jour de congé demain. Je vais le lessiver.

— À cette heure de la journée, tu m'excuseras, mais c'est un peu trop pour moi, ai-je soupiré en me dirigeant vers la porte.

— Il n'y a pas d'heure pour parler de bites ! a hurlé Lucy.

C'est ce que je l'ai entendue dire en refermant la porte derrière moi, à la surprise générale des cinq personnes qui attendaient dans le couloir. Elle est vraiment trop forte.

*Samedi 10 septembre*

J'ai laissé deux messages sur le répondeur d'Oliver, avant d'appeler Lucy pour chouiner sur le fait qu'il m'ignore encore.

— Il est parti avec Ruth. À Amsterdam ou en Afrique, ou ailleurs, je ne sais plus.

— Comment tu sais tout ça ? Tu l'as vu ?

— Ouais, au café hier. Désolée, je croyais que tu étais au courant. Il m'a demandé de tes nouvelles, si ça peut te consoler.

— C'est vrai ? Ça fait des jours que j'essaie de le joindre, et il ne répond jamais.

— Il fait la gueule. Laisse tomber. Tu sais bien qu'il va revenir, t'inquiète. Et puis, je te rappelle que tu dois séduire ton Barry. Magne-toi un peu, j'en ai marre d'attendre les détails croustillants.

— Barry fait des tuyaux.

Silence.

— Je n'ai aucune idée de ce que ça veut dire.

— Moi non plus.

— Pourquoi vous vous obstinez à vous voir en semaine ? Le vendredi et le samedi vous posent un problème ? Attends… c'est bien votre troisième rendez-vous, non ?

— Yep ! La règle du troisième rendez-vous, baby ! Je l'invite chez moi, je lui sers un bon verre et un bon repas, et puis…

— Tu exiges qu'il te baise ? a-t-elle interrompu.

— Je voulais dire que j'allais essayer de le séduire, mais ton plan est tout à fait envisageable.

— Bien sûr que oui. En ce moment, il est probablement aussi frustré que toi. Ça va marcher.

Du coup, j'ai envie d'être mardi. Je n'ai pas baisé depuis ma nuit avec Alex, et j'ai réussi à me convaincre que le prochain mec avec qui je coucherai pourrait annuler cet épisode. Et puis, Alex n'a pas essayé de me recontacter, ça veut peut-être dire qu'il s'est lui aussi rendu compte qu'on avait fait une connerie.

*Lundi 12 septembre*

Ce matin, j'avais un rendez-vous chez l'ophtalmo, ce qui fait que je ne suis pas allée bosser avant 11 heures. La première chose que j'ai vue en arrivant au boulot, c'est Kelly en train de lancer un bouquin à la gueule de Brian, avant d'entrer comme une furie dans le bureau de Frank.

— Bon sang ! Mais qu'est-ce qui se passe ? ai-je demandé en déboutonnant ma veste.

— Brian s'est foutu de la frange de Kelly, a répondu Lucy. Et Kelly a un peu surréagi.

— Je pourrais porter plainte, elle m'a agressée, chouinait Brian en se massant la nuque.

— Elle est complètement chtarbe, cette nana…

J'ai jeté un œil dans le bureau de Frank et j'ai vu Kelly en pleurs. De vraies larmes. Rien à voir avec ses miaulements pseudo-tragiques habituels. Rien du tout.

— J'ai juste dit que je la trouvais trop courte pour son front démesuré. J'ai raison, non ? s'est-il justifié en se marrant.

— Juste après lui avoir dit que son cul était trop gros pour sa jupe, a fait remarquer Lucy.

Elle n'avait pas l'air de rigoler.

— Parfois, t'es vraiment une langue de pute, Brian. Elle t'a juste demandé d'arrêter de mater des sites pornos sur ton portable au boulot. Ça me paraît plus que raisonnable comme requête, non ?

— Va te faire, a-t-il grogné. C'est une grosse salope aux seins flasques qui se croit supérieure aux autres.

Lucy a réagi en prenant un stylo et en le lui balançant à travers la pièce.

— Et toi, t'es qu'un petit connard de macho, Brian. Elle n'est peut-être pas facile à vivre, mais faudrait vraiment que je sois une attardée pour te laisser déverser ta sale bile.

Sur ce, Frank est sorti et a demandé à Brian de le suivre dans la salle de réunion, pendant que Kelly rejoignait les toilettes en évitant nos regards. Avec Stuart, on n'en croyait pas nos yeux. Je me suis tournée pour parler à Lucy, mais elle était déjà au téléphone, tout sourires, comme si de rien n'était.

Après dix minutes, Brian est réapparu, un peu speed, mais il n'a rien lâché. Frank m'a appelée dans son bureau et m'a demandé de fermer la porte.

J'étais stupéfaite.

— C'est quoi ce bordel, aujourd'hui ? D'habitude, c'est tellement mort, ici.

— J'ai prévenu Brian, il va falloir qu'il s'excuse auprès de Kelly pour ses commentaires déplacés. Espérons qu'elle s'en contente et qu'elle n'aille pas voir le RH. De plus, des clients se sont plaints de son compte Twitter. Apparemment, il balance des commentaires racistes sur les joueurs de foot.

— Qu'est-ce qu'il a dans la tête, merde ?

— Va savoir. C'est un gamin, il va mûrir. Sérieux, Phoebe, y a des jours où je déteste ce boulot.

— Ah bon ? Et tu me racontes tout ça parce que… ?

Il a souri.

— J'en sais rien du tout. Parce que tu sais écouter les autres et que tu es la seule ici avec qui je puisse me lâcher.

— J'espère, mon cher Frank, que tu as conscience de dépasser ta fonction en te confiant ainsi à un membre subalterne de ton personnel.

— Oh, entre nous, ça fait longtemps que les barrières sont tombées, tu ne crois pas ?

J'ai hoché la tête, me rappelant la première fois qu'on avait baisé, ici même, dans son bureau. Je suis sûre qu'il y pensait aussi.

— C'est vrai. Mais c'est l'heure du déjeuner, et je meurs de faim.

— Je croyais que tu ne devais pas prendre de pause. T'as passé la matinée chez l'ophtalmo.

— Oui, c'est vrai. Mais c'était avant que tu me dises que tu détestais ton boulot et que tu m'en racontes en peu trop sur Brian, ai-je soufflé.

Il m'a jeté un regard noir.

— Mais c'est du chantage…

— Ah, vraiment ? Bienvenue au club, Frank ! ai-je dit en me levant. En échange, je te rapporte un sandwich danois. Ça te va ? ai-je ajouté.

Ça l'a fait marrer.

— Sors d'ici. Et oui, ça serait super. Merci à toi.

On pourrait presque être potes. C'est l'hallu.

*Mardi 13 septembre*

Juste avant le déjeuner, Frank m'a demandé de passer à son bureau pour me dire que Kelly avait accepté les excuses de Brian et qu'elle n'irait pas plus loin.

— Je suis vraiment soulagé, en fait. J'aurais eu du mal à expliquer à mon boss pourquoi un de mes employés matait des vidéos pornos au boulot pendant que j'étais là.

— C'est juste une tête de nœud, ai-je répondu.

— C'est vrai. Enfin, bientôt, ça ne sera plus mon problème.

— Ah bon ? Tu peux être plus clair ?

— Je n'ai rien le droit de te dire, mais tu le sauras bien à temps.

— Il va se faire virer ?

— Pas la peine de te casser, je ne peux rien dire. Allez, maintenant, au boulot.

— T'es vraiment nul en potins, ai-je dit avec un petit sourire en quittant son bureau.

Je suis retournée bosser. Un mail de Lucy m'attendait.

**De :** Lucy Jacobs
**Pour :** Phoebe Henderson
**Sujet :** YO ! CE SOIR, C'EST TA FÊTE !

T'es dans tous tes états ? Il arrive à quelle heure ?

**De :** Phoebe Henderson
**Pour :** Lucy Jacobs
**Sujet :** Re : YO ! CE SOIR, C'EST TA FÊTE !

Pas avant 20 heures. C'est cool, ça va me laisser le temps de faire le ménage. Je te tiens au jus. XX

Je me suis surpassée, l'appart est nickel chrome. J'ai allumé des bougies et même changé les draps, espérant avoir le plaisir de batifoler dans un lit tout propre et balancer mes jambes rasées de frais autour de son cou.

Minuit. Il est arrivé avec dix minutes d'avance et semblait ravi de mon invitation. Je l'ai débarrassé de sa veste de costard, que j'ai soigneusement posée sur le dossier d'une chaise, évitant de la jeter n'importe comment sur le lit, comme je le fais toujours avec Oliver. Il s'est assis sur le canapé pendant que je lui parlais depuis la cuisine.

— C'est juste une pizza avec un peu de salade. Ne t'attends pas à un truc déglacé dans son jus.

— Hum, je vois que j'ai affaire à une fan de *MasterChef*. La pizza, ça me va très bien, a-t-il répondu en parcourant mon salon du regard.

Je me suis dit que ça devait être mille fois mieux chez lui, et j'ai flippé qu'il remarque la tache un peu louche sur le canapé ; je ne sais même pas comment elle est arrivée là.

J'ai apporté la nourriture, et on s'est assis en s'adressant des sourires polis et en s'efforçant tous deux d'éviter à tout prix les silences gênants ou les gestes inconvenants. Dans l'ensemble, je peux dire que le repas s'est bien passé. En revanche, lorsqu'on s'est installés sur le canapé, et alors que je m'étais suffisamment collée à lui pour que le message soit clair, il a proposé qu'on regarde un film. Je me suis entendue dire : « Mais bien sûr ! Pas de problème », tout en pensant : *Tu te fous de ma gueule, mec ?* Je me suis dit qu'il devait stresser un peu. Du coup, je l'ai laissé choisir un DVD pendant que je débouchais une autre bouteille de vin.

Au bout d'une heure des *Vampires de Salem*, il s'est enfin décidé à m'enlacer et à m'embrasser. C'était tout mimi. Il me caressait le visage tendrement, mais en se contrôlant un max. Oliver aurait déjà glissé sa main dans mon soutif tout en dégrafant son pantalon de l'autre. Au bout d'un moment, je lui ai proposé qu'on aille dans la chambre parce que :

1) je n'ai aucune volonté ;

2) on n'a qu'une vie, bordel ;

3) merde, j'avais envie de lui.

Il s'est redressé, se passant une main dans les cheveux.

— Il faut que j'y aille. Tu comprends, je me lève tôt demain.

J'ai retrouvé mes esprits et vérifié l'heure.

— Il est à peine 23 heures ! J'ai dit quelque chose qu'il ne fallait pas ?

— Oh, non ! Pas du tout. J'aurais adoré rester, mais faut vraiment que je me lève super tôt demain matin. Ce n'est que partie remise. Ça te dit qu'on aille au ciné, demain ?

— Pourquoi pas ? Oui, OK ! ai-je répondu, stupéfaite de le voir enfiler sa veste et s'en aller.

Avant que je n'aie pu le faire changer d'avis, il m'avait embrassée, remerciée et abandonnée.

De la fenêtre, j'ai regardé sa voiture s'éloigner en me demandant ce qui s'était vraiment passé. J'y étais peut-être allée un peu fort. En même temps, c'est lui qui a ouvert les hostilités le premier en m'embrassant ! J'étais complètement paumée. C'était notre troisième rendez-vous, et il ne voulait toujours pas coucher avec moi ! J'hallucinais. J'ai tout de suite eu envie d'appeler Oliver pour qu'il m'aide à élucider ce mystère, tout en sachant qu'il ne prendrait pas la peine de répondre.

J'avais tort. Il a décroché !

— Oliver ! C'est moi.

— Je ne te parle plus, a-t-il dit en me parlant.

— Je suis vraiment trop conne, ce n'est pas nouveau, mais, s'il te plaît, arrête de me faire la gueule, ça ne va pas.

— Je ne peux rien faire pour toi, Phoebe. Je ne suis pas vraiment dispo. Ruth est avec moi.

— Peut-être bien, mais si je t'interrompais en pleine action, tu ne m'aurais pas répondu, si ? Barry vient de partir et…

— Déjà ? m'a-t-il interrompue. Mais il est à peine 23 heures ! Qu'est-ce qui s'est passé ? Il te déteste autant que moi, c'est ça ?

— C'est bien ça le problème, j'en sais rien ! On matait un film, et il a commencé à me tripoter sur le canapé… Enfin, pour être plus précise, je dirais qu'il a fallu que je pose moi-même ses mains sur mes seins… et je n'ai rien fait d'autre que de lui demander s'il voulait qu'on aille dans la chambre. Et là, il s'est enfui. C'est quoi, mon problème ? Je suis si repoussante que ça ?

— Ben oui. Tu ne le savais pas ?

— J'étais sûre que tu allais dire ça.

Il s'est mis à rire.

— Alors, voyons voir, tu dis que tu l'as obligé à te peloter, que tu t'es pratiquement offerte à lui et qu'il s'est barré.

— Oui… c'est à peu près ça.

— Qui a embrassé l'autre le premier ?

— C'est lui.

— Oh. Ben, j'imagine que ça fout en l'air ma théorie homo. Tu t'es moquée de lui, peut-être ?

— Même pas. Je réserve ça à mes potes.

— Peut-être qu'il pense que tu es trop bien pour lui… ou trop bestiale. Ou alors tu lui rappelles sa mère.

— Ça ne m'aide pas du tout. Je me suis habillée pour l'occasion et je me retrouve seule sans personne pour admirer mes seins.

— Désolé, mais là, tout de suite, je ne peux rien faire. Et puis, faut vraiment que je te laisse. Ruth m'attend en bas.

— Une dernière chose… on se fait plus la gueule ?

— Non, c'est bon. Moi aussi, je m'excuse. À demain.

Comme par miracle, le fait que Barry ait refusé de coucher avec moi ne me dérangeait plus autant désormais. Ce qui comptait, c'est qu'Oliver et moi, on se soit réconciliés. Soudain, tout semblait un peu moins sombre.

*Mercredi 14 septembre*

**De :** Lucy Jacobs
**Pour :** Phoebe Henderson
**Sujet :** ALORS ????

Ça fait 18 minutes que tu es à ton bureau, et t'as toujours pas craché le morceau. Alors, ce rencard ? Accouche.

**De :** Phoebe Henderson
**Pour :** Lucy Jacobs
**Sujet :** Re : ALORS ????

ZÉRO. J'ai tenté une ou deux approches, mais il est rentré chez lui. Pourtant, tu connais mon style légendaire. C'est hyper frustrant, putain. Il m'emmène au ciné ce soir, j'ai peut-être encore une chance.

**De :** Lucy Jacobs
**Pour :** Phoebe Henderson
**Sujet :** Re : ALORS ????

Grave chelou. Lui, je veux dire, pas toi. Si ce soir il ne te met même pas un doigt, laisse tomber.

L'heure H approchait, et j'étais prête à passer une soirée cinéma et cul avec Barry, ou à recevoir un énorme râteau qui me ferait passer pour une vraie obsédée. J'ai enfilé une minijupe noire en me disant qu'il pourrait voir ça comme une invite à me caresser les cuisses lorsque je croiserais ostensiblement les jambes pendant la séance. Mon maquillage était parfait, et j'avais même recousu mon petit haut rose chéri. J'étais à l'heure, attendant qu'il m'envoie un texto pour m'annoncer son arrivée. Mon téléphone a bipé à l'instant où j'allumais une clope. Tout excitée, j'ai fait défiler ma boîte de réception.

Je n'arrête pas de penser à toi. Il faut qu'on se laisse une chance. Alex X

Ma bonne humeur a laissé place à une irrésistible envie de gerber. Je lui ai répondu.

Ça ne peut plus durer. Il faut qu'on parle, mais pas ce soir.

Mon téléphone s'est mis à biper dans la foulée.

J'arrive dans 10 minutes Barry X

J'ai éteint mon portable et me suis postée à la fenêtre, guettant sa voiture tout en finissant ma clope. Pas moyen que je laisse Alex me pourrir ma soirée. J'étais capable de la ruiner moi-même.

Le film commençait à 20 h 15, et les bandes-annonces se terminaient lorsque nous sommes arrivés. Barry a choisi un fauteuil dans une rangée du milieu, éliminant d'emblée mes velléités de pelotage discret en fond de salle. D'ailleurs, le seul moment où sa main a effleuré mes cuisses, c'est lorsqu'il a raté, en s'excusant, le pot de pop-corn posé sur mes genoux. Pfff. J'avais du mal à entrer dans le film. Mes pensées naviguaient entre le constat dérangeant que Barry était sans doute l'homme le plus impénétrable que j'aie jamais rencontré et la proposition d'Alex qu'on « se laisse une chance ». Difficile.

On est sortis pendant le générique et on a rejoint la voiture de Barry.

— Chez toi ou chez moi ? ai-je demandé, sourire aux lèvres, en ouvrant la portière passager de sa Volvo.

— Ni l'un ni l'autre, j'en ai bien peur, a-t-il répondu. Je bosse tôt en semaine. Une autre fois peut-être, non ?

C'est la goutte d'eau qui a fait déborder le vase. J'ai explosé alors qu'il manœuvrait pour sortir du parking.

— Tu comptes coucher avec moi ou pas ? C'est déjà notre quatrième rendez-vous. C'est quoi ton problème ? Je ne te plais pas ?

Ses yeux n'ont pas lâché le pare-brise.

— Y a aucun problème, Phoebe. Et tu me plais, je te le jure ! C'est juste que… enfin…

— Enfin quoi ?

— Tu vois, pour moi, le cul, ce n'est pas prioritaire. Y a pas d'urgence. Je préférerais attendre quelques mois, pour qu'on se… Ce n'est pas si important, hein ?

Retour à la case départ. Je rentrais du ciné dans la peau de celle que j'étais l'an dernier. J'avais envie d'arrêter la voiture et de lui montrer à quel point c'était important, à partir du moment où on savait s'y prendre. Je n'ai rien fait bien sûr. J'ai confirmé par un « Bien sûr que non », et il m'a ramenée chez moi. Et là, je viens de lui envoyer un texto pour lui dire de laisser tomber. C'est con, il est adorable comme mec, mais, sans la petite étincelle, ça n'était pas la peine de continuer. Je suis grave, je le sais bien, mais, cette étincelle, j'en ai vraiment besoin. D'autant plus que, cette année, j'ai pris goût à la passion, et je n'ai pas du tout envie de revenir à une vie qui en serait dénuée. J'ai envoyé un texto à Oliver.

De toute façon, Barry, c'était naze comme prénom.

*Jeudi 15 septembre*

Aujourd'hui, Hazel m'a appelée au boulot juste au moment où j'allais partir pour ma séance avec Pam.

— Je viens de nous prendre un rendez-vous pour un soin du visage demain à 18 heures.

— Ça tombe bien, ma peau a besoin d'un remodelage en profondeur. C'est où ?

— Dans ce salon bio sur Bath Street. On peut se retrouver après le boulot ; Kevin s'occupe de Grace.

— Super nouvelle. Écoute, là, je suis un peu pressée, j'ai rendez-vous, mais on se voit demain. T'es mon idole !

Le cabinet de Pam Potter se trouve en centre-ville, au-dessus d'une boutique de paris. Il a la taille d'un petit meublé une pièce avec toilettes et coin cuisine, et je suis sûre qu'un jour il a appartenu à un pauvre type, solitaire et sans le sou, que j'imagine très bien se préparer silencieusement des toasts aux *baked beans* en pleurant sur sa jeunesse perdue. Et malgré la déco insolite et les sièges tapissés de mauve, l'atmosphère est reposante, même si le double vitrage improbable paraît incapable d'arrêter les « File-moi des clopes, espèce d'enfoiré » ou les « Va te faire enculer, espèce de tafiole » que les clients du bookmaker se lancent à la gueule en fumant leur clope sur le trottoir. Déjà que j'ai du mal à me concentrer sur moi…

— Comment allez-vous en ce moment, Phoebe ? a demandé Pam en remuant son thé. Notre dernière séance remonte à plus de deux mois. Est-ce que cette petite interruption vous a posé problème ?

— Je crois que je me suis débrouillée comme une grande, ai-je répondu en riant. Qui l'eût cru ?

— Je suis contente de vous l'entendre dire. Est-ce qu'il y a quelque chose dont vous souhaiteriez parler aujourd'hui ?

— Je me sens découragée. Romantiquement parlant, je veux dire, ai-je avoué.

J'ai senti que ma réponse ne lui suffirait pas.

— Je me suis dit que j'étais enfin prête à rencontrer quelqu'un, mais, bon sang, je n'ai pas trouvé grand-chose à me mettre sous la dent.

Nous avons parlé longuement de ce que je pensais attendre d'un éventuel compagnon ou d'une éventuelle relation, et à la fin j'étais complètement paumée.

— Et qu'en est-il de cet Oliver dont vous m'avez parlé ? Est-ce que vous entretenez une relation avec lui ?

— Oliver ? Non. Enfin… on couche ensemble, mais ça s'arrête là. On est juste potes. Ça m'étonnerait qu'il veuille aller plus loin avec moi.

— Et pourquoi ?

— Je sais comment il se comporte avec les femmes. En général, celles avec qui il sort sont beaucoup plus dociles que moi. Et beaucoup plus belles, aussi. Il est très sélectif, vous voyez ? Comme avec Ruth, sa nouvelle copine. Elle est mannequin. Il essaie de me faire croire que tout ça n'a pas d'importance pour lui, mais je sais bien que ça n'est pas vrai. En plus, il aime manipuler les femmes, et il me connaît trop bien. Il connaît tous mes défauts et tous les trucs ignobles que les amis vous pardonnent mais que votre mec finit toujours par vous reprocher un jour.

— Vous êtes donc en train de dire que vous préférez être avec quelqu'un qui ignore qui vous êtes vraiment ?

— Oui. Quoi ? Non, bien sûr que non. Je veux juste rencontrer quelqu'un qui ne me connaisse pas par cœur. Oliver et moi, on est potes avant tout. On n'a jamais eu besoin d'autre chose.

J'ai eu l'impression qu'elle pensait que je la prenais pour une demeurée. Mais elle n'a rien dit. Elle s'est contentée de hocher la tête, de regarder ses notes, puis sa montre.

— On va s'arrêter là pour aujourd'hui. On se reverra en octobre, mais si vous avez besoin d'une séance supplémentaire, n'hésitez pas à m'appeler.

Sur ce, j'ai quitté le cabinet de Pam et je suis retournée à la gare en méditant sur ses paroles. Oliver, mon petit ami ? Avec son passif? Y a pas moyen.

*Vendredi 16 septembre*

Hazel m'attendait à la sortie du boulot, et nous sommes allées siroter un verre de vin au *Drum and Monkey* avant de rejoindre Bath Street.

— Tu crois qu'ils font l'épilation au fil ? ai-je demandé, alors qu'on était à l'accueil.

— Tes sourcils sont parfaits.

— Ce n'est pas pour mes sourcils, mais pour le menton. Ce matin, avec le soleil qui faisait ressortir mes poils, j'avais la tronche de Gandalf.

— T'es conne, a-t-elle dit en riant. Voilà nos deux esthéticiennes.

Deux filles d'une vingtaine d'années, Amy et Annie, nous ont accueillies, débarrassées de nos manteaux et conduites jusqu'aux salles de soins. Hazel a choisi un soin antiâge, et moi un soin censé me débarrasser des pores dilatés dont j'ignorais l'existence avant qu'Annie me les fasse remarquer. Elle a relevé ma frange et s'est mise à frotter ma peau comme une dingue.

Après trois quarts d'heure de ce traitement, je retrouvais la lumière du jour avec une frange en pétard et la peau à vif, récurée en profondeur.

— J'ai choisi mon jour pour oublier ma trousse à maquillage, ai-je gémi, tête obstinément baissée.

Hazel avait pris le temps de se remettre une couche de fond de teint et d'anticernes avant de quitter le salon.

— Pourquoi tu ne m'as rien demandé ? Au moins, ça t'aurait permis de camoufler un peu toutes ces rougeurs, a-t-elle fait remarquer.

— Ça va aller. Si je m'étais maquillée, mon visage aurait été trois fois plus foncé que d'habitude. Je crois que je préfère les rougeurs. C'est un moindre mal. Mais je vais quand même rentrer en taxi. Je ne pourrai jamais assumer le train.

En arrivant, la sensation de brûlure s'était estompée, et ma peau était d'une douceur et d'une netteté extraordinaires. J'ai passé des vêtements confortables et me suis installée devant *Mulholland Drive*, sans doute le seul film de David Lynch que je n'avais pas encore vu.

22 h 51. Nom d'une pipe, la scène entre Betty et Rita est tellement sensuelle que ça m'a mise dans tous mes états. Si je ne baise pas sur-le-champ, je suis morte. En plus, tous les

mecs que je pourrais appeler sont en train de s'envoyer en l'air allégrement avec une autre nana. Frank avec Vanessa. Oliver avec Ruth. Quant à Stuart, il est toujours avec sa copine. Au stade où j'en suis, ce n'est même plus de la jalousie. Après un festin, la famine, c'est toujours plus dur à avaler.

23 h 48. Je suis couchée, essayant d'oublier le désert sexuel qu'est devenue ma vie, en écoutant Ludovico Einaudi et en me raccrochant à la perspective de mon week-end d'anniversaire. Je crois que j'ai vraiment besoin de faire un break et de me poser avec mes potes, en respirant l'air pur et la fumée des clopes. Retrouver une vie normale, quoi.

*Samedi 17 septembre*

— Est-ce que ça te dérange si j'invite Ruth à notre week-end sur Skye ? a demandé Oliver. Elle n'y est jamais allée, et je pense que ça lui ferait plaisir de tous vous rencontrer.

Tous nous rencontrer ? Officiellement ? Sérieusement ? J'ai cru que j'allais m'effondrer, et j'ai laissé échapper un : « Pas de problème, si tu veux. Pourquoi pas ? Trop cool ! », avant de marmonner que j'avais du pain qui était en train de cuire dans le four (quelle idée ?) et de raccrocher. Paul vient avec son mec, je n'allais pas interdire à Oliver d'amener sa copine, si ? Ça risque d'être un peu embarrassant. Ce n'est pas sa copine qui me dérange, c'est surtout le fait de ne même pas pouvoir me faire tringler pour mon anniversaire, c'est vrai, quoi. Pour la première fois, je dois envisager un terme à ma relation avec Oliver.

*Dimanche 18 septembre*

Aujourd'hui, je me bouge les fesses. Je ressuscite ma chambre et je reprends le contrôle de ma vie. C'est le bordel dans cette piaule. Y a du laisser-aller, on voit tout de suite que je suis larguée. J'ai envoyé un texto à Alex pour lui proposer de passer mercredi. Il faut qu'on parle. Je file au magasin de bricolage me trouver de la peinture et un nouveau lustre, et ensuite chez *Marks & Spencer* pour les draps et les rideaux.

21 h 14. En bossant comme une malade, j'ai finalement réussi à transformer ma chambre. Et ce mur rouge sombre qui se détache des autres, c'est magnifique, on se croirait presque dans un boudoir. Je suis fière de moi. C'est beaucoup plus sexy qu'avant. En même temps, en ce moment, je suis la seule à en profiter.

22 h 45. Après mon retour de Skye, je me remets sérieusement à chercher l'âme sœur, et, d'ici Noël, j'aurai trouvé un mec génial, et ça va être le bonheur. Je crois que j'en veux encore à Oliver. Je sais que je devrais me réjouir qu'il ait trouvé quelqu'un avec qui il est bien, mais ça me fout les boules qu'il ait trouvé avant moi.

*Mardi 20 septembre*

Ce soir, c'était les grands préparatifs ! Seront présents à Skye : moi, Lucy, Hazel, Paul, Dan, Oliver et, bien sûr, Ruth. Vu le nombre, on a prévu deux voitures, une pour les filles, l'autre pour les mecs. Ils s'occupent de l'alcool, et nous de la bouffe. C'est ce qu'il y a de mieux à faire puisque :

a) l'alcool coûte plus cher sur l'île,

b) si on laisse les mecs gérer la nourriture, on va bouffer des chips et du pain grillé pendant deux jours.

On a fait comprendre à Lucy que ce n'était pas la peine qu'elle cuisine, et qu'il valait mieux qu'elle achète du tout fait. Quant à Hazel, elle se charge du gâteau. Et si on s'amuse à vouloir me faire souffler trente-trois bougies, je les éteins en crachant dessus.

*Mercredi 21 septembre*

Le rejeton de Satan est venu frapper à ma porte avec un bouquet de fleurs dans les mains. Un de plus, bon sang ! Il aurait pu apporter du gin !

— Merci d'être venu, ai-je dit en le faisant entrer. Faut vraiment qu'on règle cette histoire en adultes responsables.

— Les fleurs, c'est pour ton anniversaire, puisque je ne pourrai pas te voir, a-t-il dit.

Il m'a tendu son manteau et est allé s'effondrer dans le salon.

— Fais comme chez toi, ai-je grommelé en balançant son manteau par terre.

— Je la quitte, a-t-il annoncé. C'est assez adulte pour toi ?

— Quoi ? Tu la quittes ?

— Oui, Phoebe, c'est fini. Écoute, je ne sais pas pourquoi ça a dégénéré entre nous, mais, cette fois, je vais tout faire pour que ça fonctionne.

Il m'a attirée vers lui pour m'embrasser, mais j'ai résisté à son étreinte.

— Tu vas encore me traiter comme une merde, Alex. Tu ne peux pas t'en empêcher, et, cette fois, je crois que je ne pourrai pas le supporter.

— Pas cette fois, Phoebe. Je te le promets.

Il avait l'air tellement sincère, comme l'autre nuit, à l'hôtel.

On s'est assis et on a parlé pendant des heures, on a tout mis à plat. J'avais l'impression de le rencontrer pour la première fois. Je sais, c'est carrément nunuche, mais, quelque part, j'ai envie de croire en son amour, tout en sachant pertinemment que c'est un vrai connard. On a fini au lit, et il a remarqué ma forme olympique.

— Ce n'était pas comme ça avant. Nous deux, c'est tellement bon…

Il grognait, allongé sur moi de tout son long.

C'est vrai que c'était bon, nous deux, mais ça n'a pas duré. Et je me demande s'il est possible de revenir en arrière, si je vais pouvoir lui faire confiance à nouveau. Je lui ai dit que j'avais besoin de temps pour réfléchir et que je le verrai à mon retour de vacances. Une fois encore, je suis complètement paumée. Bon sang, je déteste les femmes qui ne savent pas ce qu'elles veulent.

*Vendredi 23 septembre*

C'est le grand départ !

Ce matin, j'étais la première en voiture, avec mes lunettes de soleil et un demi-croissant enfoncé dans la bouche.

Lucy était encore en pyjama, flasque de café rutilante à la main.

— Je sais pas si t'es au courant, mais il pleut.

— J'ai peut-être l'air débile, mais toi, avec ton pyjama, on te croirait sortie de l'asile.

Elle a regardé son pyjama et a sorti de son sac des lunettes de soleil énormes qu'elle s'est empressée de mettre.

— Maintenant, j'ai l'air de sortir de l'asile. Allons-y.

14 heures. On y est presque ! Si Hazel n'avait pas besoin de s'arrêter aux toilettes tous les trois kilomètres, on serait déjà arrivées.

— Ce n'est pas ma faute, merde ! J'ai le côlon sensible, et ce sandwich au bacon a du mal à passer. Alors, si vous ne voulez pas que je me chie dessus, il faut bien qu'on fasse des pauses.

On s'en fiche, il fait beau, le ciel est bleu, et ça va être le week-end de ma vie ! Je vais passer mon temps à dormir, manger, picoler, et réfléchir à ce que je vais faire de ma vie. Si je ne suis pas trop bourrée.

16 heures. On n'est toujours pas arrivées. Alors que les mecs bien sûr, j'imagine qu'ils sont loin devant et choisissent déjà les meilleures chambres en se montrant leurs tablettes de chocolat. Ruth picore le même paquet de chips depuis une heure, et le bruit du papier me rend dingue. J'ai avalé le mien en quinze secondes, et j'attaque déjà mon deuxième sandwich.

17 heures. Ça y est ! J'ai conduit la dernière demi-heure, et on a chanté en chœur sur Madonna, sauf Ruth bien sûr, qui ne connaissait pas les paroles de « *Vogue* ». Putain, elle vit sur quelle planète ? Même mon poisson rouge mort, il la connaît, cette chanson.

D'après notre GPS, on aurait dû être arrivées depuis plus de vingt minutes, mais, à part un taureau placide dans un champ, y avait pas grand-chose. Heureusement, Hazel s'est souvenue du chemin.

18 heures. En tant qu'invitée d'honneur, j'ai droit à ma chambre. Hazel et Lucy devront partager, comme les couples bienheureux, qui sont sûrement déjà en train de forniquer à l'heure où j'écris ces mots. C'est bientôt l'heure de manger et de picoler. La maison n'est pas très grande, mais elle est splendide et loin de tout, si ce n'est quelques moutons sympatoches et un bois digne de *Blair Witch*. Avec quelques verres dans le nez, j'aurai peut-être le courage d'y faire un petit tour.

4 heures. On a bu toute la soirée jusqu'à plus soif. Après avoir épuisé notre réserve de jeux et de chansons à boire, on a continué de picoler pour le plaisir.

C'était bizarre de voir Oliver avec Ruth, et, à deux reprises, il a dû repousser ma main de sa cuisse, parce que j'étais tellement déchirée que j'avais oublié que je n'avais pas le droit de le toucher. Ruth est vraiment canon. J'ai soufflé la grosse bougie sur mon gâteau d'anniversaire un peu après minuit, et ensuite on est tous sortis pour danser en l'honneur de mon grand âge. Oliver y est même allé de son petit discours, pendant qu'on se déhanchait.

— S'il vous plaît, je voudrais qu'on lève tous nos verres, ou nos gobelets… ce que vous voulez… en l'honneur de Phoebe, que je connais depuis plus de quinze ans. Elle refuse toujours de voir à quel point elle est magnifique et nous fait mourir de rire avec son inimitable sens de la dérision. Phoebe, qui me fait rire plus que n'importe qui au monde et qui, sans aucun doute, est ma meilleure amie. À Phoebe !

Du coup, j'ai dû m'y coller aussi.

— À tous mes merveilleux amis, anciens et nouveaux, ai-je commencé en essayant de faire signe à Ruth et à Dan. Merci de fêter avec moi cet anniversaire, et plus généralement de m'avoir supportée, moi et tous mes exploits, au cours de cette année… inoubliable. N'est-ce pas, Oliver ?

Ça m'a fait marrer. Plus qu'Oliver visiblement, qui me jetait des regards noirs en me faisant comprendre de ne pas en rajouter, parce que Ruth n'était au courant de rien. J'ai repris mon discours.

— D'autre part, je dois vous annoncer qu'il se pourrait que je me remette avec Alex. J'attends sa confirmation… N'oubliez pas que je l'aime. Encore. Et même si vous êtes tous des chieurs de première, je vous aime plus qu'Alex.

Je revois encore leurs mines défaites. À présent, il est 4 heures du mat, et je cuve seule dans ma chambre en écoutant les gémissements venant de la chambre d'Oliver et de celle de Paul. Je me demande si Ruth est meilleure que moi au lit. Faudrait vraiment que je dorme un peu, sinon la journée de demain va être interminable.

*Samedi 24 septembre*

11 heures. Joyeux anniversaire à toi, vieille peau ! Trente-trois ans, et je n'ai remarqué aucune différence ! Je me suis réveillée sans trop de mal, compte tenu de la bouteille de Jack Daniel's que je me suis enfilée à moi toute seule la nuit dernière. J'ai eu un coup de fil de mes parents après le déjeuner.

— Joyeux anniversaire, ma chérie ! Ça boume ? ont-ils hurlé en chœur dans le haut-parleur.

— Merci. Et oui, c'est la fête ! Comment ça va ?

— Oh, très bien, a répondu mon père. On part camper.

J'ai grimacé en les imaginant.

— Mais quelle idée ? Bon sang, vous n'avez plus vingt ans… Faudrait penser à vous poser !

J'ai entendu ma mère crier derrière.

— Dis-lui que nous allons chasser le troll.

Et mon père a repris le dessus.

— Elle est sérieuse, tu sais. On va se mettre au vert. Rien de tel que de se réveiller tous les matins à côté d'un lac et de prendre des bains de minuit tous les soirs. Ta mère adore ça, elle dit que c'est idéal pour recharger ses batteries.

— Pitié, arrête ! ai-je hurlé.

Imaginer mes parents en train de hurler à la lune, à poil dans leurs sandales de hippies, c'était limite supportable.

— Je me souviens que vous vous baigniez toujours à poil quand on allait au lac. La police était même venue pour vous dire d'arrêter.

— Bon, il faut qu'on te laisse, ma chérie. On voulait juste te dire de profiter de ton anniversaire.

Pour recharger ses batteries… Mon œil, ouais. C'est ce que disent tous les babos quand ils prennent leur pied. Enfin, je suis plutôt veinarde, les parents d'Oliver ont le même âge et sont de vrais pantouflards. Ils dorment dans des lits jumeaux et vivent par procuration. Pour rien au monde je ne les échangerais contre mes tarés de parents.

Cet après-midi, on est tous allés jouer les explorateurs, en mode Club des Cinq trash, jurant comme des charretiers, clope au bec – une bande d'obsédés sexuels, homos et hétéros, s'inventant des aventures improbables. Après notre expédition, on s'est tous fait bronzer dans le jardin. Ruth était à tomber dans son bikini ; même moi, j'avais du mal à ne pas bloquer. Je me l'étais jouée prudente avec mon paréo noué à la taille pour éviter de filer des cauchemars à toute la troupe. On a fumé un petit joint de derrière les fagots en écoutant « *Rainy Day Women* » et en se marrant comme des baleines hystériques. Ruth n'a pas lâché son bouquin. Hazel, complètement perchée, a proposé qu'on fasse un feu de camp.

— Ça va être génial. Y a plus qu'à aller ramasser du petit bois, ai-je dit, toujours morte de rire.

Oliver s'est levé, raide défoncé.

— OK, je m'en charge. Je fais équipe avec Henderson.

Je l'ai fusillé du regard.

— Je t'interdis de me donner des ordres. Tu n'es pas mon vrai père.

Ruth a levé les yeux de son livre.

— Si tu veux, je peux t'aider, mon chéri, a-t-elle proposé d'une voix tendre.

Oliver s'est marré.

— Avec tes ongles ? Finis ton livre, mon lapin. Il est grand temps que Phoebe fasse autre chose que picoler.

Je lui ai adressé ma plus belle grimace, tout en rajustant mon paréo et en enfilant une paire de claquettes.

— Promenons-nous dans les bois…

— Il y a de la corde dans la cabane de jardin. Ça pourrait être utile pour rapporter les fagots, s'est écriée Hazel.

On a pris la corde et rejoint le bois, juste derrière la maison.

— Sinon… Elle est sympa, Ruth. Sympa et toute mince. Et plutôt jolie…, ai-je balbutié en enlevant un caillou de ma tong.

Oliver ne m'a pas laissée finir ma phrase.

— Alors, comme ça, tu te remets avec Alex ? C'est une connerie, Phoebe, ne fais pas ça, je t'en prie. Tu sais ce que j'en pense… ce qu'on en pense tous. Je ne pourrai pas supporter qu'il te fasse encore du mal. Aucun d'entre nous ne le pourrait.

— J'en ai conscience, Oliver. Je n'ai pas encore pris ma décision. Je suis paumée. Il dit qu'il m'aime encore, et, tu vois… on a tous besoin d'avoir quelqu'un, pas vrai ? Toi, tu as Ruth, et moi, je n'ai pas de Ruth et… je dis n'importe quoi !

Je crois que j'ai eu la main un peu lourde sur l'herbe.

Un peu KO, j'ai dû m'asseoir, et Oliver a allumé deux cigarettes.

— Tu sais, Phoebe, Ruth est géniale, mais ce n'est pas non plus le nirvana. Elle est sympa, et plutôt brillante, mais elle n'est pas très drôle. C'est bizarre, non ? a-t-il marmonné.

Je l'ai regardé en souriant.

— Vous me faites rire, vous, les mecs. Je vous ai entendus hier soir, même si j'étais un peu imbibée. Vous n'êtes jamais contents. Peut-être qu'elle ne connaît pas les paroles de « *Vogue* », mais je suis sûre qu'elle en a déjà fait la une. Et puis, cette chanson, tu la détestes, non ? Moi, je le trouve impressionnante, elle s'enfile des chips toute la journée sans prendre un gramme. Elle… aïe !

Ma cigarette venait de tomber sur ma cuisse. Oliver s'est précipité pour balayer la cendre, et a soufflé sur la petite cloque qui s'était formée, très légèrement d'abord, et rapprochant ses lèvres de plus en plus. J'ai fermé les yeux. Ensuite, j'ai senti sa bouche embrasser l'intérieur de ma cuisse. J'ai rouvert les yeux.

— Oliver, on ne…

Il m'a fait taire.

— Tu n'as pas oublié le défi bondage ?

Je l'ai regardé, le cœur battant à cent à l'heure.

— Ici ? Tout de suite ? Et Ruth ?

Aucune réponse. Il a préféré ramasser la corde qu'on avait apportée et se relever.

— Lève-toi, a-t-il ordonné.

J'ai obéi. Il m'a plaquée contre un arbre et a enroulé la corde autour de moi, s'arrangeant pour m'immobiliser les bras, me laissant les jambes libres. Une gamine de cinq ans n'aurait eu aucun mal à se détacher, mais je me suis laissé faire. Il a tranquillement fait glisser le bas de mon bikini et s'est mis à me lécher, lentement et langoureusement ; mes jambes tremblaient, et mon visage s'est empourpré. Ensuite, il a déboutonné son jean, passé mes jambes autour de sa taille, et m'a pénétrée. L'écorce m'éraflait le dos à chaque accélération. Puis il s'est arrêté, m'a regardée dans les yeux et m'a donné un baiser tellement intense que je n'ai pu résister à la passion qui m'envahissait, j'ai hurlé quand je l'ai senti reprendre le mouvement.

— Le problème avec Ruth, c'est qu'elle n'est pas toi, a-t-il soufflé tout en continuant à me baiser.

Je l'ai regardé fixement en essayant de penser à une réponse. Mais difficile de se concentrer quand on est au bord de l'orgasme. Il m'a laissée jouir avant lui, avant de m'embrasser encore une fois et de remonter son pantalon.

— Pourquoi tu as invité Ruth ? ai-je demandé pendant qu'il me détachait.

Il a soupiré.

— À ton avis, Phoebe ? J'espérais que, en me voyant m'attacher à une autre, tu finirais par comprendre. C'est un peu tordu, je sais, mais j'espérais te rendre jalouse.

J'ai frotté le dessus de mes bras, meurtri par la corde.

— Le jour de mon anniversaire ? Je ne te suis plus. Je croyais qu'on était d'accord pour une relation libre. Comment j'aurais pu deviner que tu éprouvais de tels sentiments ?

Il avait l'air contrarié.

— Et pourtant, Phoebe. Et pourtant… Mais tu étais dans ta bulle, obnubilée par ta liste. Tu étais incapable de voir quoi que ce soit. J'avais de plus en plus de mal à supporter de t'entendre parler de tes aventures avec tous ces mecs, et, après cette nuit à l'hôtel et ces instants partagés à la plage, j'ai cru que tu… Et maintenant, tu parles de retourner avec Alex, je n'ai jamais rien entendu d'aussi insensé, même de ta part.

— C'est toi qui es insensé ! On dirait un gamin de quatre ans qui vient de se faire gronder. Avec Alex, c'est une longue histoire. Ça n'est pas aussi simple…

— J'abandonne, a-t-il dit. Retourne avec Alex. Fais ce que tu veux, bordel. Bon sang, Phoebe, je suis en train de te dire que je t'aime, et ça ne te fait ni chaud ni froid. Va te faire foutre.

Et il m'a plantée là.

— Et le petit bois ? ai-je crié.

— Tu sais où tu peux te le mettre, ton petit bois ! a-t-il hurlé à son tour, me laissant me débrouiller.

J'ai réussi à trouver un peu de bois et suis retournée au gîte, redoutant le pire. Mais Oliver était là, assis à côté de Ruth, sirotant une bière avec le reste de la troupe.

— Eh ben, Phoebe, il t'en a fallu du temps. T'as trouvé une maison en pain d'épice ? a plaisanté Lucy.

— Désolé, j'étais trop raide pour t'aider, a dit Oliver d'une voix impassible.

Puis il a remis ses lunettes de soleil et a embrassé Ruth, avant de s'allonger au soleil. Je me suis contentée d'un petit sourire, j'ai balancé le petit bois devant la maison et je suis allée me réfugier dans ma chambre, effondrée.

23 heures. Depuis cet après-midi, je n'ai pas échangé plus de quelques mots avec Oliver, juste assez pour n'éveiller aucun soupçon. Il y a une heure, prétextant une migraine, j'ai

abandonné tout le monde en train de se trémousser autour du feu de camp comme dans le générique de *Bizarre Bizarre*. Hazel, toujours aussi attentive, est venue me rejoindre une demi-heure après. Elle s'est assise sur le lit et a repoussé les mèches qui me couvraient le visage.

— Te voilà dans de beaux draps ! Je sais bien qu'Alex est le démon incarné, mais si tu veux retourner avec lui, c'est ton droit. Et si l'Irlandais auquel je pense t'aime vraiment, il faudra bien qu'il l'accepte aussi.

Je n'en croyais pas mes oreilles. Comment avait-elle pu deviner tout ça ?

— Oh, c'était à prévoir, a-t-elle dit en riant. Ce n'est pas une raison pour rester seule dans ton coin. Je te rappelle que tu as un anniversaire à fêter. Rejoins-nous en bas, s'il te plaît. Fais-le pour moi.

Avant de refermer la porte derrière elle, elle a ajouté quelques mots.

— Cette année, Phoebe, tu n'as rien lâché. Ce n'est pas le moment de flancher.

Je ne vais pas tarder à les rejoindre. J'ai besoin d'un verre.

*Dimanche 25 septembre*

Je viens de rentrer chez moi, et je me sens vulnérable. Lucy a conduit tout le trajet du retour, pendant que je regardais défiler le paysage, les yeux dans le vide. J'évite de me poser et de réfléchir à ce qui vient de se passer, mais je sais qu'à un moment donné, probablement à 3 heures du mat et en pleine crise d'angoisse, il faudra bien que je le fasse.

*Lundi 26 septembre*

Quand mes collègues m'ont demandé comment s'était passé mon week-end d'anniversaire, j'ai menti en souriant.

— Trop l'éclate, merci !

Je n'allais quand même pas leur dire que mon meilleur ami avait ruiné mon week-end en m'avouant qu'il était amoureux de moi, ça ne les regarde pas.

J'ai survécu à cette journée en m'abrutissant de travail et en essayant d'ignorer la petite voix qui n'arrêtait pas de me dire que j'aurais dû gérer différemment toute cette histoire avec Oliver. Finalement, en marchant vers la gare, je l'ai appelé, en espérant qu'on puisse se voir et réparer les dégâts. Je suis tombée sur le répondeur au bout d'une seule sonnerie. Au moins, c'était clair, il ne voulait pas me parler. Depuis le temps qu'on est potes, je me dis que ça ne peut quand même pas finir comme ça.

*Mardi 27 septembre*

Oliver refuse toujours de répondre à mes appels. Aujourd'hui, il a eu droit à trente-deux messages, dans lesquels je le suppliais de me reparler. Je me dis qu'il finira bien par craquer. Ou par porter plainte pour harcèlement. De toute façon, je n'ai rien à perdre, cette histoire me rend dingue. Il faut que je lui parle. J'ai besoin de lui.

*Mercredi 28 septembre*

Ce matin, au boulot, je n'ai pas arrêté de regarder mon portable dans l'espoir de trouver un message d'Oliver. Mais non, rien. Du coup, j'ai essayé les mails.

**De :** Phoebe Henderson
**Pour :** Oliver Webb
**Sujet :** Salut

Écoute, il faut qu'on trouve une solution, on ne peut pas en rester là. Tu ne peux pas m'en vouloir d'avoir été surprise

par ce que tu m'as dit. C'est bien toi qui me disais que l'amour, ce n'était pas ton truc. Il suffit de considérer le nombre impressionnant de tes conquêtes, toutes plus belles les unes que les autres, et bien plus canons que moi. Je suis bonne à jeter, Oliver, et tu finirais par t'ennuyer avec moi (tu sais que j'ai raison). Ça foutrait en l'air notre amitié, et ça, c'est tout bonnement impensable pour moi.
On pourrait peut-être oublier ce qui s'est passé, non ? Passe me voir dès que tu le pourras, et on parlera. S'il te plaît ?

On dirait que le fait d'avoir bloqué trois quarts d'heure devant l'écran a généré une réponse, même si ce n'est pas celle que j'attendais.

**De :** Oliver Webb
**Pour :** Phoebe Henderson
**Sujet :** Re : Salut

Phoebe, il n'y a rien à ajouter, et je pense que le mieux, c'est qu'on arrête de se voir pendant quelque temps. Tu as tout à fait raison au sujet de mes conquêtes, tout comme tu as raison de dire que je finirais par m'ennuyer avec toi, d'ailleurs, j'en ai déjà marre. Bref, je suis avec Ruth, comme tu me l'as si bien fait remarquer, et, de toute façon, physiquement, elle est plus mon type.
Bonne chance avec Alex, tu vas en avoir besoin.

Aïe ! C'est ce qu'on appelle un coup bas ; quand on veut faire souffrir une névrosée, rien de tel que de frapper là où ça fait mal. Toute cette histoire me déprime. J'ai essayé de faire comme si de rien n'était, d'imaginer que notre dispute n'avait jamais eu lieu, mais ça n'a pas marché. Je n'ai plus le choix, je sais à quoi m'en tenir à présent.

*Vendredi 30 septembre*

Ce matin, alors que j'étais dans le train, Alex m'a appelée.

— Je lui ai annoncé que c'était fini. J'ai démissionné, et elle déménage. On va pouvoir être ensemble. Je peux venir ce soir ?

— Si tu me brises le cœur une nouvelle fois, je te tuerai, je te le jure ! ai-je menacé.

Je chuchotais, essayant de ne pas attirer l'attention, et j'ai accepté.

— Ça n'arrivera pas. Je te le promets. À ce soir.

19 h 53. Il ne devrait pas tarder. Toute cette histoire me rend nerveuse. Je prends conscience peu à peu que ma vie ne sera plus la même. Plus d'Oliver, plus de défis… Mais, d'un autre côté, c'est la fin des rendez-vous sordides, et puis, comme ça, Alex ne me manquera plus.

J'espère avoir pris la bonne décision.

# Octobre

*Samedi 1er octobre*

L'an dernier à cette époque, je me serais fait un plaisir d'étouffer l'homme qui est en train de dormir à mes côtés, alors qu'aujourd'hui je m'apprête à me lever, à lui préparer un café et à lui faire une pipe sous la douche. Je n'en reviens pas. Mais je m'en fiche. Je suis contente d'en être là. Hier soir, on a encore passé des heures à parler, et je pense que, cette fois, ça va marcher. Au fond, je suis surtout soulagée qu'il ait reconnu ses torts et qu'il m'aime encore. Il veut que je retourne m'installer chez lui, mais j'ai refusé. Je n'ai pas envie de précipiter les choses, j'ai besoin qu'on réapprenne à faire connaissance. S'il tient vraiment à nous laisser une seconde chance, il va falloir qu'il y mette du sien. Et si tout se passe bien, on pourra peut-être envisager de revivre ensemble, mais ailleurs, pas chez lui. Il y a bien trop de souvenirs dans son appart ; je suis sûre qu'il est imprégné de l'odeur de l'autre, et que le lit porte encore l'empreinte de son cul. En plus, depuis cette histoire avec Oliver, j'éprouve un sentiment de tristesse hallucinant. Je n'en reviens pas qu'il ait parlé d'amour, surtout à moi, ou qu'il m'envoie chier comme il l'a fait, en pesant ses mots. S'il avait pu se taire, tout aurait pu continuer comme avant.

*Dimanche 2 octobre*

Ma voisine est passée pour me remettre un courrier déposé par erreur dans sa boîte aux lettres. C'était un carton d'invitation orange avec une citrouille sur le dessus.

Chère Phoebe & Co

Lucy Jacobs a le plaisir de vous inviter à sa soirée d'Halloween qui se déroulera le 29 octobre. Tenue correcte et alcool exigés. Interdit aux enfants sous peine de se voir refouler ou priver de picole. Merci de confirmer votre présence.

Trop cool ! Ma dernière fête d'Halloween remonte à l'époque du lycée. Je m'étais habillée en Madonna et j'avais même été élue meilleure danseuse de la planète.

Alex a jeté un coup d'œil à l'invitation en soupirant.

— J'imagine que tu ne veux pas rater ça.

— Bon sang, non ! On y va déguisés en Eva Perón et Che Guevara ! me suis-je exclamée d'une voix enthousiaste.

— Est-ce que j'ai mon mot à dire ? a demandé Alex.

— Non. Si je t'écoute, on va y aller en Bart et Ernest.

— Et alors ? En quoi ça te dérange ? De toute façon, je ne sais même pas si je vais y aller. Tes potes me détestent. Je ne crois pas que ce soit une bonne idée.

— Pas du tout. Enfin, pas vraiment. C'est justement l'occasion de les revoir et de faire la fête !

À vrai dire, ils risquent bien de le lyncher. Il faudrait que je leur en touche deux mots. Alex n'a pas quitté mon appart depuis vendredi. Ça me fait bizarre qu'il soit là ; je m'étais tellement habituée à vivre dans une Zone-Interdite-à-Alex, que je me sens presque mal à l'aise dans mon propre appart.

— Tu devrais te faire couper les cheveux, a-t-il proclamé de but en blanc alors que j'étais sous la douche. Te faire faire une coupe plus classique, plus féminine. Avec ta frange, t'es un peu trop emo à mon goût.

J'ai ignoré sa remarque.

— T'as prévu de repasser chez toi ? Il faudrait que tu récupères des affaires.

— Ouais, j'irai plus tard. Pourquoi on n'irait pas manger dans ce restau grill, ce soir ? On m'a dit que c'était délicieux.

— Surtout pas. J'y suis allée avec Oliver pour son anniversaire… Et disons que mon estomac n'a pas trop apprécié.

— J'ai toujours eu du mal avec Oliver. Il s'aime un peu trop à mon goût. Il se prend pour la huitième merveille du monde.

— Pas la peine de le casser, Alex. Oliver est un type bien, et il ne s'aime pas « un peu trop », comme tu le dis.

*C'est moi qu'il aime*, me suis-je dit.

*Lundi 3 octobre*

Frank me surprendra toujours. Ce matin, après la réunion, j'ai reçu un mail de lui.

**De :** Frank McCallum
**Pour :** Phoebe Henderson
**Sujet :** Un petit mot

Phoebe,
La rumeur court que tu te serais remise avec ton ex. Ça ne me regarde pas, bien sûr, mais comme ton aide m'a été très précieuse, j'aimerais à mon tour te faire profiter de mes conseils. Ne commets pas cette erreur ! Ta rupture avec Alex t'a fait grandir et t'a transformée. Et je préfère de loin la nouvelle Phoebe. Ce type t'a rendue triste pendant si longtemps… Tu peux faire mieux que ça (et je ne parle pas de moi, je te rassure, c'est de l'histoire ancienne). Tu n'es pas obligée de tenir compte de mon avis, mais sache que je t'en fais part sans aucune arrière-pensée.
Frank

Bien sûr que ça m'agace qu'il pense avoir le droit de continuer à lire mes mails et à se mêler de ma vie privée. En même temps, ça me touche. Avec le temps, je suis sûre que je vais m'habituer au retour d'Alex, à sa présence que je trouve pour l'instant assez envahissante. Les choses s'arrangeront certainement lorsqu'il aura retrouvé un boulot. On dirait qu'il veut qu'on fasse comme si notre rupture n'avait jamais eu lieu, et, pour moi, c'est impensable. Je préférerais qu'on recommence à zéro, même si je sais qu'avec notre passif ça risque d'être compliqué. En tout cas, s'il y a une chose qui n'a absolument pas changé, c'est bien sa façon de baiser. Je suis persuadée que si ça se passe bien mieux au pieu, c'est surtout grâce à moi. Et à ma liste. Grâce à elle, le cul est devenu une chose importante pour moi, je suis plus exigeante. Contrairement à lui, qui ne fait pas beaucoup d'efforts et se prend pour une bête de sexe. Je crois qu'il faut que j'ajoute un dernier point à ma liste : forcer Alex à prendre plus de risques sous la couette.

*Jeudi 6 octobre*

Cette nuit, je me suis réveillée en sentant la queue d'Alex dans mon dos, et ses mains sur mes seins. *Génial*, me suis-je dit. *C'est l'occasion d'en profiter.*

Je me suis frottée à lui en murmurant :

— Tu n'as jamais eu envie d'essayer de nouveaux trucs ?

— Tu veux dire au lit ?

— Ouais…

— Non.

Il a soulevé mes fesses et s'est glissé en moi, sans même me demander si j'en avais envie.

— Allez, quoi ! Il doit bien y avoir un truc, je ne sais pas moi, contre un mur, par terre… Ou avec un sex-toy ? Ou des menottes ?

Aucune réponse.

— Allez, quoi, une petite branlette espagnole ?… Ou un petit doigt dans le cul ?

Toujours pas de réponse. Il continuait à me besogner sur le même rythme monotone.

— Non, rien du tout. Mais si tu pouvais te taire, tu me déconcentres. J'y suis presque.

Du coup, j'ai fermé ma gueule en attendant qu'il se finisse. Apparemment, il fallait que je me fasse une raison : pour Alex, faire l'amour, ce n'est pas un truc qu'on fait à deux. Je vais avoir du mal à m'en contenter.

Au boulot, Stuart nous a annoncé qu'il avait demandé sa copine Laura en mariage, et qu'elle avait accepté. Je l'ai félicité, en me demandant comment elle aurait réagi si elle avait su qu'il s'était tapé sa collègue de bureau au mois d'avril. Mais peut-être qu'elle est déjà au courant. Si j'ai appris quelque chose cette année, c'est que :

a) je suis toujours aussi larguée en matière de relations humaines,

b) se taper le mec d'une autre, c'est vraiment dégueu.

J'ai jugé plus raisonnable de refuser le pot entre collègues prévu pour fêter l'événement et je suis rentrée chez moi, avec une seule envie : prendre un bain et décompresser. Alex devait retrouver Rob. Du coup, j'avais l'appart pour moi toute seule.

J'ai apporté le téléphone dans la salle de bains pour papoter avec Hazel, haut-parleur branché, pendant que je trempais.

— Salut, Phoebe. Je ne vais pas tarder à coucher Grace. Comment vas-tu ? Et Alex ?

— Bien, merci, ai-je répondu.

Je n'en étais pas si sûre.

— Ce n'est pas de tout repos, ai-je ajouté, mais on s'accroche.

— Hmm, tu n'as pas l'air très en forme. Tu veux que je passe ?

— Non, non, tout va bien ! Je suis en train d'infuser dans ma baignoire, et ensuite j'ai prévu de mater un peu la télé et d'aller me coucher tôt. À mon avis, Alex ne sera pas en état de rentrer.

— OK, faut que je me dépêche, mais n'hésite pas à rappeler si ça ne va pas.

Elle a raccroché, et j'ai continué à tremper pendant plus d'un quart d'heure, me transformant en gros raisin sec. Alex s'est pointé juste au moment où j'allais me mettre au lit, la gueule ravagée et puant la sauce à la coriandre. Il se marrait comme un con.

— Rob est rentré chez lui, et j'ai mangé un truc dans le train. J'ai mangé tous mes pakoras, et y en a plus pour toi ! Tu veux goûter à ma sauce pakora, Phoebe ?

Je n'ai pas fait attention à ce qu'il baragouinait. J'ai préféré éteindre la lumière et dormir.

*Vendredi 7 octobre*

J'ai reçu mon costume d'Evita par la poste. Un tailleur rouge et noir, et une perruque blonde, qui ressemble à une vieille perruque, mais je m'en fous. Le déguisement d'Alex sera suffisamment reconnaissable, et ça ne devrait pas être trop difficile de faire le rapprochement.

Je me suis dépêchée d'aller au boulot pour raconter tout ça à Lucy.

— Ça a l'air génial ! Moi, je serai en Wonder Woman, je pense. J'ai trouvé un site Internet qui loue des costumes.

— Avec les bottes et tout ?

— Ben ouais !

— C'est pas juste, tu vas être top sexy, et moi, je vais ressembler à une politicienne trop sérieuse.

— T'emballe pas. On va s'en mettre plein la lampe. J'ai même prévu des animations.

Ce soir, je suis allée au restau avec Hazel. J'avais l'impression de ne pas l'avoir vue depuis des siècles. D'ailleurs, personne ne passe plus beaucoup me voir ces derniers temps. Dans ma nouvelle robe, je me pavanais dans le salon.

— Alors ? Je te plais ? ai-je demandé à Alex en tournoyant devant lui.

Il a levé les yeux de son magazine.

— Beaucoup. Tu aurais dû t'habiller comme ça lors de notre premier rendez-vous. T'es sûre que c'est Hazel que tu vas voir ?

J'ai préféré ne rien répondre.

— Je vais rentrer tard ; tu seras ici ou chez toi ?

— Ici. T'as toutes les chaînes de sport.

— Mauvaise réponse, ai-je répliqué. Ce que tu aurais dû dire, c'est : « Je serai ici, et je vais te défoncer la chatte à ton retour. »

— J'aimerais bien que tu arrêtes de parler comme ça, Phoebe, a-t-il soupiré. Ça ne te ressemble pas.

Hazel était déjà là lorsque je suis arrivée. J'ai filé ma veste au serveur et je me suis assise. Elle était en train de regarder la carte des vins.

— Alors ? La vie maritale, ça roule ? C'est la vie en rose ? a-t-elle demandé.

— Oui, ai-je dit un peu vite. Le pied absolu !

Mon visage devait certainement dire le contraire.

— Hmm. Ça ne va pas ?

— Je sais bien qu'Alex… comment dire… c'est Alex, mais le problème, tu vois, c'est que…, ai-je bafouillé en avalant une gorgée d'eau.

— Tu veux dire qu'Alex est toujours le même Alex, c'est ça ? a-t-elle souligné.

— Oui. Enfin… Non.

Elle avait mis dans le mille.

— Dans ce cas, soit tu continues pour voir ce que ça donne, soit tu le quittes. Aucune loi n'interdit de larguer deux fois le même type.

— Mais on vient juste de se remettre ensemble ! Non, ma décision est prise, je refuse de m'avouer vaincue. Enfin, pas encore. Fallait s'attendre à ce que les débuts soient un peu délicats.

— Normalement, ça devrait être la lune de miel, non ?

— Pfff, je ne sais plus ce qui est normal ou pas, en ce moment. Ça ne te dérange pas si on parle d'autre chose ?

— Tu as eu des nouvelles d'Oliver ?

— Mauvaise pioche. Autre chose ?

— OK, ben, sinon je pensais me faire refaire les lolos.

Elle a souri.

— Bingo ! Raconte-moi tout.

Le serveur est apparu, et nous avons commandé une bouteille, deux entrées et trois desserts. Ensuite, Hazel m'a parlé de ses seins en gants de toilette, et je me suis bien marrée. Beaucoup même. J'ai passé une bonne soirée.

Lorsque je suis rentrée, Alex dormait comme un bébé, et je l'ai regardé avec des yeux attendris de cocker en me disant qu'il était trop mimi. Ensuite, je suis retournée dans le salon et j'ai cru que j'allais hurler. Il avait changé tous les meubles de place et étalé sa merde un peu partout : il y avait des chaussettes sur le sol, des assiettes sales dans l'évier et des canettes de bière dans tous les coins. J'ai vu rouge, et le cocker a laissé place à un chien enragé. J'ai remis en place tous les meubles en grognant contre Alex. Il n'avait pas perdu de temps. Il commençait déjà à prendre le pouvoir.

Je l'ai réveillé, exigeant des explications.

— Ne sois pas bête, j'ai trouvé que c'était mieux comme ça. Je voulais optimiser l'espace, tu comprends ?

— Non, Alex, je ne comprends pas. Tu es chez moi, ici. Tu aurais au moins pu me demander mon avis ?

— Comme tu voudras, Phoebe. Ça n'a aucune importance.

— Ne prends pas les choses de haut comme ça, je t'en prie. C'est important, tout ça. En tout cas, pour moi, ça l'est. C'est *mon* appart.

— Tu as toujours détesté cet endroit. Quand on aura trouvé quelque chose de mieux, tout s'arrangera.

J'ai attendu qu'il se rendorme avant d'aller m'allonger à ses côtés, et je me suis rendu compte qu'il n'y avait pas moyen que je retourne vivre avec ce type.

*Dimanche 9 octobre*

Ce matin, Alex s'est levé tôt pour aller à la salle de sport. Encore couchée, je l'observais pendant qu'il enfilait un bas de jogging, sous lequel pointait son pénis.

— Tu m'accompagnes ? a-t-il demandé en fourrant un tee-shirt de rechange dans son sac à dos.

— Non, j'ai l'intention de passer du lit au canapé, et ensuite je me déguste un café et des croissants.

— Tu te souviens de cette robe d'été jaune ? a-t-il demandé. Celle que tu adorais ?

— Bien sûr ! Elle est toujours dans l'armoire, mais je ne rentre plus dedans. Pourquoi ? Tu voudrais l'emprunter ? ai-je dit en riant.

— Très drôle, a-t-il répondu, fronçant les sourcils. Si je pose la question, c'est parce que ça me ferait plaisir que tu la remettes, et peut-être que si tu oubliais les croissants et que tu venais faire un peu de sport avec moi, tu pourrais me faire ce petit plaisir.

J'ai rejeté les couvertures et je me suis levée brusquement.

— Alors là, Alex, c'est vraiment vache, même venant de toi.

Je pestais en tirant sur mon peignoir.

— Depuis notre rupture, tu sais, je n'ai pris qu'une seule taille, pas une de plus. Ça te dérange, peut-être ?

Ma réaction l'a surpris.

— Non, je pensais que c'était toi que ça dérangeait. Tu t'en fiches d'avoir pris du poids ?

— Pour l'instant, c'est toi qui me déranges, ai-je répliqué sèchement. Tu te prends pour qui ?

Il m'a suivie dans la cuisine.

— Écoute, excuse-moi si je t'ai blessée. Je croyais que t'avais envie de retrouver ta jolie silhouette.

— Ma jolie silhouette ? Pourquoi ? Je ne te plais pas comme ça ?

— Bien sûr que si ; tu es très jolie. Tes kilos te vont bien.

J'étais en train de remplir la bouilloire.

— Va te faire foutre, ai-je dit. On se voit plus tard, à moins que je ne me sois étouffée à force de manger.

Je me suis assise pour siroter mon café, trop énervée pour toucher à mes croissants. Quel mufle ! Oliver n'aurait jamais osé me parler comme ça.

Il est revenu en fin d'après-midi alors que je lisais sur le canapé, et il s'est excusé en me racontant qu'il se préoccupait simplement de ma santé et qu'il essayait de me soutenir. J'ai accepté ses excuses et je suis retournée à mon livre, mais, toute la soirée, j'ai eu une boule dans l'estomac. En fin de compte, et malgré tout ce qu'il prétend, on dirait qu'Alex n'a pas changé du tout.

*Lundi 10 octobre*

Au boulot, comme d'habitude, on a eu droit aux commentaires débiles de Kelly et à la bonne humeur de Lucy, qui, aujourd'hui, n'arrêtait pas de chanter. Elle revoit son arboriste.

— Il a décidé de ne pas aller à Perth. C'est parce que je suis irrésistible, paraît-il. C'est lui qui me l'a dit.

— Waouh ! C'est le bonheur ?

Elle rayonnait.

— Ça m'étonne, mais oui. Il est encore un peu tôt, mais j'ai bien peur que ce ne soit le début d'une vraie relation. On dirait que tu déteins sur moi, mam'zelle.

— Putain, non. Ne parle pas de malheur.

Elle m'a fait les gros yeux.

— J'espère que tu plaisantes, sinon ça veut dire que, avec Alex, tu t'es plantée sur toute la ligne. Alors ?

J'ai haussé les épaules.

— Quand je le saurai moi-même, je te le dirai.

À 17 heures, j'ai aperçu Alex en train de discuter avec Miss Nibards devant son immeuble, et ça m'a fait angoisser. Je déteste cette sensation. Je croyais que j'étais capable de lui pardonner, mais, en fait, je suis en train de comprendre que je ne pourrai jamais oublier. Je ne vais quand même pas passer ma vie à flipper qu'il recommence, non ? Ça fait à peine quelques jours qu'on s'est remis ensemble, et je suis déjà en train de me prendre la tête. Le problème, c'est que, si je l'admets, ça prouvera que j'avais tort, et je vais passer pour une conne.

*Mardi 11 octobre*

Ce matin, Lucy est venue interrompre notre réunion quotidienne pour prévenir Frank qu'il venait de recevoir un coup de fil urgent. Il est allé prendre l'appel dans son bureau et a filé sans un mot. Tout le monde regardait Lucy.

— Pas la peine de me harceler, je n'ai aucune idée d'où il est allé. C'était une certaine Janet.

Une heure plus tard, il m'appelait.

— Phoebe, peux-tu demander à Maureen de me remplacer pour la journée ? Et dis à Lucy d'annuler ma réunion avec cette agence. J'ai oublié laquelle c'était, mais c'est sur l'agenda de mon PC.

— Oui, pas de problème. Tout va bien ?

— La mère de Vanessa est morte. Vanessa est au trente-sixième dessous. Je suis avec Janet, sa sœur, on reste avec elle. J'ai déjà averti Hugo que je serai absent quelques jours.

— Je suis désolée d'apprendre ça. Occupe-toi d'elle, on se débrouillera sans toi.

Quand il a raccroché, j'ai appelé Maureen pour lui apprendre la nouvelle, et j'ai aussi prévenu Lucy par mail. Je n'avais pas envie que tout le monde soit au courant. Pauvre Vanessa…

En rentrant à l'appart, Alex m'a annoncé qu'il avait eu un entretien d'embauche dans un cabinet de chiropracteur au sud de Glasgow.

— Le mec qui dirige le cabinet est assez sympa. C'est plus petit que chez Susan, mais c'est à peu près le même salaire. Il doit me donner une réponse d'ici la semaine prochaine.

— Excellente nouvelle. Je croise les doigts.

Il a fait glisser sa main dans mes cheveux.

— Et toi, le boulot ? Une journée de plus à engraisser les patrons ?

— Frank a reçu une mauvaise nouvelle, mais, à part ça, rien de spécial.

— Je l'ai toujours trouvé sympa, ce Frank. Il est hyper compétent. Je me demande pourquoi il perd son temps dans la vente. C'est horrible, comme boulot. Y a que des abrutis. Enfin, à part toi, bien sûr, tu comprends ? Ce n'est pas toi que je visais.

— Arrête, tu t'enfonces. T'as de la chance que je sois trop crevée pour argumenter. Je file prendre une douche, et après, au lit.

— Il est à peine 18 heures. Tu devrais faire une petite sieste, et je te réveille pour manger.

Je me suis allongée sur le lit et j'ai fermé les yeux, prête à m'assoupir et heureuse de pouvoir me retrouver seule. Ça n'a pas duré. Au bout de quelques minutes, Alex me réveillait avec des petits baisers dans le cou. On a commencé à faire l'amour, et pour la première fois de ma vie, j'ai fermé les yeux en imaginant être dans les bras d'un autre. Et cet autre, c'était Oliver. Lui sait exactement quand il faut ralentir ou accélérer le rythme, attentif à mon plaisir et à l'écoute de mes soupirs. Il passait des heures à me lécher, et… C'est fou comme il me manque. Son visage, nos discussions, son corps contre le mien. Ça me mine. Mince, voilà que je me mets à ressentir des trucs pour Oliver ! Ben voyons ! Il ne manquait plus que ça pour foutre ma vie en l'air. Il me manque grave ! Ses cheveux bouclés, son odeur, son accent, sa façon de rire à mes blagues, et la façon dont il m'a pourrie quand il a su pour Alex. Quelle conne !… Je crois que je l'aime. Mon Dieu. Moi. Aimer. Lui. Putain. Je suis vraiment trop conne !

*Mardi 11 octobre*

Dieu merci, j'avais une séance avec Pam déjà prévue pour aujourd'hui. Une fois de plus, j'étais complètement paumée, et je ne savais toujours pas ce que je voulais ou ce qu'il me fallait. En fait, je ne savais plus rien du tout. Je suis entrée dans son cabinet en refusant le thé qu'elle ne m'avait même pas encore proposé. Vingt minutes plus tard, j'étais toujours en train de parler.

— Du coup, j'avais déjà plus ou moins renoué avec Alex lorsque Oliver m'a avoué ce qu'il ressentait, et ça m'a tellement surprise, tellement perturbée, que je n'ai pu que lui dire non.

— Vous avez rejeté Oliver pour Alex ?

— Oui. Je suis vraiment trop conne.

— OK, je vais être franche avec vous. Je pense que, après votre rupture avec Alex, l'idée même d'envisager une relation avec un homme vous était insupportable tellement vous souffriez, et il me semble que vous n'avez jamais considéré Oliver comme un possible compagnon. Si vous l'aviez considéré comme tel, votre regard sur lui aurait changé, et il serait devenu comme les autres. Alex occupait encore toutes vos pensées, vous recherchiez toujours son approbation. Alors, quand il a dit qu'il vous aimait encore, cela vous a rassurée, vous vous êtes de nouveau sentie désirée.

En sortant de chez Pam Potter, tout était beaucoup plus clair que ça ne l'avait été depuis des mois. Elle avait raison sur toute la ligne. Je me demande bien comment je vais pouvoir arranger la situation. J'ai demandé à Alex qu'il ne dorme pas à la maison. J'ai besoin de temps pour moi.

*Jeudi 13 octobre*

Aujourd'hui, Frank a repris le boulot, et j'ai pu aller parler avec lui pendant que tout le monde était allé manger au pub en bas de l'immeuble. Je lui ai apporté un café dans son bureau.

— Je suis sincèrement désolée pour la mère de Vanessa. Que s'est-il passé ? Comment elle va ? lui ai-je demandé en lui tendant son mug.

— Elle est dévastée, a-t-il répondu. Mais ça va aller. Sa sœur s'occupe de tout. C'était une crise cardiaque.

— Bon, c'est bien qu'elle puisse compter sur toi aussi. Et, en dépit de mes déclarations passées, tu es vraiment quelqu'un de bien, Frank.

Il a souri.

— Merci. Ça m'a fait comprendre à quel point elle comptait pour moi, et puis, sans toi, je ne l'aurais jamais rencontrée. Ce qui veut dire que, tous les deux, on assure finalement.

— Tu veux bien le répéter ?

— Va déjeuner. Interdiction de me titiller aujourd'hui. Je suis au bout du rouleau.

— Je plaisantais. Écoute, si toi et Vanessa avez besoin de quoi que ce soit, n'hésitez pas.

Il a hoché la tête, et je suis allée rejoindre les autres au pub, avec le sentiment d'être enfin digne d'appartenir à l'espèce humaine. Finalement, je ne suis pas aussi inutile que ça.

*Vendredi 14 octobre*

— Tu peux passer ce soir ? J'ai besoin de parler, ai-je demandé à Lucy.

On se préparait à partir du boulot.

— J'ai prévu de retrouver Kyle à 19 heures, mais, si c'est une urgence, j'annule tout de suite.

J'ai secoué la tête.

— Aucune urgence. Je voulais juste parler d'un truc avec toi, mais ça peut attendre.

Elle a sorti son portable de sa veste et posé son sac rouge sur son bureau.

— On se retrouve en bas. J'en ai pour une minute.

Dehors, je regardais les gens qui sortaient du boulot, et je me demandais s'ils rentraient chez eux retrouver leur compagnon, leurs enfants, une relation de merde, ou s'ils rentraient seuls. J'étais tellement perdue dans mes rêveries que Lucy a dû me tapoter l'épaule.

— J'ai reporté d'une heure mon rendez-vous avec Kyle. Viens, on va s'acheter des trucs à grignoter avant d'aller chez toi. Et Alex, il n'est pas là ?

— Non, ce soir, il sort avec des potes. Merci, Lucy. J'apprécie vraiment ce que tu fais pour moi.

En arrivant à l'appart, j'ai monté le chauffage. On s'est posées sur le canapé et on s'est attaquées à nos frites.

— Alors ? Qu'est-ce qui se passe ? a-t-elle demandé. Oh, t'as eu un cornichon. Je suis jalouse.

J'ai croqué le cornichon en deux, et lui en ai donné la moitié. C'était tellement amer que j'ai fait une grimace monstrueuse.

— Comment dire… je suis amoureuse,

— Tout le monde sait que tu es amoureuse d'Alex, Phoebe. Oh, punaise, vous n'allez pas vous marier, j'espère ?

— Putain, non ! me suis-je exclamée. Je ne suis pas amoureuse d'Alex, mais d'Oliver.

— Je le savais, nom de Dieu ! a-t-elle dit en riant. Je me demandais combien de temps il te faudrait pour réagir. Quand tu t'es rabibochée avec Alex, j'ai cru que je m'étais carrément plantée, mais ce n'est pas mon style, pas vrai ? Oliver est au courant ?

— Il refuse de me parler. J'ai essayé, je te le jure. J'ai tout fait foirer, Lucy, et en plus, maintenant, faut que je me débarrasse d'Alex. Je n'ai pas envie de lui faire du mal non plus. C'est la cata.

— Lui faire du mal ? Tu plaisantes, Phoebe. Ce mec t'a presque achevée l'an dernier, et tu t'inquiètes de savoir si tu vas le blesser ? Il suffit de lui dire que tu t'es trompée, et on n'en parle plus. Une bonne fois pour toutes.

— Facile à dire ! ai-je répliqué.

— Mais oui. Je ne sais pas ce que te fait ce mec pour te transformer comme ça en une putain de petite souris effarouchée, Phoebe, mais j'en ai ras la casquette. Tu viens juste d'admettre que tu ne voulais plus être avec lui, alors bouge-toi les fesses. Lui, il ne prendrait pas de gants, tu peux me croire. D'ailleurs, il ne s'est pas gêné, si ? Tu n'as pas oublié, quand même ?

— Ne me crie pas dessus, je t'ai donné la moitié de mon cornichon, ai-je marmonné.

— Je me mets à ta place, Phoebe, mais c'est hyper frustrant. Tu as laissé Alex revenir dans ta vie non pas parce que tu le voulais vraiment, mais parce que c'était plus facile que de vivre sans lui. Il t'a fallu ça pour comprendre qu'il n'était pas l'homme de ta vie, parce qu'Oliver est là, comme il l'a toujours été. Je ne dis pas que tu dois te montrer cruelle envers Alex, non, je sais bien que tu n'en es pas capable, mais il est grand temps que tu arrêtes de t'empêcher d'être heureuse.

— Je lui parlerai dès qu'il rentrera ce soir.

Je me demandais comment j'allais bien pouvoir lui cracher le morceau.

— Ensuite, je trouve un moyen pour qu'Oliver accepte de me reparler.

— T'as tout compris, a dit Lucy en souriant. T'es une nana incroyable et tu n'as pas froid aux yeux. Oliver a bien de la chance. Bon, il faut que je file retrouver mon chéri. Eh oui, j'ai un chéri, maintenant.

— Eh ben, c'est le bonheur, dis-moi ! Allez, fonce, ai-je dit avec un sourire jusqu'aux oreilles.

Après qu'elle s'est envolée, je me suis préparée au retour d'Alex, enfin déterminée à en finir une bonne fois pour toutes.

Il n'est pas rentré.

*Mardi 18 octobre*

Je me suis réveillée avec un mal de gorge carabiné. Sans Alex pour aller m'acheter des médocs, j'ai dû appeler le boulot pour prévenir que j'étais malade, et j'ai traîné mon cul souffrant jusqu'à la pharmacie en me lamentant sur mon sort.

La dame derrière le comptoir m'a refilé de l'ibuprofène, avec un air de maman affligée lorsqu'elle m'a rendu ma monnaie. Au moment où j'allais sortir, ô surprise, je me suis retrouvée nez à nez avec Miss Nibards. J'ai évité son regard en forçant le passage, mais elle s'est accrochée à mon bras.

— Phoebe, est-ce qu'on pourrait parler un instant ? Juste une minute.

Je me tenais face à elle sur le trottoir, devant la porte que je venais de fermer.

— Ça tombe bien. De toute façon, je ne vois pas ce que tu pourrais avoir à me dire qui dure plus d'une minute.

— Je voudrais m'excuser. Je sais que ce que je t'ai fait était carrément dégueu, et je m'en veux.

J'étais sur le cul.

— Quand j'ai découvert qu'Alex m'avait trompée, j'aurais pu tuer cette putain de serveuse. Et puis je me suis rendu compte que je t'avais fait subir exactement la même chose, et que…

— Quelle serveuse ? ai-je aboyé. C'était quand ?

— Il y a quelques mois. J'ai essayé de lui pardonner, j'ai même pensé qu'en l'épousant il changerait, mais c'était avant de découvrir qu'il couchait toujours avec elle. Du coup, je l'ai viré et je suis allée m'installer ailleurs. Ce type est un fumier. Il ne changera jamais.

J'étais sur le point d'exploser.

— C'est toi qui l'as quitté ? J'hallucine. Et tu sais où il est allé ?

Elle ne savait pas que l'on s'était remis ensemble.

— Oh, j'imagine qu'il est retourné à l'appart, en attendant de se retrouver une autre dinde. Il ne supporte pas de rester seul. Enfin, bref, je voulais juste te dire que j'étais désolée.

— Merci, ai-je dit. Tu m'excuseras de ne pas être désolée que vous deux, ça n'ait pas marché, mais j'apprécie vraiment. Tu n'as pas idée.

Je suis rentrée chez moi complètement scotchée.

Comment ai-je pu être aussi conne ? J'ai envie de le tuer. Je vais le massacrer, bordel !

*Mercredi 19 octobre*

Bon, je ne l'ai pas massacré, mais je ne l'ai pas raté. Quelle joie.

— Elle dit n'importe quoi, Phoebe ! C'est parce qu'elle souffre. Il n'y a jamais eu personne d'autre. De toute façon, ça n'allait plus entre nous. C'est pour ça que je lui ai demandé de partir. Point barre.

— Ta gueule, ta gueule, ta gueule ! ai-je tonitrué.

Je voulais juste qu'il la ferme.

— Je n'arrive pas à croire que j'ai encore avalé tes bobards. T'en as rien à foutre de moi. T'as juste besoin de quelqu'un qui gobe tes salades parce que tu flippes de te retrouver seul, et…

— Je ne suis pas un menteur, Phoebe.

— Mais bien sûr que si ! ai-je hurlé. C'est maladif, t'es le Seigneur des Mythos !

J'ai balancé ses affaires dans un sac en plastique, que je lui ai tendu en le raccompagnant vers la sortie.

— C'est à cause de cette histoire de kilos en trop, c'est ça ? a-t-il lancé, hargneux comme un teckel.

Enfin, il montrait son vrai visage.

— C'est parce que je t'ai traitée de grosse, et t'as du mal à le digérer.

J'ai hurlé en le forçant à prendre le sac.

— Tu sais quoi ? Si mon poids m'a causé du souci à une époque, ce n'est plus le cas. Un ami sincère m'a justement fait remarquer que tout le monde s'en carrait de mon poids, et que l'essentiel, c'était moi.

— C'est sûrement Lucy qui t'a raconté ça, a-t-il dit d'un ton railleur. Y a que les nanas pour débiter ce genre de conneries.

Je me suis approchée de lui.

— Oh, Lucy n'y est pour rien. Je parlais d'Oliver. Oliver, qui nous a baisés allégrement, moi et mes kilos supplémentaires, pendant des mois. Tu vois, tous les mecs ne sont pas aussi superficiels que toi.

Son sourire s'est brisé net.

— T'as couché avec Oliver ?

— Et pas qu'une fois, ai-je répliqué, tout sourires.

— S'il s'éclatait tellement, pourquoi il ne te baise plus, alors ? Peut-être qu'il a trouvé quelqu'un de plus mince.

— Non, c'est à cause de moi. On coucherait encore ensemble si j'avais utilisé mon putain de cerveau. Comment ai-je pu penser une seule seconde que tu étais assez bien pour moi ? Alors tire-toi maintenant ! Va te faire foutre !

— Écoute, je peux tout t'expliquer, a-t-il crié.

Il voulait à tout prix avoir le dernier mot.

— Non, ai-je dit.

Et j'ai claqué la porte d'un coup sec.

C'est maintenant que ça se corse. Me voilà retournée à la case départ. Sans compagnon et sans vie sexuelle. Et, pire que tout, sans Oliver. De toutes les erreurs commises cette année, c'est la seule que je regrette vraiment.

*Jeudi 20 octobre*

Bon sang, je me sens dans un état lamentable aujourd'hui, et ça n'a rien à voir avec Alex, même si ce salaud m'a envoyé des textos toute la matinée. J'ai de la fièvre, et ma gorge me fait souffrir le martyre. Je n'ai même pas envie de fumer. J'ai dû choper un truc grave. Dommage qu'Alex ne soit pas revenu me harceler, je lui aurais refilé cette stupide maladie mystérieuse avant de le foutre dehors. Oui, je sais, c'est égoïste.

*Vendredi 21 octobre*

Je suis rentrée de mon rendez-vous en urgence chez le médecin avec une ordonnance d'antibiotiques pour une inflammation des amygdales. Merde, j'ai plus douze ans ! Le côté positif, c'est que je ne vais pas aller bosser pendant plusieurs jours. En revanche, il n'y a personne pour s'occuper de moi. Tout le monde a peur de se choper la crève. Si seulement ma mère n'était pas au Canada. Normalement, c'est plutôt les enfants qui se barrent le plus loin possible de leurs parents, pas l'inverse. Toute ma famille l'a suivie là-bas ; si quelqu'un tombe malade, il aura au moins quelqu'un sous la main. Contrairement à moi. Pff! Oliver, lui, serait venu s'occuper de moi. Au stade où j'en suis, le seul truc qui me ferait plaisir, c'est une soirée lamentations avec des tas de filles borderline qui dansent en pleurnichant.

*Samedi 22 octobre*

Malgré des amygdales aussi grosses que des balles de golf, j'ai réussi à avaler une soupe de nouilles et du thé. Cette nuit, la fièvre m'a fait délirer, je baisais avec Oliver avec mon pyjama sur le dos. J'ai essayé de tirer sur une clope, mais j'ai failli rendre l'âme. En plus, j'ai paumé la télécommande, et j'ai envie de regarder *Esprits criminels*. Rien ne va plus. Oh, pourquoi, mais pourquoi m'ont-ils donc tous abandonnée ?

*Mercredi 26 octobre*

À peu près rétablie, je suis retournée bosser, et, étrangement, j'avais le sourire aux lèvres. Jusqu'à ce que j'apprenne la nouvelle. Frank a démissionné sans obligation de préavis. Il quitte le boulot ce soir.

— Je pourrais te voir un instant, Phoebe ? a-t-il dit en m'appelant de son bureau.

Je suis entrée et j'ai refermé la porte.

— Ça fait du bien de te revoir. Ça va mieux ? a-t-il demandé.

— Bien mieux, merci, ai-je répondu sans m'attarder.

J'avais envie d'aller droit au but, de découvrir le fin mot de cette foutue nouvelle.

— Tu es au courant de mon départ, donc ? Vanessa monte une nouvelle boîte à Londres, et j'ai décidé de la suivre. Elle veut se rapprocher de sa sœur, c'est la seule famille qui lui reste à présent. Un nouveau départ pour tous les deux. On s'envole demain.

— Waouh ! C'est donc ce que tu sous-entendais quand tu disais que Brian ne serait plus ton problème pour bien longtemps ! Petit cachottier…

Il m'a souri.

— Oui. J'avais peur de me porter la poisse si j'en disais trop.

— Bonne chance pour tout, alors. Et je suis sincère.

— À toi aussi, Phoebe. À toi aussi.

— Au fait, avant que je zappe, je voulais te remercier pour ton mail. Tu avais raison. J'ai largué Alex, mais sache – et ton ego va sûrement en prendre un coup – que tu n'y es pour rien. Et c'est bien la première et la dernière fois que je reconnais que tu avais raison.

Il est parti à 17 heures avec une bouteille de whisky, et un sourire complice que nous avons partagé lorsqu'il a refermé la porte derrière lui.

*Vendredi 28 octobre*

Ce week-end, je voulais me poser pour me rétablir complètement, mais c'était sans compter la soirée de Lucy, demain soir. Merde. Je n'ai pas le temps de penser à un autre déguisement. Il va falloir me contenter d'Eva sans son Che. Ça craint, sans lui, personne ne va jamais deviner qui je suis censée incarner.

Énième raison supplémentaire de détester Alex.

*Dimanche 30 octobre*

En pleine forme, j'ai débarqué hier soir à la soirée chez Lucy avec mon fabuleux costume, deux bouteilles de champagne et la ferme intention de m'en prendre une bonne, au risque de faire un coma éthylique à cause des antibiotiques.

C'était blindé de monde, mais je n'ai eu aucun mal à repérer Lucy en costume de Wonder Woman.

— Phoebe ! Pourquoi t'es habillée en Margaret Thatcher ? a-t-elle demandé, virevoltante.

— Je suis Evita, petite maligne. Je suis une légende vivante. Et Kyle, il est là ?

— Non. Il est à Thurso, dans les Highlands. Enfin, je crois. Il ne sera pas là avant mardi.

— Dommage. Je brûlais d'envie de le rencontrer !

— T'inquiète ! Ça ne saurait tarder. Allez, Maggie, il est temps que tu ailles t'en jeter quelques-uns. Tout le monde est déjà là, a-t-elle dit en se marrant.

Et c'était vrai. J'ai jeté un coup d'œil aux invités en souriant. Paul et Dan étaient déguisés en Sonny and Cher, Hazel et Kevin en Morticia et Gomez, et Oliver... putain... Oliver était là, il avait revêtu le costume du mec qui a décidé de m'ignorer toute la soirée.

J'ai attrapé Lucy.

— Tu aurais pu me prévenir qu'Oliver serait là !

Elle souriait jusqu'aux oreilles.

— Ben non. Tu ne serais jamais venue si je te l'avais dit. Mais il savait que tu serais là, et ça ne l'a pas empêché de venir.

— Il est avec Ruth ?

— Non. Détends-toi un peu, Maggie, et pas touche à mon lait.

Sur ce, elle m'a plantée dans la cuisine avec mon verre de champagne. Il m'a fallu trois verres pour trouver le courage d'aller parler à Oliver.

— C'est quoi ton déguisement ? ai-je demandé niaisement.

Il portait un costume de pirate des plus évidents.

Heureusement, ça l'a fait sourire.

— Content de te voir, Phoebe. Comment ça va ?

*Bon début*, me suis-je dit. *Un peu trop poli, mais, au moins, il m'adresse la parole.*

— Ça va mieux. J'ai été malade, mais la médecine fait des miracles !

Je racontais n'importe quoi.

— Sinon ça va, ça me fait plaisir de te voir, Oliver.

On a échangé un sourire, et quelqu'un à l'autre bout de la pièce l'a appelé. Il m'a laissée sans ajouter un mot. Vu les circonstances, il ne me restait plus qu'à aller picoler et draguer, c'est ce que je fais le mieux. J'ai fait du gringue à Dracula au champagne, et à un beau cowboy à coups de verres de gin. Au Jack Daniel's, j'ai accosté James Bond et Al Capone, sans oublier une petite sirène qui s'appelait Dave, enfin il me semble, parce que j'étais déjà bien déchirée. Quand tout s'est mis à tourner, je suis allée m'allonger dans la chambre d'amis. J'étais là depuis dix minutes lorsque j'ai entendu la porte s'ouvrir et se refermer. Puis la voix d'Oliver :

— Comment va Alex ? On m'a dit qu'il s'était installé chez toi. Je suis content que tout aille bien pour vous.

Je me suis redressée un peu vite, avant de retomber sur le dos, en proie à la nausée.

— Non. Pas du tout. Alex a mis les voiles. Loin… loin… Tu avais raison sur lui. Même mon idiot de patron avait raison. Et moi aussi, en fait, j'avais raison. Jusqu'à ce que je fasse la conne et me remette avec lui. Tu peux y aller, te gêne pas. Tu peux me dire que tu avais raison et me traiter de vieille folle.

Je radotais, moulinant des bras dans tous les sens. Il était silencieux.

J'ai senti le poids de son corps à côté du mien. Il a soulevé ma tête, l'a posée sur son ventre et m'a caressé les cheveux.

— Je ne dirai rien, a-t-il répondu, mais je me sentirai soulagé, une fois à Chicago, que tu ne sois plus avec cette pauvre merde.

— Tu tiens encore un peu à moi ? C'est très gentil. Tu sais, on a baisé, et j'étais en pyjama, ai-je bredouillé.

Enfin, ses mots ont réussi à court-circuiter mon taux d'alcoolémie et atteindre mon cerveau.

Mon estomac a fait un triple saut périlleux.

— À Chicago ? Encore ? Tu t'en vas ? Quand ça ?

— La semaine prochaine. Seulement pour deux mois, au début, mais, si tout se passe bien, je resterai. Je vais emménager avec Ruth.

Rien de tel pour dessoûler.

— Purée !

C'est tout ce que j'ai trouvé à dire.

— J'espère que tout ira bien pour toi, alors.

Il m'a remerciée en souriant et m'a prise dans ses bras. Quand je l'ai serré contre moi, tout d'un coup, j'ai percuté. Il partait. Putain, il partait. Avec Ruth ! Je me suis mise à paniquer. L'idée de le perdre complètement m'a fait tourner la tête, et j'avais la gorge sèche.

— Ne pars pas, ai-je soupiré. Putain, je t'en prie, ne pars pas. Qu'est-ce que je vais faire sans toi ?

— Ce que tu as toujours fait, j'imagine. Rencontrer des mecs, t'en taper quelques-uns, ou inventer de nouveaux défis quand ça deviendra trop chiant.

Il arborait un grand sourire. Je ne pouvais pas le laisser s'en aller. Il fallait que je trouve quelque chose.

— On n'a pas fini les défis ! ai-je hurlé.

C'était la panique, j'ai pris son visage entre mes mains.

— Tu n'as pas oublié, hein ? On a toujours un jeu de rôles à faire !

— Phoebe, je ne crois pas...

— Non. Écoute.

Je me suis assise correctement pour être sûre qu'il me regarde bien en face.

— J'ai une idée. Et si on jouait le rôle d'un vrai couple ? Si on faisait semblant d'être amoureux ? Enfin, tu vois, quoi ? On pourrait prétendre que toute cette merde n'est jamais arrivée, que je ne suis pas une salope égoïste incapable de voir plus loin que le bout de son nez. Et toi tu ferais semblant de croire ce que je suis en train de te dire et de me prendre au sérieux.

Il me regardait fixement.

— Je t'adore, Oliver. Je t'aime. Je l'ai compris trop tard, mais c'est vrai. Je suis amoureuse de toi.

Il n'a pas dit un mot. Il est allé jusqu'à la porte… puis s'est arrêté. Et l'a fermée à clé.

On a fait l'amour sur le lit. Sans bruit, sans acrobaties et sans rire. Lentement et paisiblement, et on ne s'est pas quittés des yeux. Il était d'une douceur incroyable, et, lorsqu'il m'a pénétrée, c'était le bonheur de le sentir en moi de nouveau, de sentir ses mains sur mes cuisses, et sa bouche sur la mienne. Jamais ça n'avait été aussi intense, et j'ai joui avant lui. Je n'avais jamais ressenti un tel bonheur.

Ce matin, quand j'ai ouvert les yeux, il avait disparu.

Je lui ai téléphoné dans le taxi qui me ramenait chez moi, mais il n'a pas décroché. Il m'a rappelée il y a une demi-heure.

— Ça me fait plaisir que tu rappelles, Oliver. Tu vas passer ?

— Non, a-t-il répondu, d'une voix calme. Non.

— Quoi ? Mais pourquoi ? Je pensais que la nuit dernière…

Et puis, j'ai compris. La nuit dernière, c'était sa façon de me dire adieu.

— Je t'ai aimée longtemps, Phoebe, mais tu avais raison. Tu te souviens de ton dernier mail ? Tu avais vu juste. Je finirais par m'ennuyer avec toi, comme avec toutes les femmes que je rencontre ; jamais je ne supporterais de te faire du mal, et puis je sais bien que tu me rendrais dingue, si ce n'est pas déjà le cas. On est complètement paumés, tous les deux, ça ne marcherait jamais. Tu as choisi de te taper tous les mecs de Glasgow alors que j'étais juste sous tes yeux. J'ai passé mon temps avec toi, j'ai couché avec toi, et pas une seule fois tu ne m'as accordé la moindre attention. Ça en dit long sur nous deux. Et quand Alex a reparu… Je crois que tu ne sais pas ce que tu veux, Phoebe, mais, en tout cas, ce n'est pas moi. Je ne sais pas si ça va marcher avec Ruth, mais elle, au moins, elle ne me retourne pas le cerveau. Et, pour l'instant, c'est tout ce que je veux.

J'ai essayé de trouver les mots qui lui auraient prouvé combien il se trompait sur moi, et sur tout le reste, mais je n'ai rien pu sortir, hormis un pathétique sanglot.

— J'aurais préféré que ça finisse autrement, tu peux me croire. J'aurais préféré n'en avoir rien à foutre de ta gueule, mais je n'y arrive pas. Il vaut mieux arrêter les dégâts. Prends soin de toi, Phoebe.

Après Alex, j'avais pensé que mon cœur était brisé à vie. Apparemment, j'avais tort.

# Novembre

*Jeudi 3 novembre*

Les vitrines des magasins sont déjà pleines de décos de Noël, ce qui me rappelle que cette foutue année se termine. Quand elle a commencé, j'y croyais à fond et, aujourd'hui, je ferais n'importe quoi pour tout recommencer depuis le début.

Oliver me manque toujours autant, mais je crois que j'en suis presque au stade où je peux passer deux minutes sans me demander ce qu'il est en train de faire. Enfin, il me semble. En tout cas, aujourd'hui, il s'est passé des trucs au boulot. Dorothy, de l'agence de Londres, a remplacé Frank à la tête du service des ventes ; elle s'est pointée bon pied bon œil, et je crois qu'elle me plaît bien. Apparemment, elle n'est pas du style à se laisser emmerder, mais, depuis que je l'ai vue écouter en cachette Paloma Faith sur son iPod, pieds nus et en extase devant ses orteils, je suis assez rassurée. Elle nous a aussi offert un verre au pub, ce qui est très futé quand on veut s'assurer le soutien de ses troupes. Elle m'a refilé les pages Spectacles en me disant que ça serait plus excitant que l'abrutissant supplément auto, ce en quoi elle n'a pas tort. J'ai besoin de changement.

*Vendredi 4 novembre*

J'ai réussi à ne pas envoyer de mail à Oliver, inutile de se répandre, je savais qu'il ne me répondrait pas. Tout le monde essaie de me remonter le moral, mais rien n'y fait. Je n'ai qu'une envie, c'est implorer le ciel à genoux, mais Lucy m'a fait comprendre que c'était trop barré. Du coup, je me retiens. Pour l'instant, en tout cas. Ce soir, j'ai remis de l'ordre dans mon tiroir à sous-vêtements, et je me suis retrouvée à serrer contre moi comme une malade mentale les petites culottes que je portais quand Oliver et moi, on faisait l'amour. Ça va trop loin, ma petite Phoebe. Il n'est pas encore mort, putain, faut vraiment que tu réagisses.

*Samedi 5 novembre*

J'ai repris le contrôle. J'en ai marre de pleurer sur cette histoire. Je me dis qu'Oliver n'est qu'un idiot, une source de distraction inutile. Et puis, il a fait son choix. Ce qui prouve bien qu'il n'était pas amoureux de moi contrairement à ce qu'il a prétendu. Alors qu'il aille se faire foutre. Déjà que le peu d'estime que j'avais de moi en début d'année s'est volatilisé, il va falloir que je m'accroche. La vie n'est pas un putain de bouquet de roses. Je suis tout à fait capable de mettre cette histoire de côté et de me concentrer sur ma liste. J'avais dit que j'irais jusqu'au bout, et c'est bien ce que j'ai l'intention de faire. Il me restait le voyeurisme à cocher. On va voir ce qu'on va voir.

Je ne suis pas bien sûre de savoir ce qui m'attire là-dedans, c'est peut-être parce que j'aime bien mater des films de cul. J'aime regarder les gens en train de baiser. La vue de deux crétins épilés en train de baiser comme des fous m'a toujours excitée. Cela dit, je ne regarde pas tout et n'importe quoi. J'aime les trucs dans lesquels il y a de vrais baisers et de vrais sourires, pas ceux où l'on se prend en hurlant, comme des bêtes assoiffées de sang. J'aime le cul, et j'aime regarder les gens baiser, mais je ne sais pas si mater un vrai couple en train de baiser va m'exciter aussi. L'annonce que j'ai balancée sur le Net devrait m'aider à y voir plus clair. Je suis trop forte, j'ai réussi à ne pas penser au ventre d'Oliver, et à cette ligne de poils, pleine de promesses, qui court de son nombril à sa… Fait chier, j'y crois encore.

*Lundi 7 novembre*

Lucy m'a sauté dessus dès que je suis arrivée au bureau.

— Coucou, Phoebe. Que penses-tu des performances poétiques ? a-t-elle demandé.

J'ai pris le temps de suspendre mon épais manteau vert sur le dossier de ma chaise, avant de hausser les épaules.

— Euh… sans opinion. Pourquoi ?

— Parce que, hier soir, Kyle m'a dit qu'il allait à des soirées *spoken* pour balancer ses poèmes devant des inconnus, et que j'ai l'impression de sortir avec un hipster. Ça craint.

— Très drôle. Il t'a déjà lu un de ses poèmes ? Est-ce qu'il t'a conté fleurette à coups de pentamètres iambiques ?

— Non, mais on dirait que ça te parle. Je ne savais pas que tu faisais partie de la même secte.

Je me suis marrée.

— Et alors, t'as un problème avec les hipsters ? Je te rappelle que Sam, avec ses guitares, ses tatouages et ses cheveux raides ridicules, il était pas mal dans le genre.

— Sam n'était qu'un gamin, et avec un peu de chance il va guérir. Kyle, lui, il a bientôt quarante balais. C'est sans espoir. Je n'ai rien contre les hipsters, ce que je ne supporte pas, c'est l'arrogance et le snobisme dont ils se croient obligés de faire preuve.

— Tu ferais mieux d'aller le voir sur scène, ça t'éviterait de le casser sans savoir. Je suis sûre que ça peut être drôle.

— Très bien, mais seulement si tu m'accompagnes. Je n'ai pas envie de me retrouver seule dans un bar plein de beatniks et de filles qui se baladent pieds nus en se croyant spirituelles parce qu'elles se sont tatoué des moustaches sur l'index, juste pour l'écouter réciter une ode à son portable disparu.

— Marché conclu. Et, même s'il fait de la merde, ça sera drôle de te voir pester en silence.

L'après-midi, il ne s'est rien passé de spécial, comme d'habitude, si ce n'est que ma nouvelle rubrique réussit presque à me plaire. Les propriétaires de restaurants, de bars et de boîtes sont beaucoup plus causants que ces grincheux de concessionnaires auto à qui j'avais affaire jusque-là. J'ai également réussi à chasser Oliver de mes pensées, chaque fois que son image, troublante et sensuelle, venait me perturber.

Dès que je suis arrivée chez moi, je me suis connectée sur ma boîte mail spéciale, celle avec un pseudo, et j'ai découvert que j'avais pas mal de réponses à mon annonce : « Je veux vous voir baiser ». En fait, y en avait vingt-trois. Je les ai lues une par une. La plupart venaient de psychopathes, de vieux débris ou d'adeptes du langage SMS.

Cpl coq1 et initié voudrait bi1 renouveler 7 exClente Xpérience. MDR !

Je ne vois pas ce qu'il y a de drôle ! C'est n'importe quoi, ce texto !

J'ai répondu en posant des conditions très précises, du genre « yétis s'abstenir », ou « jeux de chasse d'eau exclus », et maintenant il ne me reste plus qu'à attendre. Avec la chance que j'ai, je vais me retrouver à mater M. et Mme Missionnaire, et ils ne vont pas me quitter des yeux.

*Mercredi 9 novembre*

Aujourd'hui, j'avais deux réponses dans ma boîte mail. L'une d'un couple qui voulait bien se faire mater, mais seulement après le coucher des enfants (Argh ! J'ai failli appeler les services sociaux), et l'une de « Jamie et Lisa », la trentaine, photogéniques, mariés et débutants tout comme moi, qui semblait correspondre à mes critères. On a prévu de se rencontrer. C'est plutôt rassurant de voir que je ne suis pas la seule à essayer ce genre de trucs. Ça me déculpabilise.

— Tu es sûre que tu veux y aller seule ? s'est inquiétée Lucy. Je trouve ça louche.

— Tu as raison, c'est vrai, mais ils ont l'air réglos. Et non, tu ne m'accompagnes pas pour mater, même pas en rêve.

— Bon, dans ce cas, je t'attendrai au bar de l'hôtel. On ne sait jamais.

C'est vrai que ça me rassurerait, en même temps, connaissant Lucy, quand je redescendrai, elle se sera déjà enfilé plusieurs cocktails et aura déjà montré ses seins au barman.

*Jeudi 10 novembre*

Je suis tellement lessivée que j'ai dû prendre une semaine de congés. Dorothy s'en tamponnait le coquillard étant donné que j'avais déjà atteint mes objectifs. En plus, je lui ai dit que j'adorais l'anneau à son gros orteil. On dirait que toute cette année est en train de me retomber dessus, je suis HS. Il me faudrait une semaine de relaxation et de méditation. Sinon, j'ai reçu un deuxième mail de Jamie, de « Jamie et Lisa ». Ils ont réservé une chambre samedi prochain, et je commence à stresser un peu. Et si c'est trop barré ? Et si j'éclate de rire ? Et s'ils ne veulent pas me laisser repartir ? Et si… et s'ils se mettaient à chanter « *Brand New Key* » a capella en m'obligeant à les écouter ?

Peut-être que je me suis un peu précipitée.

Hazel, Kevin et Grace sont à Aviemore pour le week-end, et Hazel m'a envoyé un texto quand ils étaient à l'aéroport.

Bonne chance pour cet ultime défi. Tu y es presque ! XX

Ça fait toujours plaisir d'avoir une fan.

*Samedi 12 novembre*

C'était le grand soir. Comme prévu, j'ai retrouvé Jamie et Lisa au bar de l'hôtel. Ils étaient déjà assis à une table lorsque je suis arrivée, chancelante sur mes nouveaux talons aiguilles rouges. Lisa m'a repérée la première et m'a souri, dévoilant une dentition parfaite dissimulée derrière des bagues dentaires XXL. Jamie, un grand type au visage poupin, s'est levé poliment et m'a serré la main.

— Phoebe ? a-t-il demandé.

Sa main était toute moite. Visiblement, je n'étais pas la seule à stresser.

— Je vous ai commandé un verre de rouge, j'ai bien fait ? a demandé Lisa.

Elle a glissé une boucle de cheveux derrière son oreille, avant de poursuivre :

— Leur chardonnay est une tuerie.

— Parfait, ai-je répondu.

J'avais l'impression d'être là pour leur faire passer un entretien d'embauche. J'ai bu une gorgée de vin et j'ai aperçu Lucy en train de déambuler. Elle est passée devant notre table en m'adressant un clin d'œil, avant d'aller se poster au bar.

La conversation était agréable, mais je n'arrivais pas à me détendre. Je me demandais si je n'allais pas être dégoûtée à vie par le spectacle qui m'attendait. J'ai pris mon courage à deux mains et je me suis lancée.

— Il faudrait peut-être qu'on s'y mette, non ? ai-je suggéré en reposant mon verre.

— Avec plaisir ! s'est exclamé Jamie, qui s'impatientait.

C'est vrai que, contrairement à Lisa et moi qui avions déjà descendu notre verre, il n'avait rien bu. En allant vers l'ascenseur, je me suis retournée pour m'assurer que Lucy était toujours là, et, bien sûr, elle était en train de papoter avec un mec au comptoir et avait vite oublié sa pote et le châtiment tragique qui l'attendait.

Une fois dans la chambre, Jamie est allé tirer les rideaux et s'est assis sur le lit à côté de Lisa. J'ai pris place dans un grand fauteuil en regrettant d'avoir mis mes lunettes plutôt que mes lentilles, ce qui soulignait le fait que je ne voulais pas perdre une miette du spectacle.

Quand ils ont commencé à s'embrasser, j'ai eu l'impression d'être une grosse perverse, et je me suis demandé ce que je foutais là. J'avais envie de me barrer en hurlant, mais j'ai eu peur qu'ils le prennent mal. J'étais super gênée d'être là. Je ne savais pas que faire de mes mains et je me demandais si j'avais le droit de me lever pour voir mieux ou si c'était abuser.

À un moment, j'ai failli éclater de rire. De l'endroit où j'étais assise, mon imagination débordante avait transformé le pénis de Jamie en tubercule, et je me suis mise à réciter intérieurement « Tape-queue, tape-queue, le moineau pomme de terre », sans pouvoir m'arrêter, me mordant les lèvres pour m'empêcher de glousser comme une dinde.

En réalité, plus ils étaient à fond et moins j'étais dedans. Je ne sais pas s'ils en faisaient des tonnes pour m'impressionner, mais, en tout cas, ils baisaient comme des pros, et semblaient même prendre leur pied pour de bon. Ça ne me faisait aucun effet. Je n'étais pas du tout excitée, et je me sentais un peu conne. Je n'ai même pas eu envie de me caresser ou de parler, et ma gêne initiale a vite laissé place à l'envie de foutre le camp. Pourtant, je suis restée scotchée à mon fauteuil, silencieuse, attendant qu'ils en finissent.

Ils ont basculé sur le dos et ont échangé un sourire. Comme je ne voulais pas avoir l'air mal élevée ou insensible, j'ai marmonné un truc à propos de rester en contact, avant de m'éclipser, toute penaude. Rester en contact ? Mais où je suis allée chercher ça ? C'est pas comme si on allait s'écrire tous les jours.

Peut-être que je n'aurais pas senti la même chose si Oliver avait été présent ; en même temps, je sais qu'il aurait eu du mal à rester sans rien faire, et il se serait mis à poil pour se jeter dans la mêlée.

Je me suis précipitée au bar, joues en feu, comme si tout le monde savait très bien ce que je venais de faire. Lucy est pratiquement tombée de sa chaise pour me harceler de questions.

— Alors ? C'était comment ? Que s'est-il passé ? Tu as participé ? Allez, raconte !

— C'était pas mal, ai-je répondu en haussant les épaules.

Je crois que j'étais en état de choc. Sans compter le dernier jeu de rôles avec Oliver, qui ne verrait jamais le jour désormais, j'étais arrivée au bout de ma liste. Alléluia. Mon petit jeu était terminé.

*Game over.*

*Dimanche 13 novembre*

Cet après-midi, je suis allée prendre un café avec Lucy et Hazel, venue avec son bébé.

Lucy prenait la crème de son capuccino avec sa petite cuillère.

— Je n'arrive pas à croire que tu aies pu faire ça ! s'est exclamée Lucy. C'est tellement barré. Et le mec était trop canon. J'aurais eu du mal à résister.

Hazel a jeté un coup d'œil à la poussette.

— On devrait peut-être éviter de parler de ça devant Grace ? s'est-elle inquiétée.

Lucy a levé les yeux au ciel.

— Oh, je suis sûre qu'elle en a vu d'autres. Avec vous comme parents, elle est déjà traumatisée à vie.

— On ne l'a jamais fait devant… Euh… En fait, je me souviens d'une fois où, levant la tête, je me suis aperçue qu'elle était en train de nous regarder. Mais elle n'avait que quelques semaines. À cet âge, ils ne distinguent même pas les couleurs, alors comment voulez-vous qu'ils soient capables de voir… une bite, a-t-elle dit à voix basse.

Lucy souriait bêtement.

— Oh ! a repris Hazel. Pendant que j'y pense, les amies, c'est OK pour la soirée du nouvel an à l'*Hôtel Sapphire*, j'ai réservé les places. Vous me rembourserez plus tard, c'est Kevin qui a payé avec sa carte de crédit. Et sinon, Phoebe, tu es finalement allée jusqu'au bout de tes défis, non ?

— Il restait un jeu de rôles avec Oliver, mais je crois que c'est grillé maintenant, donc… euh… ouais… j'imagine que c'est la fin.

Lucy a levé son énorme mug.

— Excellent travail, jeune Henderson. Finalement, tu as réussi à tenir une résolution. T'es passée de baiseuse du dimanche à serial lover planétaire ! Je suis très impressionnée.

Et moi pas du tout. Certes, j'avais relevé tous mes défis, mais j'avais perdu Oliver. J'ai souri en me félicitant intérieurement d'être la plus conne du monde.

*Lundi 14 novembre*

9 heures. Sept jours de vacances ! Je suis à fond. La semaine s'annonce bien. Je vais rattraper mon retard de lectures, remettre de l'ordre dans cette turne, danser en pantoufles sur de la musique improbable et me préparer des cocktails en regardant des films des années 1980.

11 heures. Je retourne sous la couette pour faire une petite sieste. Deux heures d'activité pourtant loin d'être intense m'ont donné envie de dormir. J'ai aussi tué une araignée de plein gré. C'est horrible.

17 heures. Je suis toujours couchée, et ma journée est foutue. Je n'ai même pas envie de me masturber. Ma libido est au point mort, et je n'ai pas le courage d'aller chercher des piles pour mon vibro. Jamais je n'aurais cru en arriver là un jour.

22 heures. J'ai commandé un curry et j'attends le livreur dans mon vieux survêt, je ne suis même pas maquillée et mes pantoufles sont à l'envers. Il en a de la chance.

1 heure. Je n'arrive pas à dormir et j'écoute Kate Bush. Chaque fois que je l'écoute, et Florence Welch me fait le même effet, ça me donne envie de dévaler un champ bucolique dans une petite robe légère et des clochettes au bout des pieds, et pas du tout d'être couchée, visage bouffi, en me demandant ce que j'ai foutu de ma vie. Il faut vraiment que je dorme.

*Mercredi 16 novembre*

J'ai le moral à zéro, et ce n'est pas funk du tout. Je me sens perdue. Au fond du gouffre. J'ai besoin de faire la fête. Une bonne grosse tawa qui se finirait dans la rue en chenille géante comme à La Nouvelle-Orléans. J'ai besoin de mes potes. J'ai besoin d'un câlin. J'ai besoin de musique à plein volume, de ballons et de serpentins, et d'un seau à glace vintage en forme d'ananas. J'ai besoin de balancer des cacahuètes sur tout le monde et de boire des verres d'advocaat (même si je n'ai jamais goûté et que ça risque de me tuer). J'ai besoin de poésie, et de dreadlocks, de féministes virulentes avec des lunettes rétro et, plus que tout, j'ai besoin de savoir si un jour je pourrai retrouver le bonheur. Parce que c'est loin d'être le cas. Toute cette aventure initiatique n'aura servi à rien, parce qu'au bout du compte, que je baise ou non avec n'importe qui, je finis toujours par me retrouver seule dans mon lit quand je me réveille le matin. Jamais je n'aurais pensé qu'une petite liste de rien du tout allait autant bouleverser ma vie.

*Jeudi 17 novembre*

Hazel m'a appelée au saut du lit.

— Tu es sûre que ça va, Phoebe ? Tu m'as laissé un message des plus chaotiques sur mon répondeur hier soir. Ça parlait de cacahuètes et de féministes rétro. Je n'ai rien compris.

Je me suis mise à pleurer, des sanglots incontrôlables, et j'avais toujours le téléphone à la main lorsqu'elle a sonné à la porte.

— Oh, mon Dieu, Phoebe…, a-t-elle dit d'une voix douce.

Et elle m'a prise dans ses bras.

— … Ça va aller.

Je me suis essuyé les yeux avec la manche de mon peignoir tout en reniflant.

— J'ai tout fait foirer. Je suis trop conne. Il ne veut même plus me parler.

— Ne sois pas si dure avec toi, m'a-t-elle murmuré à l'oreille. Ça devait arriver. Oliver n'avait aucune chance tant que tu éprouvais encore quelque chose pour Alex, ce n'est pas ta faute si c'est ce que tu ressentais. Mais, maintenant, il est temps de passer à autre chose, Phoebe, tu ne vas pas passer le reste de ta vie à regretter ce qui est arrivé. Si tu aimes Oliver, alors continue à le lui répéter sans cesse, il finira par comprendre qu'il s'est conduit comme un idiot.

Lucy est passée après le boulot avec un bouquet de fleurs dans les bras. On a parlé pendant des heures. Et, naturellement, elle a été beaucoup plus directe que Hazel.

— T'as merdé ? Et alors ? Y a pas mort d'homme, Phoebe. Cette année a été positive. Tu as enfin décidé de réagir et de prendre la vie à bras le corps au lieu de te contenter de vivoter en attendant que ça tombe du ciel. Tu as pris l'initiative, alors moi, tout ce que je dis, c'est alléluia !

Aussi, bien qu'ayant gâché un tiers de mes trois premiers jours de vacances à pester et à chialer, j'ai repris un peu espoir. J'ai les yeux gonflés, certes, mais je n'ai jamais été aussi lucide. Je commence à me retrouver.

*Vendredi 18 novembre*

Ce soir, je sors avec Lucy. J'ai décidé d'éviter le gin et tout ce qui ressemble à un pénis de près ou de loin, c'est beaucoup plus sûr. Ça fait des siècles que je ne suis pas sortie sans intention de trouver un mec. Je me sens libérée.

*Dimanche 20 novembre*

Nom d'un cul, j'ai envie de baiser ! Moi qui pensais que ma libido m'avait désertée à jamais. J'ai déjà ingurgité dix mille pornos de merde et dû changer deux fois mes draps. Et je suis assise là, à souhaiter qu'un inconnu débarque et vienne allonger son corps sur le mien. Je devrais publier une annonce : « Déficiente émotionnelle recherche homme pour travaux de corps à corps avec option pénétration. » Vu le bol que j'ai, c'est le psychotique avec son casque de Stormtrooper que j'ai vu sur le Net qui va débarquer et se prendre le haut de la porte avec son casque.

*Mercredi 23 novembre*

**De :** Lucy Jacobs
**Pour :** Phoebe Henderson
**Sujet :** Demain soir

Salut. Que tu sois libre ou non demain soir, je m'en fiche, je t'emmène à la soirée *spoken* de Kyle pour l'écouter déclamer.

J'ai réussi à feinter deux fois, mais, cette fois, il a vraiment insisté. 19 heures à la GoMA. Tu ne peux pas refuser.

**De :** Phoebe Henderson
**Pour :** Lucy Jacobs
**Sujet :** Re : Demain soir

Waouh ! Ça marche. Je meurs d'envie de le rencontrer. Et si c'est nul, je pourrai toujours mentir.

*Jeudi 24 novembre*

J'ai retrouvé Lucy devant la Gallery of Modern Art sur Queen Street. Elle attendait à côté de la statue du duc de Wellington, qui, pour une fois, n'avait pas de cône de signalisation posé sur la tête. Lucy m'a fait signe en me voyant.

— Tu es prête à affronter ça ? a-t-elle ricané. Ça va être chiant comme la mort.

Je me suis collé un chewing-gum dans la bouche.

— Ça devrait aller, mais c'est une première pour moi. Une vraie expérience.

— Le parachutisme, c'est une expérience. Ce soir, c'est un châtiment divin.

Nous avons rejoint la bibliothèque du musée où une vingtaine de chaises avaient été installées devant une petite scène. Les gens commençaient à arriver, et je n'avais jamais vu un public aussi hétéroclite. Une femme d'une quarantaine d'années fixait intensément un petit gâteau à la crème qu'elle ne pouvait s'empêcher de léchouiller régulièrement. Il y avait aussi un vieux monsieur en cravate, qui, de ses pieds, battait le rythme d'une musique imaginaire. À un moment, un grand bruit venant du fond nous révéla la présence de quatre jeunes filles un peu pompettes qui venaient de rater leurs chaises, sous le regard d'une poignée de poètes légèrement stressés cramponnés à leurs notes. Un type en jean et tee-shirt noir, avec des bandes en cuir autour des poignets, s'est approché de nous, et j'ai entendu Lucy l'apostropher dans mon dos.

—Alors, beauté, tu nous lis quoi, ce soir ?

Il a souri en ouvrant le papier qu'il tenait à la main.

—Je fais un sonnet et un haïku. Mais, dis-moi, c'est Phoebe ?

—Oui, ai-je confirmé. Je pensais que je n'allais jamais vous rencontrer !

—C'est une intello, elle aussi, a dit Lucy en souriant. Moi, les haïkus, je ne sais pas ce que c'est.

Il s'est marré.

—Ravi de faire votre connaissance, Phoebe. Un haïku, c'est un petit poème qui doit suivre une forme très précise. Lucy, si tu me traites encore de hipster, je ne t'emmène plus chez *Urban Outfitters*.

Il commence déjà à me plaire, ce Kyle.

C'est l'organisateur qui est monté sur scène le premier, il a remercié chacun d'être venu et lu un de ses poèmes, à propos d'un voyage en bus qu'il avait fait un jour et du fait que le paysage lui évoquait des ombres fantomatiques solennelles, ou un truc du genre. Ensuite, ce fut le tour d'une minuscule dame, avec un poème écrit pour un homme qu'elle n'avait pas vu depuis trente ans ; pas étonnant qu'il se soit cassé vu la façon dont elle nous a tous assommés avec « le vide de son abîme ». Mais lorsque Kyle est monté sur scène, tout le monde semblait être attentif. Ce qu'il a dit était très beau, et bien que j'aie pas vraiment saisi ce qu'évoquait le sonnet, son haïku était magnifique, et je me souviens de chacun de ses mots.

*Quand je la regarde*
*Mon cœur battant la perçoit*
*Autre que mes mots*

À la fin, Lucy a applaudi à se briser les os.

— Je ne pensais pas qu'il était aussi bon ! Merde, je crois qu'il me plaît encore plus.

Nous sommes restés poliment jusqu'à la fin des lectures, supportant patiemment des poètes en tout genre, certains talentueux, d'autres se contentant de hurler des mots de manière aléatoire, soi-disant en vers libres. Avec Lucy, on a eu du mal à éviter le fou rire.

J'ai laissé Kyle et Lucy, qui s'embrassaient dans la bibliothèque, et je suis rentrée, à la fois enchantée que ma meilleure pote s'embarque dans cette aventure avec Kyle et dégoûtée de n'avoir nulle part où aller, sinon chez moi. Je me sens désespérément seule.

*Dimanche 27 novembre*

Je suis contente que novembre touche à sa fin. Ce fut un mois riche en émotions, c'est le moins que l'on puisse dire. J'aurai vu des couples piquer des colères et verser des larmes plus d'une fois, mais, depuis que j'ai craqué, je me sens beaucoup mieux. Vivre sans Oliver m'a paru étrange, mais j'espère du fond du cœur qu'il est heureux quoi qu'il fasse. Et quand je dis « heureux », en fait je pense malheureux comme les pierres et souffrant de mon absence, mais ça ne m'empêche pas de lui souhaiter bon vent.

*Lundi 28 novembre*

Ce matin, Lucy m'a emmenée au boulot, et ça faisait des siècles que je ne m'étais pas sentie aussi heureuse et joyeuse de vivre. Et surtout je n'ai pas pensé une seule fois à Oliver de toute la matinée. Je vois le bout ! En revanche, au cours de l'après-midi, je n'ai pas pu me le sortir de la tête, et il a fallu que j'envoie un mail, c'était plus fort que moi.

**De:** Phoebe Henderson
**Pour:** Oliver Webb
**Sujet:** Salut

J'espère que Chicago te bichonne, ainsi que ton boulot. Ici, on se gèle et en fait… Et puis merde! Je voulais surtout te dire que tu me manques. Tu me manques terriblement, et j'aurais souhaité que les choses se passent différemment, et que tu fasses l'effort de répondre, au moins pour m'envoyer chier. Je sais que nous n'avons pas pris le temps de parler lors de cette dernière nuit, enfin pas comme il aurait fallu, mais sache que, ce soir-là, tout ce que je t'ai dit (de cohérent) était sincère. Je t'aime. Énormément.
Phoebe X

Jusqu'ici, toujours pas de réponse. Faut que j'arrête. Je n'ai pas envie d'être encore en train de lui envoyer des mails dans dix ans, je ne suis pas une psychopathe. Sinon, demain soir, j'ai prévu d'aller au pub avec Paul, Dan et Lucy. Ça devrait être marrant, et, si je fais semblant d'être toujours suicido-dépressive, j'arriverai peut-être à les convaincre de m'emmener manger des sushis, histoire de soulager ma peine.

*Mercredi 30 novembre*

J'ai été malade comme un chien toute la journée. Du coup, j'ai dû annuler ma soirée picole avec la fine équipe. Je me sens patraque, c'est dingue. Qu'est-ce qu'il fout, mon système immunitaire? D'abord une intoxication alimentaire, puis une angine, et maintenant ce fichu virus qui m'attaque l'estomac et me prive de mon rituel Bounty. Merde! Je me sens affreusement mal, et je stresse grave, et, pour couronner le tout, je n'ai toujours pas mes règles, mais normalement c'est bon signe, puisque…

Une seconde… Mes règles ont du retard? Mes règles ont du retard! PUTAIN!

# Décembre

*Jeudi 1er décembre*

— Je suis en retard.

— T'inquiète, il est à peine un peu plus de 9 heures, a répondu Lucy depuis son bureau. La patronne n'est pas… Oh, une seconde. En retard ? Tu veux dire… ?

J'ai hoché la tête.

— Eh ben, merde.

— À qui le dis-tu ! C'est juste deux jours… mais je ne suis jamais en retard ! C'est le stress, tu ne crois pas ? Tu penses que c'est à cause du stress ?

— Ça remonte à quand, la dernière fois que tu as baisé ? a répondu Lucy d'une voix calme. Si tu t'en souviens, bien sûr !

— Bien sûr que je m'en souviens. C'était à ta soirée d'Halloween. Avec Oliver. Mais je prends la pilule, je ne peux pas être enceinte. C'est bien pour ça qu'on prend la pilule, non ?

— N'oublie pas que tu étais sous antibios, Phoebe, et arrête de me hurler dessus. Je n'y suis pour rien.

— Sous antibios ? Oh. Hmm… j'avais complètement zappé. Oh, merde. Merde, merde, merde !

— Arrête de paniquer. Tu vas aller t'acheter un test à la pause-déjeuner. Je te tiendrai la main.

C'est ce qu'on a fait. J'ai payé une fortune à la pharmacie pour avoir un test, sur lequel j'ai pissé, soutenue par Lucy.

Négatif.

Lucy m'a adressé un clin d'œil.

— Adieu, panique. Maintenant, tu arrêtes d'être une boule de nerfs, et tu verras qu'elles vont revenir. Ça te donnera une autre raison de te plaindre. Fais-moi confiance.

*Samedi 3 décembre*

Toujours rien. Et je me sens toujours aussi à cran. Je vais voir le médecin lundi pour qu'il me donne quelque chose. J'ai recherché mes symptômes sur Internet, mais comme j'ai éliminé toute grossesse éventuelle, c'est soit la ménopause, soit le stress ou mon régime alimentaire, ce qui est le plus probable. Et si mes ovaires étaient en panne ?

*Lundi 5 décembre*

Je suis allée voir le médecin, et elle pense qu'il n'y a rien d'inquiétant, que c'est sûrement le stress, mais elle m'a quand même fait une prise de sang pour vérifier mon taux hormonal, entre autres. Apparemment, la ménopause arrive rarement à mon âge, mais ça n'est pas impossible. Je ne sais pas ce qu'il y a de pire, l'idée d'être enceinte ou celle de ne jamais pouvoir l'être. Les résultats devraient arriver mercredi, ce qui veut dire deux jours d'hypochondrie délirante. Maman devait appeler ce soir, mais je lui ai envoyé un texto pour lui dire que je ne me sentais pas très bien, et qu'on parlerait d'ici la fin de la semaine. Évidemment, elle s'est précipitée sur le téléphone.

— Tu as des nausées ? Tu as mal aux nénés ?

— Je ne suis pas enceinte, maman, j'ai vérifié. De toute façon, le médecin m'a fait faire une analyse de sang, alors on verra bien. Et tu vas rire, mais elle va aussi vérifier que je ne me fais pas une ménopause précoce. À trente-trois ans !

— Ben, tu sais, j'avais trente-neuf ans quand ça m'est tombé dessus.

— Quoi ?

— Comme ta grand-mère.

— Quoi ?

— Et ta grand-tante Helen, aussi. À peu près au même âge.

— Tu te fous de ma gueule ? Pourquoi tu ne m'en as jamais rien dit ? Il ne me reste plus que six ans !

— Je t'en ai jamais parlé ? Ah bon, je croyais. Désolée, ma chérie. De toute façon, je suis sûre que ça n'a rien à voir. J'ai toujours pensé que ma ménopause avait été provoquée par toutes les drogues que j'avais ingurgitées dans les années 1970. Fallait bien qu'il y ait un truc qui chie.

J'ai vomi aussitôt après avoir raccroché.

*Mardi 6 décembre*

Aujourd'hui, je me sens bien. Toujours pas de règles, seulement des contractions, et les nausées ont disparu. Je suis naze de paniquer comme ça pour un rien. Je me suis arrêtée pour acheter un thé et un sandwich au bacon au petit café en face du boulot. *Carpe Diem*.

Dorothy a laissé tomber les réunions du matin en disant que ce n'était pas du tout productif, elle veut qu'on soit immédiatement opérationnels. Pfff! Finalement, derrière son amabilité teintée d'excentricité, se cache une femme d'affaires diabolique.

J'ai reçu un texto de Hazel, qui confirmait notre réservation pour la soirée du nouvel an à l'*Hôtel Royal*, ce qui m'a fait penser que je n'avais toujours pas acheté de robe. J'ai donc passé presque tout l'après-midi sur eBay à en chercher une, effarée de voir que certaines personnes n'hésitent pas à vendre leur maquillage usagé. Sûrement de vieilles croûteuses qui refourguent leur correcteur de teint parce que, avec leur eczéma purulent, y a rien à faire. Beurk ! Non merci, je passe.

*Mercredi 7 décembre*

J'ai appelé le médecin, mais, encore une fois, cette gourde de réceptionniste a refusé de me donner mes résultats au téléphone. Du coup, il faut que j'y passe demain à la première heure.

—Après ce que ta mère a dit, c'est sûrement la ménopause. Si t'avais le sang bleu, tu t'appellerais lady Bréhaigne, a dit Lucy en se marrant.

—Je ne trouve pas ça drôle ! C'est sûrement une carence en fer, tu vois le truc, provoquée par des années de règles toujours ponctuelles. Peut-être que je me suis vidée de mon sang. Tu crois que c'est possible ?

—Faut vraiment que tu te détendes. Tu veux passer à la maison, ce soir ? On mangera du gâteau en regardant *The Good Wife.*

—C'est toi qui as fait le gâteau ?

—Non, Kyle me l'a apporté l'autre soir.

—Dans ce cas, je viens.

—Il voulait que je lèche du gâteau sur le bout de sa…

Je me suis couvert les oreilles en hurlant.

—Lalalalala ! Si tu termines ta phrase, tu peux toujours courir pour que je m'approche de ton sale petit dessert.

—Je plaisantais, t'es nulle. Mais, au moins, j'ai réussi à te faire oublier tes résultats de test, pas vrai ?

—Je ne crois pas, mais merci quand même. Je serai chez toi à 20 heures.

Je suis passée voir Dorothy pour lui dire qu'il fallait que j'aille chez le médecin demain matin. Elle a fait pivoter sa chaise pour jeter un œil au planning des congés.

—Vous avez encore droit à un jour. Prenez-le demain, si vous voulez.

Du coup, je ne bosse pas demain, et ce soir je mange du gâteau. Le vent tourne, on dirait.

*Jeudi 8 décembre*

Hier soir, j'ai dormi chez Lucy. On a fait un sort au restant du gâteau de Kyle – que j'ai inspecté minutieusement à l'affût d'empreintes de pénis – en regardant cinq épisodes de *The Good Wife* d'affilée.

Lucy bloquait sur Josh Charles dans son beau costume.

— Je m'imagine tout à fait en éminente avocate. J'ai toujours voulu crier « objection ! ». Le juge retiendrait les miennes, et le procès tomberait à l'eau. Ensuite, je coucherais avec Josh Charles.

— Tu sais, dans la vraie vie, il n'est pas avocat.

— Je m'en fiche. C'est mon destin.

Je suis partie de chez elle ce matin à 8 heures, et j'ai filé chez le médecin pour récupérer mes résultats. Quoi qu'il arrive, je suis soulagée de ne pas être enceinte. Je n'ose même pas imaginer le désastre, putain. Le médecin m'a fait entrer tout de suite.

— Compte tenu de la date de vos dernières règles, vous en êtes à six semaines. Voudriez-vous que l'on prenne rendez-vous pour la première visite ? a-t-elle dit avec un sourire éclatant.

J'étais sur le cul.

— Je suis enceinte ?

— Absolument.

— Je suis enceinte ?

— Eh ben, oui.

— Mais j'ai fait un test. Le résultat était négatif. Je ne… enfin… comment est-ce que… ?

— C'est assez fréquent, surtout en début de grossesse. Du coup, est-ce qu'on prend un rendez-vous avec la sage-femme ?

— Non… enfin, je n'en sais rien. Je suis seule. Je ne sais pas si je peux faire ça toute seule. À ma place, qu'est-ce que vous feriez ?

— Euh… je ne suis pas autorisée à vous répondre. Bon. Prenez le temps de réfléchir, ce n'est que le début, il y a encore différentes options.

Pas la peine de me faire un dessin, je ne veux même pas y penser. Pas encore en tout cas. Je suis rentrée directement chez moi, et j'ai bloqué sur le canapé pendant au moins quatre heures. Lucy a essayé d'appeler quatre fois, mais je n'ai pas répondu. Putain, je suis enceinte ! J'ai trente-trois ans et je suis célibataire. Misère de misère, qu'est-ce que je vais dire à Oliver ? Ce n'est pas cool. Pas cool du tout.

*Vendredi 9 décembre*

Ce matin, dans le train, c'était le brouillard total. Je revois une meuf assise à côté de moi qui avait dû s'asperger avec tous les parfums qu'elle avait sous la main, et ensuite Lucy ramassait mon manteau, qui avait glissé du dossier de ma chaise. Elle était de bonne humeur.

— Tu as oublié de te réveiller, ce matin ! a-t-elle fait remarquer d'une voix enjouée. Et tu ne m'as pas rappelée hier. T'as eu de mauvaises nouvelles ? Tu es bonne pour les bouffées de chaleur et les comprimés de calcium ?

— Je suis enceinte.

Son sourire s'est évaporé.

— Impossible ! On a fait le test. Je t'ai vue faire pipi. Il n'y avait qu'un trait ! Ça veut dire non. Quand c'est oui, il y a deux traits.

— Le test a menti. C'est le cauchemar, ai-je soupiré, la tête entre les mains.

Lucy a pris une chaise et s'est assise à côté de moi.

— Pas forcément, a-t-elle murmuré. Tu n'en veux pas, et… Ce n'est pas encore un bébé, tu sais, c'est juste un tas de cellules.

— Ce n'est pas le moment d'y penser. Je vais déjà essayer de passer cette journée, et j'y réfléchirai à tête reposée ce week-end.

— N'hésite pas à m'appeler si besoin, a dit Lucy. Promis ?

— Promis.

21 h 40. J'ai pris un bain, et je me sens un peu plus calme. Je me dis qu'il faut que je me fasse avorter. Je ne suis pas du tout croyante, et il faut que je sois pragmatique. Je n'ai pas de compagnon, ma famille vit au Canada, mon compte épargne est à zéro, et surtout, les enfants, je n'y connais rien ! Je n'ai jamais eu la fibre maternelle. J'en aurai peut-être un jour, mais certainement pas dans ces conditions. Je serais horrible comme mère. Les enfants me font flipper, c'est chiant et bruyant, et en plus il faudrait que j'arrête de fumer. Je suis bien trop égoïste. Y a pas moyen que j'aie un bébé.

*Dimanche 11 décembre*

J'ai eu tout le temps de réfléchir à ma situation. D'ailleurs je n'ai pas pu penser à autre chose, et je me suis posé des tas de questions. Et si je le gardais, ce bébé ? Et si l'occasion ne se représentait plus jamais, et que je regrette toute ma vie de m'être fait avorter ? Et si je passais ma vie à attendre le prince charmant ? Je me demande aussi si ça fait mal, si donner la vie ne risque pas de me bousiller la fouffe à jamais. C'est un peu secondaire, mais ça m'a quand même traversé l'esprit. Je n'ai toujours rien dit à Hazel parce que ça m'inquiète d'en parler à une maman (surtout pas à la mienne, bon sang, c'est trop tôt), j'aurais l'impression de rendre les choses plus réelles. Et, pour l'instant, je préfère penser que ce n'est pas à moi que ça arrive. Bien joué, Phoebe, c'est sûr qu'il vaut mieux faire l'autruche. Si seulement ça pouvait être vrai. De toute façon, je suis censée voir Hazel demain, je le lui dirai à ce moment-là.

*Mardi 13 décembre*

Je suis allée dîner chez Hazel, même si j'étais loin d'être affamée, et on a papoté dans sa cuisine. Je l'ai observée pendant qu'elle donnait à manger à Grace, qui, à déjà un an, était adorable perchée sur sa chaise haute. Grace n'avait d'yeux que pour sa mère, et s'est excitée sur sa bouillie, avant d'envoyer son assiette valdinguer par terre.

— Alors, quoi de neuf? a demandé Hazel, en toute innocence.

— Je suis enceinte.

Je m'attendais à des cris de joie et à un éloge des joies de la maternité, mais non, rien.

— Bon, OK. Comment tu te sens?

— Je flippe, et je ne sais pas si je vais en être capable, ai-je bafouillé.

J'avais les larmes aux yeux.

Elle m'a serrée dans ses bras un instant.

— Écoute, Phoebe, je ne suis pas experte, mais je comprends tout à fait ce que tu ressens, tu peux me croire. Devenir maman, c'est un sacré boulot et ça change radicalement la vie. Tu vas perdre le sommeil, ton corps va se transformer. Tu verras, c'est dément, tu vas comprendre ce que veut vraiment dire le mot « intense », et tu seras angoissée en permanence.

— Et alors? ai-je dit en reniflant. Tu es en train de me dire de ne pas le faire?

Elle a regardé Grace.

— Non. Je t'expose juste les faits. Ce que je peux dire, en revanche, c'est que, pour moi, avoir un bébé, c'est la meilleure chose qui me soit arrivée. Tu penses être amoureuse d'Oliver? Alors multiplie par cent millions ce que tu ressens, et tu auras déjà une vague idée. C'est hallucinant, ce qu'on est prêt à faire lorsqu'on aime autant quelqu'un.

— Toute seule?

— Oui, toute seule! Tu n'es pas débile, Phoebe, et je suis sûre que tu t'en sortiras très bien. Tu n'es pas la première à qui ça arrive. Et puis, tu ne seras pas seule, on sera là.

C'est à cet instant précis que j'ai décidé de garder mon bébé.

*Jeudi 15 décembre*

La robe trouvée sur eBay est arrivée ce matin, et j'ai réussi à rentrer dedans en écrasant mes seins un maximum, mais je m'en fiche. Hormis les nausées et la fatigue, je ne me sens pas très enceinte, mais, en même temps, je n'ai aucune idée de ce qu'on est supposé ressentir. En tout cas, moi, je suis devenue hyper émotive, et j'en veux à Oliver, qui, malheureusement a une nouvelle fois eu raison de mes résolutions ce matin, avant d'aller au boulot.

**De :** Phoebe Henderson
**Pour :** Oliver Webb
**Sujet :** Quelques nouvelles

Cher Oliver,
J'espère que tu vas bien. Il s'est passé beaucoup de choses ici, et il faudrait vraiment qu'on parle. J'ai déjà essayé de te joindre plusieurs fois, sans succès, et je me dis que tu as peut-être bloqué mes mails ou changé d'identité (ou peut-être un truc moins radical). En tout cas, il est impératif que nous parlions. « Impératif », c'est pas mal, comme mot, non ? Enfin, bref, tu me manques, et j'espère que je te manque aussi, et si tu pouvais arrêter de faire le con et m'appeler… on va avoir un bébé, espèce d'enfoiré !

Le mail a fini à la poubelle. Je ferai une nouvelle tentative quand j'aurai retrouvé la raison et un peu plus de bienveillance.

Lorsque je suis arrivée au bureau, j'ai appelé pour prendre rendez-vous avec la sage-femme. Ça m'a fait tout bizarre. Ensuite, je me suis rappelé que, demain soir, c'est le pot de Noël avec les collègues, ici d'abord, et ensuite au pub en bas de l'immeuble, sans oublier les chapeaux en papier débiles de rigueur. Ça devrait être une bonne nouvelle, mais comme je ne peux pas participer à la beuverie générale, j'ai un peu les boules. Fait chier.

À midi, j'ai rejoint Lucy à la cantine et je lui ai dit que je comptais garder le bébé.

— Tu es sûre de toi ?

— Ce n'est pas l'idéal, mais je ne peux pas ne pas écouter mon cœur. Alors, oui.

Elle a poussé un cri perçant et m'a prise dans ses bras.

— Je vais être tatie Lucy ! C'est trop cool !

— Je ne veux rien dire à personne avant la fin des fêtes, alors il va falloir que tu tiennes ta langue. Et oui, tu vas être tatie Lucy, et moi maman chérie. Putain. Je vais être maman. Merde alors…

— Une maman d'enfer. Ton rejeton va t'adorer autant que moi. Tu as déjà annoncé la nouvelle à Oliver ?

— Il refuse de répondre à mes appels ou à mes messages, et, pour tout dire, je préférerais le lui annoncer de vive voix.

Lucy a croqué dans sa banane.

— Je commence à le trouver antipathique. Il faut qu'il le sache, il pourrait décrocher quand même, qu'est-ce que tu es censée faire ? Écrire dans le ciel ? Lui envoyer un pigeon voyageur ?

— Ou une cigogne voyageuse, ai-je suggéré.

J'ai pris ma tête entre mes mains en émettant une sorte de grognement.

— Il va flipper comme un dingue, je le connais.

— Phoebe, arrête de stresser, ce n'est pas bon pour le bébé. Ou l'embryon, enfin, tu vois, quoi. Ça a besoin de calme pour être cool et grandir des pieds, et de tout le reste, aussi. La question Oliver se réglera d'elle-même. Fais-moi confiance.

*Vendredi 16 décembre*

J'essaie d'arrêter de fumer, mais, ce matin, j'ai craqué sur une clope, et j'ai trouvé ça ignoble, à la mesure de ma culpabilité. Du coup, mon paquet a fini à la poubelle, et, en allant au boulot, j'ai acheté des patchs et une cargaison de chewing-gums à la nicotine. De quoi tenir un siège.

À cause de mon cerveau dérangé, j'avais oublié de prendre une tenue de rechange pour le pot de ce soir, alors, pendant que tout le monde se pomponnait, je me suis rabattue sur le maquillage de Lucy, dans l'espoir qu'une bonne dose d'eye-liner ferait oublier mon costume de pingouin triste.

— Est-ce que Kyle vient à la soirée du nouvel an ? ai-je demandé à Lucy.

J'inspectais les différentes teintes des rouges à lèvres qu'il y avait dans son sac.

— Non, c'est complet, a-t-elle soupiré. Et il passe Noël en famille.

— Je ne serai donc pas la seule pauvre fille de la soirée. On pourra s'apitoyer ensemble sur notre sort, c'est plus marrant.

— Sauf que moi, je peux picoler et le skyper à poil.

— Veinarde ! Et ce foutu pot, c'est pour aujourd'hui ou pour demain ?

À 17 heures pile, Dorothy a fait sauter les bouchons de champagne, Brian a mis sa playlist de Noël merdique sur YouTube, et Kelly a servi les tartelettes de Noël en papillotant de ses faux cils à l'intention de Stuart. Je n'ai pas touché aux tartelettes, mais je me suis laissé tenter par un ou deux biscuits salés, qu'un verre de lait m'a aidée à faire descendre, histoire d'éviter les brûlures d'estomac.

— Tu ne bois rien, Phoebe ? m'a demandé Dorothy en voyant mon verre vide.

— Ben, euh… non, ai-je dit.

Je me creusai les méninges pour trouver une raison.

— C'est juste que… je suis sous antidépresseurs.

Ça lui a cloué le bec.

— Oh… OK. Je vais vous chercher un Coca.

Sous antidépresseurs ? Et merde. Tant pis ! Je préfère que tout le monde bavasse sur ma santé mentale plutôt qu'on sache la vérité. J'en parlerai quand je l'aurai décidé.

À 21 heures, on est tous descendus au pub, où amis et conjoints nous attendaient. À 23 heures, j'en étais à mon troisième jus d'orange, et j'avais de plus en plus de mal à supporter l'état d'ébriété généralisé. J'ai décidé d'aller me coucher, et j'ai attrapé Lucy par le bras au moment de sortir.

— Finissez bien. Je rentre. On dirait que je manque cruellement d'humour quand je ne picole pas.

Elle m'a serrée dans ses bras en riant.

— Phoebe Henderson, tu es vraiment trop forte ! Je t'appelle demain.

Avant d'aller prendre un taxi, je me suis arrêtée pour manger une pizza à la napolitaine et des frites à la sauce curry, en me jurant de m'alimenter plus sainement à partir de demain.

*Mercredi 21 décembre*

Lassée par ma propre compagnie, j'ai pris ma voiture pour aller voir Hazel en fin de journée et l'aider à faire ses paquets cadeaux.

Elle était en train de se battre avec son rouleau de scotch.

— Alors, tu réussis à voir le bon côté des choses ? a-t-elle demandé.

— Je crois que oui, ai-je dit pensivement. J'imagine que c'est comme la prison. Tous mes privilèges et plaisirs m'ont été retirés, je passe beaucoup de temps à méditer sur ma vie, et je sais que, d'ici peu, une bonne femme va me demander d'écarter les jambes pour explorer ma touffe.

— T'es con, a dit Hazel en se marrant. Et sinon, pour les bonnes nouvelles ?

— Ben… mes nénés s'éclatent.

J'ai ricané bêtement en collant un nœud sur un paquet cadeau.

— Je me demande déjà si je préfère un garçon ou une fille, si j'ai envie de le savoir ou si j'attends l'expulsion.

— Tu sais, c'est pas vraiment une expulsion, a fait remarquer Hazel. Je parlerais plus d'une poussée, et hop, il déboule.

— Ah bon, juste une poussée ? Ça me rassure.

— Eh ben, tu te sens comme si on te déchirait et que ton rectum s'invitait à la fête, mais ouais, juste une poussée.

— Beurk ! C'est bon, je veux bien que t'accouches à ma place.

*Jeudi 22 décembre*

Journée de ouf au boulot. Tout le monde essayait de vendre les espaces publicitaires disponibles avant les vacances. Heureusement pour moi, la saison des bars et des restaurants battant son plein, j'ai été dévalisée. Du coup, j'ai pu me tourner les pouces en me demandant ce que j'allais faire pour Noël. Et même si j'adorerais que le Père Noël dépose Ryan Gosling au pied de mon sapin, ce dont j'ai vraiment besoin en ce moment, c'est une maman. Je me sens comme un petit oiseau tombé du nid. J'ai laissé deux messages à la mienne, mais je pense que, avec mon père, ils ont foutu le camp pour la semaine. En visite chez ma hippie de tante Kate et sa progéniture mystique. J'espère qu'elle va m'appeler sans tarder, je n'ai pas du tout envie d'attendre le coup de fil rituel du 25 décembre pour lui expliquer ce qui m'arrive, la bouche pleine de choux de Bruxelles.

*Vendredi 23 décembre*

Dernier jour de boulot. Il n'y avait rien à faire et les téléphones sont restés merveilleusement silencieux, mais il fallait qu'on fasse acte de présence en attendant que Londres nous donne l'autorisation de foutre le camp. Dorothy nous a offert dix livres en bons d'achat *Marks & Spencer*. J'ai trouvé ça très gentil, et je vais sans doute l'utiliser pour me procurer un soutien-gorge de maternité digne de ce nom. Psychologiquement, je commence à me faire à l'idée, mais, physiquement, je ne sens pas encore la présence de l'enfant. Peut-être qu'il faut attendre le premier coup de pied dans les côtes.

En tout cas, il y a certains avantages :

1. Je n'ai plus de boutons.
2. Mes nénés ont doublé de volume.
3. Je ne risque plus d'être licenciée, à moins de commettre un meurtre au cours d'une saute d'humeur particulièrement impressionnante.

Et quelques inconvénients :

1. Je ne peux plus me teindre les cheveux. Les cheveux gris gagnent du terrain.
2. Je ne peux plus ni boire ni fumer – probablement les seules choses au monde qui vaillent la peine qu'on se lève le matin.
3. Je vomis au moins deux fois par jour, et beaucoup plus si je sens l'odeur du café.
4. J'ai tout le temps envie de dormir, et je commence à mourir d'ennui.

Pour fêter le nouvel an, Kelly s'envole à Paris avec son petit ami en espérant qu'il la demande en mariage. Dans mon état normal, je l'aurais charriée, mais là, je l'ai serrée dans mes bras en lui souhaitant bonne chance. Un *happy end* pour finir l'année, ça serait chouette.

*Samedi 24 décembre*

Aujourd'hui, je me suis aventurée en ville pour faire quelques courses de dernière minute. En ce moment, j'ai envie de me jeter sur toutes les femmes enceintes pour leur hurler que, moi aussi, j'en ai un dans le ventre ! Aussi petit soit-il.

En rentrant, j'ai pris un bain et je me suis allongée dans le canapé pour regarder la télé. C'est à peu près tout. Sinon, bien sûr, je suis retournée pour la énième fois sur Internet pour voir ce que mon fœtus fabriquait dans mon ventre. Apparemment, à l'heure qu'il est, il n'est pas plus gros qu'une myrtille. C'est ridicule. Je vais passer la soirée de Noël chez Lucy, et, vu mon état, et comme elle voulait éviter de m'empoisonner, on s'est mises d'accord pour privilégier les plats tout prêts et nous épargner ses expériences culinaires. Hazel, Kevin, Paul et Dan doivent nous rejoindre après le repas, ce qui devrait être sympa, au moins jusqu'à ce qu'ils soient bourrés et insupportables ou que je vomisse mes *After Eight*.

*Dimanche 25 décembre*

7 heures. Je me suis réveillée avec la nausée, et j'ai passé une demi-heure assise devant les toilettes dans la salle de bains, à pousser des gémissements d'outre-tombe, sans réussir à vomir. Ensuite, je suis retournée me coucher.

Minuit. Cette fois, c'est le téléphone qui m'a réveillée.

— Joyeux Noël, ma chérie ! Comment va ma fille préférée ?

— Joyeux Noël à toi aussi, papa. Je vais bien. Et toi, comment ça va ? Et maman ?

— Elle est à côté de moi, tout va bien, on est sur le point de se taper onze heures de route pour aller à Vancouver, du coup, on voulait t'appeler avant le départ. Je te passe ta mère.

— Salut, maman. Joyeux Noël !

— Joyeux Noël, Phoebe, comment vas-tu ? On a fait un virement sur ton compte, tu pourras t'offrir un truc sympa. Je ne te parle pas plus longtemps, faut que je boucle mes valises. On va chez tante Kate, elle vient de finir sa formation reiki. Elle se sert de cristaux, maintenant. Ça fait des semaines que j'attends ça. Je sais que ce n'est pas très conventionnel comme Noël, mais, depuis notre session camping sauvage, ton père a le chakra sacré complètement déglingué. J'ai l'impression de vivre avec un obsédé sexuel. J'ai besoin de retrouver un peu de calme. Et toi, ma chérie ?

Génial. Je ne vais quand même pas lui annoncer la nouvelle maintenant.

— Ben, je vais dîner chez Lucy, rien d'extraordinaire. Pas grand-chose de neuf, maman.

*Sinon que je suis la reine des connes et bientôt mère célibataire. Ça ne te dirait pas d'abandonner ta vie au Canada et de passer les dix-huit prochaines années à mes côtés ? Allez quoi !*

— Tant mieux, je te souhaite une merveilleuse soirée ! Oh, j'allais oublier, on a prévu de venir te voir en janvier, on en reparle plus tard. Salut, ma belle.

— Au revoir, maman. Embrasse papa de ma part.

Je leur annoncerai la nouvelle en janvier. Je préfère leur dire de vive voix, au moins je serai aux premières loges pour voir couler leurs larmes de déception.

14 heures. Je suis arrivée chez Lucy pour notre repas de Noël ; elle s'était lâchée sur la déco. J'ai pris un verre de cava au jus d'orange, et on a ouvert les cadeaux. Lucy a adoré ses boucles d'oreilles, et moi, j'ai eu droit à mon premier jean de grossesse.

— Je suis sûre qu'il me va déjà.

— N'importe quoi. Dans quelques mois, tu regretteras ta silhouette d'aujourd'hui.

Elle a vu mon visage se figer d'horreur.

— Mais non, ce que je voulais dire, c'est que tu n'es pas encore si énorme que ça. Ce n'est qu'un début. Bon, OK, je crois que je m'enfonce, non ? Euh… Joyeux Noël !

15 h 30. Après le repas, on s'est installées dans le salon, et je me suis aussitôt endormie sur le canapé, épuisée par notre festin.

19 heures. Je me suis réveillée avec un chapeau pointu sur la tronche, et j'entendais Lucy, Paul et Dan glousser dans la cuisine.

— Désolée. Je ne sais plus me tenir. Joyeux Noël ! ai-je dit après les avoir rejoints.

— T'es con ! a répondu Paul. Profite de pouvoir encore dormir. Avec le bébé, ça ne va pas être de tout repos.

— Si vous pouviez éviter de me dire que ma vie va être merdique, ça m'arrangerait. J'espère que vous m'avez fait des cadeaux, sinon la nuit va être longue.

En fin de compte, j'ai passé une bonne soirée, et, chose étonnante, j'ai tenu jusqu'à plus de 1 heure du matin. Paul et Dan m'ont offert une cigarette électronique, avec des cartouches de nicotine sans goudron.

Paul avait des airs de conspirateur

— Je me suis dit que ça pourrait t'aider au moins à faire semblant de fumer, a-t-il expliqué. Tu verras, la vapeur d'eau est très réaliste, mais évite de l'utiliser dans les lieux publics, ça pourrait énerver les gens.

Finalement, je suis allée m'effondrer dans la chambre d'amis de Lucy, à l'endroit précis où j'ai été fécondée, et je me suis endormie en pensant à Oliver et en me demandant si lui aussi il pensait à moi.

*Jeudi 29 décembre*

Aujourd'hui, j'ai tenté de joindre Oliver à son boulot, pensant vaguement lui dire une bonne fois pour toutes que j'étais enceinte.

Une fille à l'accent américain a répondu.

— Je suis désolée, Oliver n'est pas là. C'est de la part de qui ?

— De Phoebe. Quand doit-il revenir ?

— Oh, je n'en sais rien ; je crois qu'il passe les fêtes avec des amis.

— Pouvez-vous lui dire que j'ai appelé ?

— Aucun problème, Fifi. Ciao.

Fifi ? Génial. C'est le bouquet !

*Vendredi 30 décembre*

Cette année atroce touche bientôt à sa fin, et, hormis la soirée du nouvel an, je n'ai plus grand-chose à en attendre. Dans mon état, je n'ai plus rien à craindre de ces agapes ; ma libido est morte, mon désir de séduire anéanti, et l'absence d'alcool dans mon régime alimentaire m'évitera de faire trop de conneries. Je vais pouvoir me contenter de faire acte de présence, de manger et de danser un peu, avant d'aller me coucher en grosse larve que je suis devenue, sans que personne m'en veuille de jouer les rabat-joie.

*Samedi 31 décembre*

16 heures. J'ai réussi à arriver à l'hôtel, juste à temps pour rejoindre ma chambre et dégueuler dans une cuvette de toilettes immaculée, que j'ai nettoyée avant d'en remettre partout.

Lucy s'est éclipsée en quatrième vitesse en jurant qu'elle dormirait dans le hall d'entrée si on ne lui trouvait pas une autre chambre. Je me suis assise sur le lit et j'ai mangé les biscuits salés que j'avais glissés dans ma valise, insultant toutes les bites que j'avais croisées dans ma vie et en jurant de ne plus jamais m'en approcher, à moins que ce ne soit pour une castration. Je m'en suis aussi pris à Oliver parce qu'il n'était pas là pour me soutenir, bien que je ne lui aie toujours rien révélé.

17 heures. Petite sieste avant ce dîner inutile, payé d'avance. L'idée de toute nourriture m'écœure tellement que j'envisage de déclarer forfait. Je n'ai pas envie de me gaver, j'ai juste envie de biscuits salés. Et de crème glacée. Oh, et de petits oignons au vinaigre.

17 h 30. Je me suis réveillée en roulant sur le ventre, oubliant mes nénés douloureux. J'étais tellement affamée que je me suis enfilé un ou deux *shortbreads*, avant de filer à la salle de bains pour me préparer. Je suis restée sous la douche une vingtaine de minutes, à chanter du Bruce Springsteen et à me caresser le ventre en me demandant qui pouvait bien s'y trouver.

18 h 30. Une fois parée pour le dîner, j'ai halluciné devant la taille de mes seins, soulignés par le décolleté de ma nouvelle robe noire. J'ai mangé un autre biscuit en descendant retrouver les autres.

— Comment tu te sens, ma belle ? a demandé Hazel, un peu soucieuse, mais au fond ravie de mon état.

19 heures. La grande salle était somptueuse. Dans un filet accroché au plafond, des ballons de baudruche « Bonne Année » attendaient patiemment de venir rebondir sur les convives, et je me suis dit que j'allais bientôt leur ressembler. Tout le monde s'est installé à table, et j'ai réussi à tenir sans aucun problème jusqu'au bout du repas ; mais lorsque le dessert est apparu, j'ai été prise d'un haut-le-cœur en voyant la texture de mon

exquise mousse au chocolat, et j'ai dû laisser mes amis expliquer aux curieux que tout allait bien, mais que j'étais enceinte, et que ça ne devait pas les empêcher de savourer la fin de leur repas. Je suis revenue juste à temps pour dévorer les galettes d'avoine de Kevin et siroter un grand verre de rouge, sous le regard désapprobateur de la dame aux minuscules lunettes qui se trouvait à la table voisine. Du coup, j'ai tiré une latte sur ma fausse cigarette, et Miss Coinços s'est levée de sa chaise et a disparu.

21 heures. L'heure du bal traditionnel irlandais et écossais, le *céilí*, a sonné. Normalement, c'est le moment que je préfère, mais, cette année, je suis restée spectatrice, morte de rire lorsqu'un Kevin virevoltant nous révélait l'absence de caleçon sous son kilt. Je me suis laissé tenter par les danses plus tranquilles, moins tourbillonnantes, et lorsque mes pieds ont demandé grâce, je suis retournée dans ma chambre changer de chaussures, et je me suis allongée sur le lit comme une grosse dondon en sueur.

23 heures. En redescendant à la réception, j'ai aperçu un grand type en kilt, aux jambes magnifiquement galbées, et, l'espace d'un instant, j'ai regretté mon abstinence. Lorsque je suis passée près de lui, j'ai entendu qu'il m'appelait.

— Phoebe ?

Je connaissais cette voix, cette voix d'Irlandais. Je me suis retournée, et, planté sur ces jambes sexy en diable, se tenait Oliver, tellement craquant que j'ai eu du mal à ne pas me jeter sur lui.

— Oliver ! Comment... Que... Qu'est-ce que tu fais ici ? ai-je bredouillé.

— Je te rejoins dans la grande salle, le temps de poser ma valise. Au fait, tu déchires, ce soir.

J'ai traversé la grande salle au pas de course, ravie d'avoir changé de chaussures, et j'ai agrippé Lucy par le bras alors qu'elle était en train de prendre des photos avec Kevin.

— Il est là ! Oliver est ici ! ai-je lancé.

— Je sais, a répondu Lucy avec un sourire. C'est moi qui l'ai invité. J'avais peur qu'il n'arrive pas à temps.

— Quoi ? Tu lui as dit quelque chose ? Rassure-moi, Lucy, j'espère que tu ne lui as rien dit.

— Bien sûr que non. Ce n'est pas à moi de le faire. Je lui ai juste fait comprendre que ça serait bien qu'il soit là pour le nouvel an, avec tous les gens qui l'aiment. Comme toi, par exemple.

Sur ce, Lucy s'est laissé entraîner sur la piste de danse par un vieux type en costume gris, et je me suis assise à la table, dans tous mes états.

Au bout de cinq minutes, Oliver est venu s'asseoir près de moi.

— Alors, comment ça va ? a-t-il demandé.

De toute évidence, il ne savait pas quoi dire, et j'ai bien vu que son regard était passé de mon visage à mes seins, qu'il fixait, complètement subjugué.

— Pourquoi tu es revenu, Oliver ? Tous ces mails et ces textos que je t'ai envoyés et auxquels tu n'as jamais répondu. Pas un seul. Je me suis sentie très conne.

Il a baissé la tête.

— Je suis désolé, a-t-il dit. C'est inexcusable, je sais… Mais je ne savais pas quoi te dire. Je suis un vrai connard.

J'ai bu une gorgée de mon jus d'orange en essayant de trouver quelque chose à dire.

— T'es au jus d'orange ? s'est-il exclamé.

On aurait dit que j'étais en train d'avaler de l'eau de Javel.

— Est-ce que tu serais en train de réduire la voilure ? a-t-il ajouté.

— Non. Enfin, oui… La nuit est encore longue, tu sais.

On est restés silencieux quelques instants, pendant que le *céilí* cédait la place au groupe de musiciens.

— Une petite danse ? a proposé Oliver en me prenant la main.

— Bien sûr, ai-je répondu malgré moi.

Je n'étais pas très motivée, mais nous nous sommes dirigés vers la piste, Oliver faisant signe aux personnes qu'il connaissait. On a fait les imbéciles sur une version de *Billy Jean*, massacrée par le groupe, mais ça ne m'a pas vraiment amusée. Pas du tout, même. D'un côté j'avais envie de me jeter sur lui et l'embrasser, en faisant abstraction du réel, et d'un autre j'aurais voulu le prendre entre quatre-z-yeux et lui gâcher sa vie.

— Oliver ! ai-je hurlé pour me faire entendre. Il faut qu'on parle.

— Comment ? a-t-il demandé, gêné par la musique. Qu'est-ce que tu dis ?

Les musiciens ont baissé le volume, et le leader du groupe a fait une annonce.

— Mesdames et messieurs, le compte à rebours a commencé. Préparez vos verres !

Lucy s'est précipitée vers nous, avec un diabolo orange pour moi et un verre de champagne pour Oliver, bientôt rejointe par tous les autres. Hazel et Lucy me lançaient des « Alors ? Alors, tu lui as dit ? » du regard, mais je leur ai fait signe que non en buvant une gorgée.

Et alors que mes amis entamaient le compte à rebours pour l'année à venir, je me suis sentie soudain affreusement seule. S'ils n'avaient aucune idée de ce que leur réservait l'avenir, moi, au contraire, je le savais parfaitement. La seule chose que j'ignorais, c'était si Oliver en ferait partie.

— Bonne année !

Nous nous sommes tous embrassés et enlacés, avant d'entonner ce bon vieux *Auld Lang Syne*, et de nous déhancher comme des dingues sur la piste. Au bout d'une demi-heure, je me suis dit que c'était le bon moment.

J'ai pris Oliver par la main, et on s'est retrouvés dans sa chambre. S'il s'attendait à ce qu'on se réconcilie sur l'oreiller, le pauvre, il n'allait pas être déçu du voyage. Il s'est approché pour m'embrasser, et, pendant une seconde, j'ai répondu à son étreinte ; ses baisers et ses caresses m'avaient tellement manqué…

— Non, attends, ai-je dit en m'écartant, j'ai quelque chose à te dire. C'est important. L'avenir de ce baiser en dépend.

— Eh merde ! Tu vois quelqu'un d'autre, c'est ça ? Lucy ne m'a rien dit, et je pensais que…

— Non, Oliver, je ne vois personne, c'est juste que…

— C'est encore ces défis, c'est ça ? Enfin, tu comprends, ça ne me dérange pas, mais pas avec quelqu'un d'autre. Je t'en prie. Je n'ai pas envie qu'un autre soit impliqué. Tu crois que tu peux faire ça pour moi ?

— Eh ben, en réalité, il me reste bien encore un dernier défi à relever, ai-je annoncé. Un défi qui n'était pas du tout prévu, si je puis dire… et qui implique quelqu'un d'autre…

— Une fille ? a-t-il demandé, soudain intéressé.

— Ou un garçon, ai-je ajouté. Je ne le sais pas encore.

— Je ne comprends rien, Phoebe.

— Eh mince ! Je ne suis vraiment pas très claire. Il vaudrait mieux que tu t'asseyes, Oliver.

Il s'est posé sur le bord du lit, visiblement complètement paumé.

— Je suis enceinte, Oliver. La soirée d'Halloween… Les antibiotiques ont squeezé ma pilule. Eh oui, c'est le tien, et je vais le garder. C'est donc bien un nouveau défi qui m'attend. Et pas le moindre. Bien sûr, j'adorerais que tu m'embrasses et que ça t'excite de faire partie de cette aventure, mais je comprendrai si tu refuses. Je ne veux surtout pas te mettre la pression.

Il me dévisageait sans rien dire, et je voyais bouillonner ses neurones.

— Alors voilà ce que je vais faire. Comme je suis explosée de fatigue, je vais retourner dans ma chambre. Et si tu décides de m'y rejoindre, c'est la 202, cela voudra dire que tu acceptes. Dans le cas contraire, je comprendrai, et on se verra au petit déj pour parler de ce qui t'attend à Chicago. Marché conclu ?

Au son d'un « Putain », suivi d'un « OK », je suis sortie de la chambre et j'ai regagné la mienne. Où je suis encore. Couchée et toujours en train d'attendre. Cela fera bientôt plus de deux heures.

Je sais que tout ça n'est pas évident à digérer, et peut-être qu'il faut plus que quelques heures pour prendre une telle décision. S'il ne vient pas, je me débrouillerai, mais j'espère qu'il m'aime assez pour le faire.

# Janvier

*Samedi 1er janvier*

J'ai été réveillée vers 4 heures du mat par les cris de Hazel et Lucy, qui tambourinaient à ma porte.

— Phoebeeeee, réveille-toi !

— Laissez-moi tranquille, ai-je grommelé.

J'aurais préféré que ce soit Oliver.

— Phoebe, viens faire la fête avec nous.

— Je dors, bande de nazes. On se verra demain.

— Très bien ! a hurlé Hazel. Mais on t'avait ramené un petit cadeau du bar. Si je le laisse devant la porte, on risque de te le voler.

Je suis sortie du lit et j'ai réussi à me traîner jusqu'à la porte. Quand je l'ai ouverte, Oliver se tenait devant moi, complètement échevelé et passablement éméché, escorté par Lucy et Hazel, qui souriaient comme des bécasses. Il s'est approché de moi et il a posé sa main sur mon ventre.

Il avait un sourire rayonnant.

— Ça va le faire.

Achevé d'imprimer en juin 2016
Par CPI France
N° d'impression : 3017951
Dépôt légal : juillet 2016
Imprimé en France
81121617-1